职业院校**托育服务**
人才培养系列教材

婴幼儿发展

◆慕◆课◆版◆

荣琴 李菅 李存兰◎主编

郭频鸽 张靖羚◎副主编

王雁◎主审

人民邮电出版社

北京

图书在版编目（ＣＩＰ）数据

婴幼儿发展 ： 慕课版 / 荣琴，李营，李存兰主编
. -- 北京 ： 人民邮电出版社，2024.3
　职业院校托育服务人才培养系列教材
　ISBN 978-7-115-62787-2

Ⅰ．①婴… Ⅱ．①荣… ②李… ③李… Ⅲ．①婴幼儿
－早期教育－职业教育－教材 Ⅳ．①G61

中国国家版本馆CIP数据核字(2023)第185890号

内 容 提 要

婴幼儿发展是一个重要的学科领域，了解相关知识对于父母和专业教育者来说具有极大的价值。本书希望通过提供科学知识和实用指导，帮助读者理解和支持婴幼儿的发展，并促进婴幼儿的健康成长。

本书共 7 章，主要包括婴幼儿发展概论、婴幼儿运动发展、婴幼儿运动发展的特点与目标、婴幼儿认知发展、婴幼儿语言发展、婴幼儿情绪发展、婴幼儿社会性发展等内容。书中还以小模块的形式穿插了课堂讨论、知识链接和课程案例，部分课程案例旁提供了演示视频，读者可以扫码查看。

本书可以作为学前教育专业和托育相关专业的教材，也可以供幼儿园、托育机构的教师和照护者参考。

◆ 主　编　荣　琴　李　营　李存兰
　　副主编　郭频鸽　张靖羚
　　主　审　王　雁
　　责任编辑　楼雪樵
　　责任印制　王　郁　彭志环
◆ 人民邮电出版社出版发行　　　　北京市丰台区成寿寺路 11 号
　　邮编　100164　　电子邮件　315@ptpress.com.cn
　　网址　https://www.ptpress.com.cn
　　三河市中晟雅豪印务有限公司印刷
◆ 开本：889×1194　1/16
　　印张：11.25　　　　　　　　　2024 年 3 月第 1 版
　　字数：333 千字　　　　　　　2024 年 3 月河北第 1 次印刷

定价：59.80 元
读者服务热线：(010)81055256　印装质量热线：(010)81055316
反盗版热线：(010)81055315
广告经营许可证：京东市监广登字 20170147 号

　　党的二十大报告指出："我们要坚持教育优先发展、科技自立自强、人才引领驱动，加快建设教育强国、科技强国、人才强国，坚持为党育人、为国育才，全面提高人才自主培养质量，着力造就拔尖创新人才，聚天下英才而用之。"党的二十大报告首次将"实施科教兴国战略，强化现代化建设人才支撑"作为一个单独部分，这充分体现了教育的基础性、战略性地位，为我国2035年建成教育强国指明了前进方向。

　　2020年底，国务院办公厅印发的《关于促进养老托育服务健康发展的意见》指出，健全老有所养、幼有所育的政策体系，发展集中管理运营的社区养老和托育服务网络。2022年修订的《职业教育法》明确了职业教育是与普通教育具有同等重要地位的教育类型，并指出"国家采取措施，加快培养托育、护理、康养、家政等方面技术技能人才"。以北京为例，2023年3月，北京市人民政府办公厅印发《北京市托育服务体系建设三年行动方案（2023年—2025年）》，明确量化了北京市托育服务的发展空间和规模，即到2025年，北京市每千人口拥有3岁以下婴幼儿托位数达到4.5个，其中普惠托位占比不少于60%。

　　本书正是奉献给托育从业者和广大家长的一本兼具理论性和实用性的教材。托育从业者和广大家长可以从中借鉴、学习托育的宝贵经验，掌握正确的托育思想和托育方法，以科学地照护婴幼儿。

　　本书具有以下特色。

　　1. 内容遵循婴幼儿的全面发展规律展开，涉及婴幼儿运动发展、婴幼儿认知发展、婴幼儿语言发展、婴幼儿情绪发展和婴幼儿社会性发展等方面。

2. 教学活动内容丰富，包含清晰明确的目标、差异化的教学方式、多样化的教学资源。

3. 拓展资源丰富，以二维码形式呈现，同时还有课程案例演示视频，供读者扫码学习。

4. 提供慕课视频，便于读者进行线上自学；同时配套PPT、教学大纲和教案，方便教师授课。

由于编者水平有限，书中难免存在不足之处，恳请广大读者批评指正。

编　者

2023年6月

目 录 Contents

01

第一章 婴幼儿发展概论

目录

Contents

02

第二章　婴幼儿运动发展

目 录 Contents

03 第三章　婴幼儿运动发展的特点与目标

04 第四章　婴幼儿认知发展

目录

05

第五章　婴幼儿语言发展

06　第六章　婴幼儿情绪发展

目录

Contents

07 第七章　婴幼儿社会性发展

第一章
婴幼儿发展概论

本章学习目标

1. 掌握婴幼儿发展的概念、内容。
2. 了解婴幼儿发展的意义、可行性。
3. 学会运用婴幼儿发展的特点、原则。
4. 掌握蒙台梭利的关键期理论。
5. 了解皮亚杰的认知发展理论。
6. 掌握加德纳的多元智能理论。
7. 掌握婴幼儿发展的规律。
8. 了解婴幼儿体格生长水平的衡量指标。
9. 了解婴幼儿心理发育水平的筛查。
10. 掌握影响婴幼儿发展的因素。

第一节 婴幼儿发展概述

　　婴幼儿时期是指从出生到3岁的阶段，是人类发展十分迅速的阶段。婴幼儿发展包括运动、认知、语言、情绪和社会性等多个方面的发展。

一、婴幼儿发展的概念

　　婴幼儿发展是指0～3岁婴幼儿从出生到成熟，身心日益完善的过程，即婴幼儿的身体（生理）和心理有规律地进行量变和质变的过程。婴幼儿发展包括身体（生理）发育和心理发展：身体（生理）发育是指婴幼儿器官的生长发育；心理发展是指婴幼儿认知、语言、情绪和社会性的发展。

　　埃里克·H.埃里克松（Erik H.Erikson）是美国著名的精神病学家、发展心理学家和精神分析学家。他提出人格的社会心理发展理论，把人格的发展分为8个阶段，指出了每一阶段的特殊社会心理任务，并认为每一阶段都有一个特殊矛盾，矛盾的顺利解决是人格健康发展的前提。

1. 0～18个月：获得基本信任感，避免产生基本不信任感

　　在这个阶段，婴幼儿对母亲或周围人表示信任，感到所处的环境是安全的，并从对周围人的信任逐渐拓展为对一般人的信任。婴幼儿如果得不到周围人的关心与照顾，就会对外界特别是对周围人产生害

怕与怀疑心理，这会影响其在下一阶段的顺利发展。

2. 18个月~3岁：获得自主感，避免产生自我怀疑感与羞耻感

婴幼儿在第一阶段处于依赖性较强的状态，所有事都由照护者负责。到了第二阶段，婴幼儿开始有独立自主的要求，如想要自己穿衣、吃饭、走路、拿玩具等，他们开始探索周围的世界。照护者应允许婴幼儿独立干一些力所能及的事，并且表扬他们完成了工作，以培养他们的意志力，使他们获得能够自己控制自己的自主感。相反，照护者过分爱护婴幼儿，事事代劳，不让他们自己动手；或过分严厉，粗暴斥责，甚至采用体罚，使婴幼儿一直获得失败的体验，就会让婴幼儿产生自我怀疑感与羞耻感。

课堂讨论　　　　　　　　　　**如何指导婴幼儿获得自主感，避免产生自我怀疑感与羞耻感？**

指导婴幼儿获得自主感并避免产生自我怀疑感与羞耻感的关键在于为婴幼儿提供适当的选择权和尊重个体差异，以及提供积极的反馈和鼓励等。

1. 提供适当的选择权

这是指让婴幼儿在合理范围内自主做出选择，例如让婴幼儿自主选择玩具、食物或衣物。这样可以培养他们的自主意识和决策能力。

2. 尊重个体差异

每个婴幼儿都有自己的发展节奏和兴趣爱好。照护者应尊重婴幼儿的个性和喜好，不要强迫他们做不愿意或不合适的事情。

3. 提供积极的反馈和鼓励

当婴幼儿尝试新事物、解决问题或完成任务时，照护者应给予积极的反馈和鼓励，让他们感到自豪和更加自信。

4. 创造安全的环境

照护者应确保婴幼儿生活环境的安全，包括环境清洁、没有危险物品，放置适合婴幼儿年龄的玩具，保障婴幼儿在学习和探索过程中不会遭遇危险。

5. 引导问题解决和冲突处理

照护者应帮助婴幼儿学会自己解决问题和处理冲突，鼓励他们提出问题、寻求解决方法，并为他们提供合适的支持和指导。

6. 倾听和尊重感受

照护者要倾听婴幼儿的感受和意见，尊重他们的情绪和意愿，给予他们表达自己的机会，不要轻视或忽视他们的感受。

7. 避免批评和羞辱

照护者不要用贬低或批评的语言对待婴幼儿，避免对他们进行羞辱或公开指责。相反，照护者要以鼓励和支持的方式帮助他们改进和成长。

通过以上方法，照护者可以帮助婴幼儿培养自主感，并避免产生自我怀疑感和羞耻感。重要的是，照护者要给予婴幼儿支持、尊重和鼓励，以帮助他们建立积极的自我认知和自信心。

3. 3～5岁：获得主动感，避免产生内疚感

儿童在这一阶段的运动与语言能力发展得很快，他们能参加跑、跳、骑车等运动，能连贯地说一些话，还能把自己的活动扩展到超出家庭的范围。儿童对周围的环境充满了好奇，照护者应不影响儿童的好奇心以及探索行为，让他们有更多机会去参加各种活动，耐心地解答他们提出的各种问题，儿童会因此进一步发展主动性，表现出很强的积极性与进取心。相反，照护者对儿童采取否定与压制的态度，就会使儿童产生内疚感（认为自己做错了或没做好）与失败感，这种内疚感与失败感会影响儿童在下一阶段的发展。

4. 5～12岁：获得勤奋感，克服自卑感

在这一阶段，儿童的智力不断得到发展，特别是逻辑思维能力发展迅速，他们提出的问题很广泛，而且有一定的深度。他们的能力也日益发展，他们的活动范围已经扩展到学校以外的社会。这时候，对他们影响最大的已经不是照护者，而是同伴或邻居，特别是学校中的教师。他们很关心物品的构造、用途与性质，对于工具、技术也很感兴趣。如果儿童在这些方面能得到成人的支持、帮助与赞扬，其勤奋感则能进一步增强，其对这些方面的兴趣会更浓厚。

5. 12～18岁：获得同一感，克服角色混乱感

12～18岁青少年的核心特征是自我意识的确定和自我角色的形成。青少年对周围世界有了新的观察结果与新的思考方法，他们经常思考自己到底是怎样的一个人，并从别人对自己的态度中，从自己扮演的各种社会角色中逐渐认清自己。此时，他们逐渐疏远自己的父母，从对父母的依赖中挣脱出来，而与同伴建立深厚的友谊，从而进一步认识自己，对自己的过去、现在、将来产生一种内在的连续感，也认识到自己与他人在外表与性格上的相同与不同之处。

同一性这一概念是埃里克松自我发展理论的一个重要组成部分，具有非常广泛的含义。它可以理解为社会与个人的统一，个体的主我与客我的统一，个体的历史性任务与主观愿望的统一；也可以理解为在任何情况下都能够全面认识到意识与行动的主体是自己，或者说能"抓住"自己，因此同一性也可称为"真正的自我"或"核心的自我"。

6. 18～30岁：获得亲密感，避免产生孤独感

18～30岁是成人获得亲密感，避免产生孤独感的阶段。亲密的社会含义是个体能与他人同甘共苦、相互关怀。亲密感在危急情况下往往会发展为一种共同承担责任的情感，是在双方共同完成任务的过程中建立起来的。如果一个人不能与他人分享快乐与痛苦，不能与他人进行思想情感的交流，不能与他人相互关心与帮助，就会陷入孤独寂寞之中。

7. 30～60岁：获得创造感，避免"自我专注"

这一阶段有两种发展的可能：一种可能是向积极方面发展，个体除了关心家庭成员外，还会关心社会上的其他人，在工作中勇于创造，追求事业的成功，而不仅仅是满足个人需要；另一种可能是向消极方面发展，即所谓的"自我专注"，个体只顾自己以及自己家庭的幸福，不顾他人的困难和痛苦，即使勇于创造，也完全是为了自己的利益。

8. 60岁以上：获得完美感，避免产生失望感

如果前面7个阶段中积极的成分多于消极的成分，个体就会在老年期获得完美感，回顾一生后会觉得这辈子过得很有价值，生活得很有意义。相反，如果消极的成分多于积极的成分，个体就会产生失望感，感到自己在一生中失去了许多机会，走错了方向，想要重新开始又感到为时已晚，从而萎靡不振。

二、婴幼儿发展的内容

婴幼儿发展主要包括运动发展、认知发展、语言发展、情绪发展和社会性发展等方面。只有这些方

面相互作用，才能真正促进婴幼儿全面发展。

1. 运动发展

婴幼儿运动发展是指从出生到3岁，婴幼儿在身体和运动能力等方面逐渐成长和发展的过程，包括发展基本动作技能、协调能力、平衡能力及运动控制能力等。

2. 认知发展

婴幼儿认知发展是指从出生到3岁，婴幼儿在认知能力方面所经历的逐步发展和成长过程。这一过程包括婴幼儿的信息处理能力、思维能力、记忆能力、问题解决能力、学习和理解世界的方式等的逐渐变化和改善。

3. 语言发展

婴幼儿语言发展是指婴幼儿在语言能力方面所经历的逐步发展和成长过程。这一过程包括婴幼儿学习和使用语言的各个方面，如听、说、读、写等技能的逐渐发展和提高。

4. 情绪发展

婴幼儿情绪发展是指从出生到3岁，婴幼儿在情感和情绪方面所经历的逐步发展和成长过程。这一过程包括婴幼儿对自己和周围环境中的情感和情绪的认知、理解和处理能力的逐渐发展和变化。

5. 社会性发展

婴幼儿社会性发展是指从出生到3岁，婴幼儿在社会关系和与他人互动方面所经历的逐步发展和成长过程。这一过程包括婴幼儿的社会技能、情感联结、同理心等方面的逐渐发展和变化。

三、婴幼儿发展的意义

婴幼儿发展的意义在于奠定一个人一生的基本能力和特征，这些能力和特征将影响他们的学习、情感和社交等方面。

1. 促进身体和脑发育

婴幼儿时期是身体和脑迅速发育的时期，对于个体建立健康的身体和促进脑发育至关重要。在这个时期，脑神经之间的连接逐步形成，脑对刺激和经验高度敏感。

2．提升认知能力

婴幼儿时期是认知能力迅速发展的时期，认知能力包括感知能力、注意力、记忆力、语言表达和问题解决能力等。这些基本能力为婴幼儿后续学习能力和智力的发展奠定了基础。

3．促进语言发展

婴幼儿时期是语言习得的关键时期，个体在这个时期学习语言的基本规则和词汇，建立语言沟通能力。

4．促进社交与情感能力发展

婴幼儿与家庭成员和其他婴幼儿的互动有助于婴幼儿社交与情感能力的发展。建立安全的情感联系有助于婴幼儿发展自信、情绪调节能力和社交技能。

5．形成道德观念和价值观

在婴幼儿时期，个体会形成基本的道德观念和价值观。通过模仿和社会互动，婴幼儿逐渐理解什么是对和错，以及如何与他人合作和分享。

6．培养动手能力和创造力

婴幼儿通过探索、玩耍和实验，可以培养动手能力和创造力。这有助于发展他们的问题解决能力和创新思维。

7．培养健康习惯

婴幼儿时期养成的健康习惯和生活方式会影响个体未来的健康。例如，饮食、运动和卫生习惯的培养有助于预防慢性疾病。

婴幼儿时期是一个人生命中最关键的时期之一，对于其后续的身体健康、认知能力、社会关系和心理健康都具有深远的影响。家庭、社会和教育环境都在这个时期发挥着重要作用，为婴幼儿提供支持和适当的刺激有助于他们全面健康地发展。

四、婴幼儿发展的可行性

婴幼儿发展的可行性是指婴幼儿在正常的成长环境和适当的教育与照护下，能够实现其在生理、认知、语言、社交和情感等方面的发展。确保婴幼儿发展的可行性在于提供适宜的成长环境、建立良好的关系、提供刺激性的环境、提供个体化的教育和进行持续的监测与评估。这样做可使婴幼儿发挥他们的发展潜力，健康、全面、积极地成长。

关于婴幼儿发展的可行性有两方面的实证依据。

1．脑发育的实证依据

现代脑科学与神经心理学的研究与发展为婴幼儿发展提供了科学依据。脑的发育是婴幼儿神经心理发育的基础。婴幼儿神经心理发育不仅受环境、教育等外在因素的影响，也受其神经系统的发育，尤其是脑发育等内在因素的影响。婴幼儿神经心理正常发育的前提是其脑解剖形态的完善和功能的成熟。

有关脑科学的研究表明，婴幼儿神经系统的发育并不是简单地按照预定的遗传程序、按部就班地成熟的过程，而是一种在外界刺激的作用下，主动适应环境的过程。作为神经系统的中枢——脑的发育更是与外界刺激的类型和性质密不可分。外界刺激在很大程度上决定了脑的结构。脑是一个动态的器官，在很大程度上由经验塑造，也就是被人们所做和正在做的事情塑造。

2．关键期的实证依据

关键期是指婴幼儿的脑在环境中接收特定的输入信息并据此创建或巩固神经网络的重要时期。例如，在语言关键期内缺乏语言刺激的婴幼儿，其脑中将无法形成相应的语言区；在视觉关键期内缺乏光照刺激的婴幼儿，即使视觉系统正常，也无法在脑中形成真正的视觉区。

婴幼儿发展遵循脑发育的关键期规律。为了促进婴幼儿发展，照护者应给婴幼儿提供适宜且丰富的刺激，促进婴幼儿脑的全面发育。

五、婴幼儿发展的特点

拓展链接

0～3岁婴幼儿
发展的关键期

婴幼儿发展的特点主要表现在婴幼儿的生理、心理和社会性等方面。

1．快速生长和发展

婴幼儿在出生后的几年内经历了快速的生长和发展。他们不断长高长重，脑逐渐建立起神经连接，认知能力也得到增强。

2．高度依赖性

婴幼儿对成人的依赖性非常强，需要成人抚养、照料和保护。他们无法独立满足自己的基本需求，如进食、穿衣、洗漱等。

3．感知和运动能力逐渐增强

婴幼儿的感知和运动能力在发展过程中逐渐增强。他们通过视觉、听觉、触觉等感觉来感知周围的环境，并通过运动探索环境和与之互动。

4．心理和情感得到发展

婴幼儿在心理和情感方面经历了重要的发展。他们逐渐与他人建立情感联系，发展出对照护者的依恋情绪，同时也开始表达情感和体验不同的情绪。

5. 社交和语言能力逐渐增强

婴幼儿逐渐开始与他人建立联系，通过面部表情、口头语言和身体语言与他人进行沟通。他们开始发展语言能力，并逐渐学会使用语言来表达自己的需求和意愿。

6. 拥有较弱的注意力

婴幼儿的注意力相对较弱，他们很难持续关注同一件事或同一个任务，更喜欢短时间的、多样化的刺激，对新奇事物更感兴趣。

7. 拥有多样化的发展节奏

每个婴幼儿的发展节奏不同，有个体差异。有些婴幼儿在某个领域可能比同龄人更早或更晚达到里程碑。因此，照护者应给予他们个性化的支持和关注。

了解婴幼儿发展的特点有助于照护者更好地理解婴幼儿的需求和行为，为婴幼儿提供适当的支持和创造有利于他们发展的环境。

六、婴幼儿发展的原则

遵循婴幼儿发展的原则旨在促进婴幼儿全面而健康的发展，具体来说，婴幼儿发展的原则有以下几个。

1. 个体化原则

每个婴幼儿都是独特的个体，发展速度和发展方式有所不同。照护者应该关注每个婴幼儿的特殊需求和发展潜力，为其提供个性化的支持和指导。

2. 环境适应原则

环境适应原则是指婴幼儿在成长过程中，他们的环境应当适应其个体发展的需要和特点。为了促进婴幼儿的全面发展，提供安全、刺激性的和富有学习机会的环境是至关重要的。环境应当提供适当的玩具、教具和材料，以促进婴幼儿运动、认知、语言、情绪和社会性等方面的发展。

3. 亲密关系原则

亲密关系的培养对于婴幼儿的情感和社会性发展至关重要。建立稳定、温暖和亲密的关系有助于培养婴幼儿的安全感和信任感。照护者应该为婴幼儿提供稳定的关怀和情感支持，与婴幼儿建立亲密的关系。

4. 持续性和一致性原则

婴幼儿发展需要稳定和一致的环境。建立良好的活动常规和妥善的作息制度有助于婴幼儿形成安全感。照护者应该为婴幼儿提供一致的关怀和引导，以帮助婴幼儿建立良好的生活习惯和行为规范。

5. 平衡发展原则

婴幼儿发展是一个综合过程，涉及身体、心理、社交和情感等多个方面。照护者应该关注婴幼儿在各个领域的发展，鼓励他们获得全面的经验和技能。

6. 尊重和关注原则

婴幼儿是有自主性和独特性的个体，应该受到尊重和关注。照护者应该倾听和观察婴幼儿的需求和兴趣，并根据他们的兴趣和能力提供合适的学习和探索机会。

这些原则为照护者提供了指导和参考依据，能帮助照护者为婴幼儿提供有利于他们全面发展的环境和支持。然而，值得注意的是，婴幼儿发展是动态的，存在个体差异，并且受到文化、环境和家庭背景的影响，因此进行灵活的和个体化的实践也是非常重要的。

第二节　婴幼儿发展的理论

教育学家和心理学家有关婴幼儿发展的理论能帮助照护者理解婴幼儿发展的过程和影响因素。但每个婴幼儿都是独特的个体，其发展会受到多种因素的影响，因此综合多种理论和个体差异来理解和支持婴幼儿发展是十分重要的。

一、蒙台梭利的关键期理论

在儿童成长过程中，存在各种能力发展的关键期，儿童心理教育学家玛利亚·蒙台梭利（Maria Montessori）指出：儿童在每一个特定时期都有一种特殊的感受能力，这种感受能力促使他对环境中的某些事物很敏感、很关注，且很有耐心，而对其他事物则置若罔闻。

蒙台梭利通过观察发现，儿童的关键期与儿童的生命发展息息相关，这直观地体现在5个方面：对环境中秩序的需求、口和手的运用、行走能力的发展、对细微事物的兴趣以及强烈的社交意愿。依据这5个方面的需求，蒙台梭利将儿童的关键期分为以下5个：秩序关键期、口和手的关键期、行走关键期、细微事物关键期以及社会性关键期。

1. 秩序关键期

秩序关键期是儿童的第一个关键期。儿童对环境中秩序的需求是大自然赋予儿童的本能。儿童对秩序的敏感性在其出生后的前几个月就会出现，并一直持续到4岁左右。

蒙台梭利说过："大自然赋予了儿童对秩序的敏感性，这是一种内在的感觉。它能识别物体之间的关系而不是物体本身，通过把环境里相互关联的部分看作一个整体来认知环境。儿童只有在这种整体明确的环境下，才能指引自我有目的地行动，否则，儿童就无法建立对环境中各种关系的认知。"对于正处在秩序关键期的儿童来说，只要物体离开了它们应该在的位置，他就会很快发现，并且要求把物体放回原位。如果成人不理解这种敏感性，让儿童所处环境中的秩序继续错乱下去，就会让儿童产生强烈的心理冲突，这不利于儿童以后规则意识的建立。

2. 口和手的关键期

儿童的第二个关键期是口和手的关键期，表现为儿童急切地想用口和手去探索周围的环境。

儿童刚出生时，能够使用的器官是口、眼睛和皮肤。尽管儿童一出生便有了视觉敏感性，但脑科学认为儿童此时的视觉系统并不完善，儿童看到的世界是模糊的。但口不一样，儿童刚出生时就能熟练地使用口吃奶。口是他连接自己和这个世界最自然的通道。最初儿童仅仅是用口认识手，发展到后面，儿童会用口认识周围的一切，什么东西都想放到口里感受，这个过程完善了口的功能。儿童把东西放进口里，并不是因为饥饿，仅仅是想用口来认识周围的世界，直到手被完全唤醒。手的关键期的到来加快了口的关键期的发展，直到儿童能够每时每刻、不停地触摸，口的关键期才逐渐过去。

知识链接

婴幼儿为什么喜欢吃脚？

吃脚在婴幼儿时期是正常的行为，但照护者应注意保证卫生和安全，确保婴幼儿的脚干净，避免婴幼儿受到细菌感染或伤害。

婴幼儿在发展过程中会通过各种感官和运动经验来认识自己的身体和周围环境。吃脚是一种探索性行为，婴幼儿对自己的脚感到好奇，通过吃脚来了解和体验身体的一部分。

口是一个重要的感觉器官，吃脚可以给口提供刺激和触感，给予婴幼儿舒适感和满足感。婴幼儿经常通过口来探索和感知周围的世界，吃脚就是其中一种表现形式。

吃脚对于一些婴幼儿来说是一种自我安抚和自我调节的方式。婴幼儿在情绪波动、有压力或感到不适时，通过吃脚可以获得安全感和缓解不适。

需要注意的是，如果婴幼儿频繁吃脚或有其他异常行为，建议咨询儿科医生或儿童发育专家，以获取更详细的建议和指导。

3. 行走关键期

儿童的第三个关键期是行走关键期，这是最容易被察觉的一个关键期，蒙台梭利把这个阶段视为儿童第二次生命的开始，儿童即将成为充满活力的个体。从出生后9个月开始，儿童慢慢地进入行走关键期，在这个时期，儿童对行走的动作及关于行走的行为极其感兴趣，并通过不同的方式重复地练习行走，直到能独立并熟练地行走及完成行走相关的动作为止，这一时期持续到2岁。

蒙台梭利说过："儿童行走不同于照护者行走。照护者行走是为了实现某种外在的目的，所以他会以稳健的步伐径直走向目的地。与此相反，儿童行走是为了完善自己的能力，他走得很慢，并且用的是一种没有节奏的步伐，他朝前走不是为了到达某个目的地，仅仅是因为有个东西突然吸引了他。"

拓展链接

学步车与行走

4. 细微事物关键期

在细微事物关键期，儿童表现出对细微事物的敏感性。儿童借由环境中的细微事物构建对精确与细致的内在认知，为构建抽象思维做间接预备，这是一个细微而缜密的自然过程。

在蒙台梭利看来，儿童的观察其实是一种"工作"，一种值得儿童聚精会神去做的"工作"。但是，一些不了解儿童的照护者会在儿童观察某些东西时打扰他，甚至阻止他。照护者在阻止过程中的训斥、威吓会对儿童心理产生消极影响，扰乱其心智的正常构建。所以，照护者不应强行打扰儿童的"观察工作"，而应给他一些时间，最后让他自己主动离开原地。

拓展链接

蒙台梭利眼中的"工作"

5. 社会性关键期

儿童从2.5岁开始不再"以自我为中心"，步入社会性关键期，这表现为儿童对社交产生极大兴趣，他开始喜欢结交朋友，喜欢参与群体活动。社会性关键期的教养有助于儿童学会遵守社会规则、生活规范以及日常礼仪，这为他将来融入社会、拥有自律的生活、和他人轻松交往奠定了基础。

儿童绝大多数的关键期集中出现在3岁以前，蒙台梭利主张在关键期顺应儿童的发展并对其进行教育以取得事半功倍的效果。蒙台梭利曾说过："人类在3岁之前获得的知识和能力，相当于成年后花60年时间获得的知识和能力。"

二、皮亚杰的认知发展理论

让·皮亚杰（Jean Piaget）是近代具有很大影响力的儿童心理学家。皮亚杰的认知发展理论摆脱了遗传和环境的争论，提出了内因和外因相互作用的发展观，即心理发展是主体与客体相互作用的结果。皮亚杰的研究始于对自己3个孩子婴幼儿期的仔细观察，他观察孩子们如何探索新玩具，如何解决他提出的简单问题，以及如何逐渐认识自己和外部世界。后来，皮亚杰运用临床法对更大样本量的儿童进行研究，揭示了不同年龄段的儿童如何解决其每天产生的各种问题。

皮亚杰把认知发展过程分为4个阶段：感知运动阶段（0～2岁）、前运算阶段（2～7岁）、具体运算阶段（7～11岁）、形式运算阶段（11岁以后）。皮亚杰的认知发展理论认为所有婴幼儿都严格按照同样的顺序发展，每一阶段都建立在前一阶段发展完善的基础之上。但皮亚杰也承认，婴幼儿进入特定阶段的年龄存在很大的个体差异，文化及其他环境因素可以加快或减慢婴幼儿认知的发展速度，婴幼儿进入各阶段的标准年龄只是粗略的估计值。

皮亚杰将认知结构称为图式，这是指个体所构建的有关思维和动作的组织模式，用于解释一些相关的经验，从而使个体理解并影响周围环境。图式是概念或经验的心理表征，人们一直在不断地创造、完善、改变、调整、组织自己的图式。图式就好比索引卡片，婴幼儿出生时只有几张索引卡片，但随着新信息的增多，他们需要创造出新的索引卡片来容纳这些信息。随着年龄的增长，婴幼儿储存的信息越来越复杂，他们又创造出"分格"，从而根据一些共同特征对这些信息进行分类和组织。尽管新的图式的形成、调整和组织是在认知发展过程中持续进行的，但认知发展在不同年龄段有着鲜明的能力上的特征。皮亚杰认为在不同的认知发展阶段，认知能力的特征和成就有着质的差异，即每个认知发展阶段都基于并融合了前一个认知发展阶段的成就。

延伸思考

托育机构如何发展婴幼儿的客体永久性

三、加德纳的多元智能理论

多元智能理论是由美国心理学家霍华德·加德纳（Howard Gardner）提出的一种认知理论。该理论挑战了传统智能理论，主张人类存在多种不同类型的智能。根据多元智能理论，智能不局限于传统的智力，如语言能力和数学逻辑能力。多元智能理论划分出9种智能：空间智能、自然观察智能、音乐智能、数学逻辑智能、存在智能、人际关系智能、身体协调和肢体动作智能、语言智能，以及内省智能，如图1-1所示。

图1-1 多元智能理论

1. 空间智能

空间智能指的是个体对色彩、形状、结构和空间位置等要素准确感受和表达的能力，表现为个体对色彩、形状、结构和空间位置的敏感性，以及通过图形对它们进行的表达。海员、飞机领航员、棋手和雕刻家通常具有高空间智能水平。

2. 自然观察智能

自然观察智能指的是个体辨别生物（植物和动物）以及自然物品（云朵、石头等）的特征的能力。这种智能在过去的人类活动中非常重要，如狩猎、采集和种植等，并在植物学家和厨师身上有重要体现。

3. 音乐智能

音乐智能指的是个体感受、辨别、记忆、表达音乐的能力，表现为个体对节奏、音调、音色和旋律的敏感性，以及通过作曲、演奏、歌唱等形式来表达自己的思想或情感的能力。作曲家、歌唱家、演奏家通常拥有高音乐智能水平。

4. 数学逻辑智能

数学逻辑智能指的是个体对逻辑结构关系的理解、推理和表达的能力，主要表现为个体对事物间的各种关系，如类比、对比、因果等关系的敏感性，以及通过数理进行的运算和逻辑推理等。科学家、数学家或逻辑学家通常是拥有高数学逻辑智能水平的人。

5. 存在智能

存在智能指的是个体思考、解释有关生与死、身体与心理等的问题的能力，如在人类出现之前地球是怎样的，其他星球上的生命是怎样的，以及动物之间是否能相互理解，等等。这种智能通常在僧人、哲学家等人身上有突出体现。

6. 人际关系智能

人际关系智能指的是个体对他人的表情、语言、动作的敏感程度，以及对此做出有效反应的能力。对于教师、临床医生、推销员或政治家来说，这种智能尤为重要。

7. 身体协调和肢体动作智能

身体协调和肢体动作智能指的是个体身体协调、平衡的能力和运动的力量、速度、灵活性等，即用身体表达思想、情感的能力和动手的能力。从事体操或表演的人通常拥有高身体协调和肢体动作智能水平。

8. 语言智能

语言智能指的是个体对语言进行掌握和灵活运用的能力，表现为个体能顺利且有效地利用语言描述事件、表达思想和与他人交流。诗人通常拥有高语言智能水平，演说家、律师往往也是拥有高语言智能水平的人。

9. 内省智能

内省智能指的是个体认识、洞察和反省自身的能力，表现为个体能较好地意识到和评价自己的动机、情绪、个性等，并且有意识地运用这些信息去调适自己的生活。这种智能通常在哲学家、小说家、律师等人身上有比较突出的表现。

多元智能理论打破了仅考虑语言能力和数学逻辑能力的传统智能理论对智力的认识，为开发婴幼儿具有的那些在传统教育中被忽视或未被发现的智能，实现面向全体婴幼儿因材施教，使每个婴幼儿都能得到有效发展的目的提供了理论依据。

加德纳还强调，每个人在不同的智能类型上具有不同的优势。他认为教育应该更加注重培养学生的多种智能，以满足不同学生学习和发展潜能的需求。

多元智能理论在教育领域得到了广泛应用。教师可以根据学生擅长的不同智能类型，采用多样化的教学方法和评估方式，以更好地促进学生的全面发展。

第三节　婴幼儿发展的规律

婴幼儿发展的个体差异很大，每个婴幼儿的发展速度和方式可能有所不同，但都会遵循一定的规律并具有阶段性特征。

一、连续性规律

婴幼儿发展的连续性规律是指在成长过程中，婴幼儿发展呈现出连续性和逐渐变化的特点。这一规律表明婴幼儿各个方面的发展是相互关联和相互影响的，它们在时间上和功能上是相互衔接的。

连续性规律强调了婴幼儿发展是渐进性和累积性的，而非突变性或跳跃性的。这表明婴幼儿在各个领域，如在运动、认知、语言、社交和情感等方面，都是在先前的基础上逐步发展的。

1. 渐进性发展

婴幼儿发展是渐进性的，从简单到复杂，从基础到高级。他们在各个方面的能力会随着时间的推移逐渐增强。

2. 累积性发展

婴幼儿发展是累积性的，当前的发展取决于之前的发展。他们通过不断积累经验和学习，逐步掌握新的技能和知识。

3. 逐步转变

婴幼儿的行为和思维模式会逐步发生转变。他们从最初的无意识行为逐渐转向有目的的行为，从对外界刺激的被动反应逐渐转向主动的探索和互动。

4. 相互关联

婴幼儿在各个领域的发展都是相互关联和相互促进的。例如，他们的运动发展可以促进认知和语言的发展，社交和情感的发展也可以促进认知和语言的发展。

照护者可以通过提供丰富的刺激和适宜的环境支持婴幼儿的发展。这包括提供丰富多样的玩具、教具和材料，激发他们的好奇心和探索欲望，以及提供适当的指导和支持，帮助他们逐步发展各个方面的能力。

二、阶段性规律

婴幼儿发展的阶段性规律指的是婴幼儿在成长过程中会经历不同的发展阶段，不同的发展阶段具有不同的特征和任务。

1. 运动发展阶段

运动发展阶段是指从出生到约2岁的阶段，在这个阶段，婴幼儿会经历明显的身体运动发展。他们逐渐掌握头部控制、翻身、坐立、爬行、站立和行走等基本动作。

2. 认知发展阶段

认知发展阶段是指从出生到约2岁的阶段，婴幼儿的认知能力在这一阶段得到了显著的提升。他们开始理解简单的语言指令，能够集中注意力和观察周围的环境，开始形成基本的思维能力和概念。

3. 语言发展阶段

语言发展阶段是指从出生到约3岁的阶段，婴幼儿在这个阶段开始发展语言能力。他们逐渐学会发出有意义的声音，掌握基本的语言表达和沟通技巧，开始理解和使用简单的词汇和句子。

4. 社交和情感发展阶段

社交和情感发展阶段是指从出生到约3岁的阶段，在这个阶段，婴幼儿在社交和情感方面经历了显著的发展。他们建立起与父母和其他人的亲密关系，开始表达自己的情感和情绪，并逐渐学会与他人互动和合作。

这些发展阶段不是严格地指某个时间段，每个婴幼儿的发展速度和其进入相应发展阶段的时间可能会有所差异。阶段性规律提供了一个大致的框架，能帮助照护者理解和支持婴幼儿的发展。

三、程序性规律

婴幼儿发展的程序性规律指的是其不同能力的发展过程有一定的先后关系，即一系列发展事件有序发生并相互关联。这些能力的发展通常按照特定的顺序和进程进行，每项能力的发展都为后续的发展奠定了基础。

1. 头部控制能力和身体姿势的发展

婴幼儿在出生后首先发展出对头部的控制能力，然后逐渐掌握翻身、坐立、爬行、站立和行走等身体姿势。

2. 社交和情感的发展

婴幼儿开始与主要照护者建立亲密关系，随后逐渐扩展到与其他家庭成员和同伴进行互动。他们首先发展出对照护者表情的识别和回应能力，然后逐渐学会共享情感、互相关心和与他人互动。

3. 语言和沟通能力的发展

婴幼儿在一开始会通过哭泣、笑和其他非语言表达方式与他人沟通。随着时间的推移，他们逐渐学会发出有意义的声音，理解简单的语言指令，并最终能够使用词汇和句子进行沟通。

4. 认知能力和智力的发展

婴幼儿一出生就开始通过感知和探索环境来发展认知能力和智力。他们逐渐学会观察、探索、分类和解决问题，实现从简单的感觉经验到复杂的认知能力的发展。

程序性规律提供了一般性的指导，帮助照护者理解婴幼儿不同能力和行为的发展的先后关系，以及它们对彼此的影响。

四、非等比性规律

非等比性规律指的是婴幼儿在不同发展领域的成长速度和进展方式可能不同步。

1. 生理发展和认知发展的非等比性

婴幼儿的生理发展，如身体的生长和发育，通常比认知发展更快。他们可能在体格上已经有明显的改变，但在认知方面的变化相对较小。

2. 社交与情感发展和语言发展的非等比性

婴幼儿的社交与情感发展往往比语言发展更早和更快。他们可能已经开始与主要照护者建立情感联系和互动，用肢体动作等表达情感和需求，但还不会用语言表达。

3. 精细动作发展和粗大动作发展的非等比性

婴幼儿的精细动作发展（如手眼协调）和粗大动作发展（如爬行、站立、行走）也可能不同步。他们可能先发展出某些粗大动作技能，然后逐渐发展出精细动作技能。

非等比性规律表明，婴幼儿在各个领域的发展可能以不同的速度和方式进行，每个婴幼儿发展的轨迹也可能不同。照护者需要关注和支持婴幼儿在不同领域的发展，提供丰富多样的刺激，以满足他们多样化的需求，并鼓励他们在各个领域中迈出积极的发展步伐。

五、个体差异性规律

婴幼儿发展的个体差异性规律指的是婴幼儿在发展过程中会表现出独特的个体差异。

1. 发展速度差异

婴幼儿在运动、认知、语言、社交和情感等方面的发展速度可能存在个体差异。有些婴幼儿可能在某个领域发展迅速，而在另一个领域发展得相对较慢。

2. 发展序列差异

婴幼儿在掌握不同能力的顺序上可能存在个体差异。有些婴幼儿可能更早地展示出某些能力，而其他婴幼儿可能在同一领域中较晚展示出相似的能力。

3. 发展方式差异

婴幼儿在学习和探索新事物的方式上可能存在个体差异。有些婴幼儿可能更喜欢使用手触摸和探索新事物，而其他婴幼儿可能更喜欢通过观察和倾听来获取信息。

4. 兴趣和偏好差异

婴幼儿对不同活动、玩具的兴趣和偏好可能存在个体差异。有些婴幼儿可能对艺术活动更感兴趣，而其他婴幼儿可能更喜欢运动和探索性玩耍。

个体差异性规律表明每个婴幼儿都是独特的个体，其发展路径和偏好可能有所不同。照护者应该尊重婴幼儿的个体差异，提供恰当的支持和刺激，以满足他们的个性化需求。了解每个婴幼儿的特点，可以更好地为他们提供合适的环境，促进他们全面、健康地发展。

六、生长发育趋势规律

生长发育趋势规律是指在婴幼儿发展过程中，其身体生长、脑发育，运动、社交和语言、知觉和认知等的发展呈现出一定的趋势和规律。

延伸思考

托育教师掌握
婴幼儿发展规律的
实用性

1. 身体生长规律

婴幼儿在出生后的早期阶段，体重和身高会迅速增长。在接下来的几年中，其生长速度会逐渐减缓，但体重和身高仍然保持相对稳定的增长。

2. 脑发育规律

婴幼儿的脑在其出生后会经历快速的发育阶段。在出生后的前几年，婴幼儿脑中的神经连接和突触会不断发展，促使其认知和运动能力逐渐提升。

3. 运动发展规律

婴幼儿的运动能力会随着其年龄增长而逐步发展。从抬起头部、翻身、爬行到坐立、站立和行走，婴幼儿会逐渐掌握和改进各种运动技能。

4. 社交和语言发展规律

婴幼儿的社交和语言能力会随着时间推移而发展。他们逐渐学会与他人交流、表达自己的需求和情感，并逐渐掌握语言技能。

5. 知觉和认知发展规律

婴幼儿的知觉和认知能力也会随着其年龄增长而逐步发展。他们逐渐能够辨别颜色、形状、声音等，并发展出记忆力、注意力和问题解决能力。

生长发育趋势规律表明婴幼儿的身体和脑在早期阶段发展得非常迅速，但随着年龄增长，其发展速度会逐渐变缓。这一规律对于照护者来说是非常重要的，可以帮助他们了解婴幼儿的生长发育阶段和特点，为婴幼儿提供适当的支持和刺激，促进婴幼儿全面、健康地发展。

第四节 婴幼儿发展水平的测量

婴幼儿的发展水平可以通过多种方式进行测量。通过测量，照护者可以了解婴幼儿在不同领域的发展情况，及时发现潜在的发展问题，并采取适当的干预措施。照护者应结合婴幼儿的整体发展情况对测量结果进行评估，以更好地支持他们的发展。

一、婴幼儿体格生长水平的衡量指标

生长发育基本衡量指标能够比较准确地评价婴幼儿的体格生长水平，这些指标还与其他形态指标、生理功能指标和运动能力指标有密切的联系。

1. 体重

体重是衡量体格生长水平的重要指标，是身体各器官系统与体液的质量总和，是衡量婴幼儿营养状况时最易使用的灵敏指标。

（1）常用的体重计算公式

$$0～6个月标准体重（kg）=出生时体重（kg）+月龄×0.7（kg）$$
$$6～12个月标准体重（kg）=6（kg）+月龄×0.25（kg）$$
$$1～6岁儿童标准体重（kg）=年龄×2（kg）+8（kg）$$

拓展链接

体重对婴幼儿发展
的意义

习惯上常常以出生时的体重为基数，4～5个月时的体重约为出生时体重的2倍，1岁时的体重约为出生时体重的3倍，2岁时的体重约为出生时体重的4倍。

（2）测量方法

测量时，婴幼儿应脱去衣、帽、袜、鞋，只剩单衣、单裤；宜空腹，排去大小便。量具应矫正至零刻度线，读数精确到0.01 kg。1岁以下婴儿取卧位，测量方式如图1-2所示；1～3岁幼儿取坐位，量具为儿童身高体重秤，如图1-3所示；3岁以上儿童取立位，注意两手自然下垂，不摇动，不接触其他物体，以免影响读数的准确性。

图1-2　用婴幼儿体重秤测量体重　　　　图1-3　儿童身高体重秤

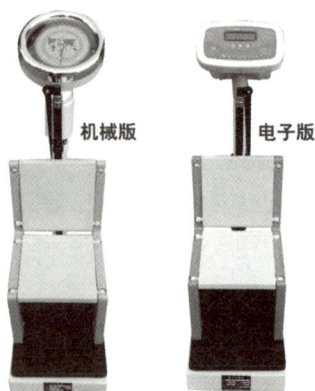

2. 身长（身高）

身长（身高）是指头部、脊柱和下肢的长度总和。3岁及以下婴幼儿因立位测量结果不准确，应采用仰卧位测量，故称身长。身长（身高）受种族、遗传因素和环境的影响较明显，受短期营养状况影响不显著，但与长期营养状况关系密切。身长（身高）是反映婴幼儿体格生长水平的重要指标。长期营养不良、内分泌失调、骨骼（软骨）发育不全，可能导致身长（身高）异常。

婴幼儿出生时平均身长为50cm，身长（身高）增长的总趋势和体重一致：在出生后第1年增长最快，平均增长25cm；在出生后第2年，增长速度开始变慢，全年仅增长10cm到12cm；从2岁一直到青春发育期之前，平均每年增长6cm到7cm。

（1）常用的身长（身高）计算公式

$$1～10岁儿童身长（身高）（cm）=年龄（岁）×7+70（cm）$$

（2）测量方法

3岁及以下婴幼儿仰卧于卧式身长板上，脸朝上，脱去帽、袜、鞋，穿单衣，两耳在同一水平线上，头接触顶板并固定。测量者左手按住婴幼儿两膝使其两腿伸直，右手移动足板使其接触双足底，读数精确到0.1cm。3岁以上儿童可用身高计进行测量，枕骨、双肩、臀及足跟应紧靠身高计，同时身体直立、两眼平视前方，两侧耳郭上缘与眼眶下缘在同一条水平线上，移动量板使其贴紧头顶，读数精确到0.1cm。两种测量方法如图1-4所示。

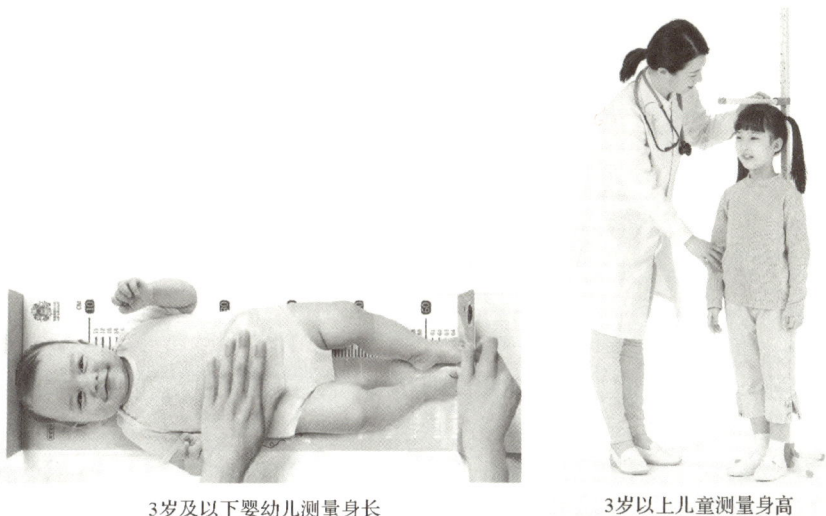

3岁及以下婴幼儿测量身长　　　　　　3岁以上儿童测量身高

图1-4　测量身长（身高）

3. 头围

头围是自眉弓上缘最突出处经枕骨隆突处绕头一周的长度。胎儿的脑在全身发育中处于领先地位，故刚出生时婴幼儿的头相对较大。一般情况下，头围的增长与脑发育，包括与神经元（灰质）的生长和由髓鞘包裹的神经元轴突（白质）的生长相关。头围也与颅骨的发育有关：头围过小多见于小头畸形和脑发育不良的婴幼儿，头围过大多见于患脑积水、佝偻病的婴幼儿。

正常婴幼儿出生时平均头围为34cm，出生后头部发育迅速，前半年头围增加8~10cm，后半年增加2~4cm；1岁时头围比出生时增加12cm左右，平均头围为46cm。0~3岁婴幼儿头围参考表如表1-1所示。

表1-1　0~3岁婴幼儿头围参考表

年龄	头围/cm		年龄	头围/cm	
	男	女		男	女
出生时	34.2±1.2	33.9±1.2	10个月	45.8±1.4	44.8±1.2
1个月	38.1±1.3	37.4±1.2	12个月	46.5±1.3	45.4±1.2
2个月	39.7±1.3	38.9±1.2	15个月	47.1±1.3	46.0±1.2
3个月	41.0±1.3	40.1±1.2	18个月	47.6±1.2	46.5±1.2
4个月	42.1±1.2	41.2±1.2	21个月	48.1±1.3	46.9±1.2
5个月	43.0±1.3	42.1±1.2	24个月	48.4±1.2	47.4±1.2
6个月	44.1±1.3	43.0±1.3	30个月	49.0±1.2	48.0±1.2
8个月	45.1±1.3	44.1±1.3	36个月	49.4±1.2	48.4±1.1

测量方法：婴幼儿取仰卧位、坐位或立位，测量者位于婴幼儿右侧，用左手拇指将软尺零刻度线固定于婴幼儿右侧眉弓上缘最突出处，软尺从右向后经枕骨隆突处，绕过左侧眉弓上缘最突出处回至起点，如图1-5所示，读数精确到0.1cm。

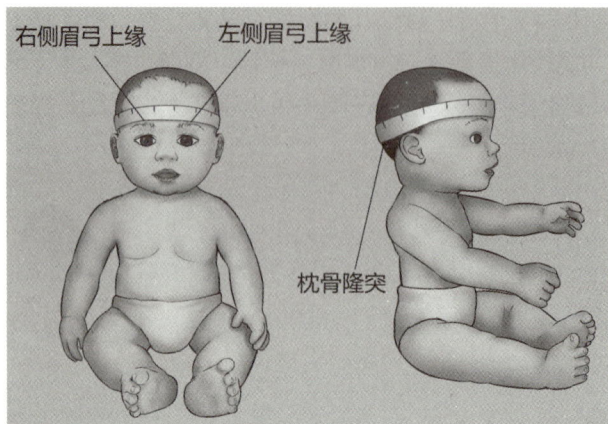

图1-5 测量头围

拓展链接

头围对婴幼儿发展
的意义

4. 胸围

胸围是沿乳头绕胸一周的长度。胸围能够反映婴幼儿胸廓与呼吸器官的发育情况。胸廓畸形多见于患佝偻病、肺气肿和心脏病等疾病的婴幼儿。

新生儿的胸廓呈圆桶状，胸围小于头围1～2cm；随着年龄的增长，胸廓的横径增长速度变快，至12～21个月时，胸围大于头围。营养状况会影响胸廓的发育。随着胸廓的发育和肺功能的逐渐成熟，婴幼儿肺炎的发病率逐渐降低。

测量方法：婴幼儿采用仰卧位测量，两手在身体两侧自然平放，测量者站在婴幼儿前方，将软尺零点固定于乳头下缘，使软尺接触皮肤，经两肩胛骨下缘绕胸围一圈回至零点，读取的数值即是胸围。测量时取两次呼吸之间数值的平均值，读数精确到0.1cm。

拓展链接

胸围对婴幼儿发展
的意义

5. 坐高

坐高是婴幼儿呈坐位时，颅顶点至座位平面的垂直高度，能够反映躯干的生长情况。婴幼儿的坐高与身高之比随着年龄的增长而会有变化。在早期，婴幼儿的坐高相对较大，但随着他们的发展，坐高与身高之比会逐渐变化。在出生后的前几个月里，婴幼儿的头部相对较大，身体其他部分相对较小，这会导致坐高与身高之比较高。随着身体各部分的成长，这个比例会逐渐趋向于成人的比例。

测量方法：3岁及以下婴幼儿取仰卧位，躺在卧式身长板上；测量者左手提起婴幼儿双小腿，使婴幼儿膝关节屈曲，同时使婴幼儿骶骨紧贴底板，大腿与底板垂直，右手移动足板使其压紧婴幼儿臀部，注意身体左右两侧读数应一致，读数精确到0.1cm。

拓展链接

坐高对婴幼儿发展
的意义

6. 皮下脂肪

临床上常常以腹部皮下脂肪层的厚度为营养评价指标之一，营养不良的婴幼儿皮下脂肪层薄，而营养过剩的婴幼儿皮下脂肪层厚。

测量方法：3岁及以下婴幼儿取仰卧位，测量者将左手拇指及食指置于婴幼儿某侧锁骨中线上平脐处的腹壁，两指间距为3cm，皮折方向与躯干长轴平行，捏起皮肤和皮下脂肪，右手对两指间距进行测量，读数精确到0.1cm。

拓展链接

皮下脂肪层厚度对
婴幼儿发展的意义

7. 视力功能

婴幼儿取平卧位，检查者将直径为7～8cm的红球放置于婴幼儿眼前30cm处，缓慢地左右来回移动3次，观察婴幼儿的眼球是否跟随红球运动，发生一次跟随运动即可视为正常。如果4个月以上的婴幼儿无跟随运动，或者双眼对外界刺激无反应，则其视力功能可能存在问题。此外，还可以采用光照法，用聚光电筒照射婴幼儿双眼，观察是否有眨眼运动、朝光运动、瞳孔反射，以判断其视力功能有无异常。

拓展链接

视力功能检查对
婴幼儿发展的意义

8. 牙齿

牙齿发育是衡量骨成熟情况的一个重要指标。婴幼儿乳牙共20颗。发育早的婴幼儿在4个月时开始出牙，晚的要到10~12个月时才出牙，出牙时间的个体差异较大。2岁以内婴幼儿的乳牙总数等于月龄减4~6。

拓展链接

牙齿对婴幼儿发展的意义

二、婴幼儿心理发育水平的筛查

由于婴幼儿的语言能力水平较低，运用语言应答的形式来研究和测量婴幼儿的心理发育水平是不可行的。婴幼儿心理发育水平更多是通过其动作反映出来的。发育心理学家把注意力集中在婴幼儿的动作发展上，借动作发展水平来推断婴幼儿的心理发育水平。下面介绍两个得到广泛使用的儿童心理发育量表。

1. 丹佛发育筛选测验（Denver Developmental Screening Test，DDST）

丹佛发育筛选测验（DDST）是由美国心理学家W.K.弗兰肯堡（W.K.Frankenburg）等人于1967年编制的用于评定0~6岁儿童发育状况的他评量表，主要评估个人–社交、精细动作–适应性、语言和大运动4个能区。

（1）个人–社交能区，评估儿童对周围人的应答能力和料理自己生活的能力。

（2）精细动作–适应性能区，评估儿童看的能力和用手取物、画图的能力。

（3）语言能区，评估儿童听、理解和运用语言的能力。

（4）大运动能区，评估儿童坐、步行和跳跃的能力。

DDST仅用于筛查，筛查结果分为正常、可疑、异常。DDST应用简便，因而其易被儿童接受。

2. 格塞尔发育量表（Gesell Developmental Schedules，GDS）

美国心理学家阿诺德·格塞尔（Arnold Gesell）是GDS的创始人。格塞尔认为，儿童的行为发展是一个有序的过程，反映了儿童神经系统的不断发育和其功能的不断分化，因而可把每个成熟阶段的儿童的行为作为智能诊断的依据。他根据自身数十年来对儿童行为的系统观察，总结出正常儿童各种行为出现的次序，发现儿童在第4周、第16周、第28周、第40周、第52周、第18个月、第24个月、第36个月时，在行为上显示出特殊的飞跃性进展。格塞尔称这些年龄阶段为"枢纽龄"或"关键年龄"，把在这些年龄阶段新出现的行为作为智能检查项目和诊断标准，并对每个年龄阶段的典型行为做了详尽的语言描述和图解说明。

GDS适用于4周~6岁的儿童，主要从4个方面对儿童进行测量：（1）动作，分粗动作和细动作；（2）顺应，测量儿童顺应新环境的能力；（3）言语，测量儿童听、理解语言和用语言表达的能力；（4）社会应答，测量儿童与周围人的交往能力和生活自理能力。

将儿童在这4个方面的表现与正常儿童的发展顺序对照，可得到儿童在每一方面的成熟、早熟情况，以及发育商数。发育商数提供了反映发育速率的指标，因此对临床诊断有相当大的价值。

GDS不仅具有较高的诊断价值，而且是编制儿童发育量表的模板，凡是制定一个新的儿童发育量表，都要以它为效标（衡量测验有效性的参考标准）和用它做效度检验，效度（即有效性）较高时，新量表才能使用。

第五节 影响婴幼儿发展的因素

一、遗传因素

遗传因素有助于解释不同婴幼儿间的差异，理解遗传因素对婴幼儿发展的作用，能为促进婴幼儿的健康发展提供科学依据。遗传因素对婴幼儿发展的影响表现在以下几个方面。

1. 身体生长和发育

遗传因素对婴幼儿的身体生长和发育起着重要作用。例如，基因可以决定婴幼儿的身高、体重、骨骼发育情况等。某些遗传因素还可能影响婴幼儿的器官发育情况和功能，如心、肺、肾等。

2. 神经系统发育

遗传因素对于婴幼儿的神经系统发育具有重要影响。某些基因突变或变异可能会影响婴幼儿的神经元生成、迁移、分化和连接等过程，这可能对婴幼儿的感觉发展、运动控制、学习能力等产生影响。

3. 智力和认知发展

遗传因素对婴幼儿的智力和认知发展起着重要作用。研究表明，遗传因素对婴幼儿的学习能力、记忆力等都具有一定影响。

4. 行为和情绪特征

遗传因素也会对婴幼儿的行为和情绪特征产生影响。某些基因变异可能影响婴幼儿的个性特征、情绪调节能力、社交行为等。

二、营养因素

营养因素在婴幼儿的生理和心理发展中起重要的作用。适当的营养摄入对于婴幼儿的脑发育、身体生长和发育、免疫系统健康、情绪和行为都有积极的影响。

1. 脑发育

脑发育需要蛋白质、脂肪、碳水化合物和多种维生素与矿物质的支持。例如，Omega-3脂肪酸对于神经元的发育和连接至关重要，叶酸和维生素B$_{12}$对于神经元的合成和功能发挥有重要作用。

2. 身体生长和发育

蛋白质是组织生长和细胞修复的基本条件，碳水化合物和脂肪提供能量，支持生长过程。此外，维生素和矿物质如钙、维生素D、铁和锌等对于骨骼发育、血红蛋白合成和免疫功能发挥至关重要。

3. 免疫系统健康

适当的营养摄入有助于婴幼儿免疫系统的健康发展。维生素A、维生素C、维生素D和锌等营养素对于维持免疫系统的正常运转至关重要，有助于预防疾病。

4. 情绪和行为

某些营养物质也可以影响婴幼儿的情绪和行为。例如，Omega-3脂肪酸被认为对稳定情绪和改善抑郁症状有益。另外，维生素B和某些矿物质与神经递质的合成和神经冲动的传导相关，可能也会对婴幼儿的情绪和行为产生一定的影响。

三、物理化学因素

物理化学因素对婴幼儿的发展具有重要影响，提供良好的物理化学刺激有助于婴幼儿的全面健康发展。

1. 温度和湿度

适宜的温度和湿度对婴幼儿的生理发展非常重要。过高或过低的温度可能对婴幼儿的生理发展产生负面影响，如影响其体温调节能力。此外，干燥或过湿的环境也可能对婴幼儿的呼吸系统和皮肤健康产生影响。

2. 声音

声音对婴幼儿的听觉发展和心理状态产生影响。适宜的声音可以促进婴幼儿听觉系统的发展和语言的习得。然而，过大或嘈杂的声音可能对婴幼儿的听觉敏感性和情绪产生负面影响。

3. 光照

适当的光照对婴幼儿视觉系统的发育和生物节律的形成起着重要作用。适度的光照有助于婴幼儿的眼睛发育和视力功能的增强。同时，光线还可以影响婴幼儿的睡眠和觉醒周期，帮助其建立正常的生物钟。

4. 空气质量

良好的空气质量对婴幼儿的健康发展至关重要。空气中的污染物质，如有害气体、颗粒物等，可能对婴幼儿的呼吸系统和免疫功能产生不良影响。

5. 化学物质暴露

婴幼儿对化学物质更加敏感，化学物质的性质和含量可能对其发展产生影响。例如，部分重金属、农药等的暴露可能对婴幼儿的神经系统、免疫系统和生殖系统产生潜在的危害。

四、社会因素

社会因素对婴幼儿的发展具有重要的意义。一个良好的社会环境可以促进婴幼儿身心的健康发展和社会适应能力的形成。关注和优化社会因素对于婴幼儿的全面发展至关重要。

1. 家庭环境

家庭环境是婴幼儿面对的主要社会环境之一。家庭中父母的照料和支持对婴幼儿的生理和心理发展至关重要。温暖、稳定、有爱的家庭环境有助于培养婴幼儿的安全感、自信心，以及促进婴幼儿的情感发展。

2. 亲密关系

婴幼儿与照护者之间的亲密关系会对其生理和心理发展产生深远影响。亲密关系可以增强婴幼儿的安全感、满足婴幼儿的基本需求，同时促进其情感和语言的发展。

3. 与他人的互动

婴幼儿与他人的互动对于其社交能力发展、情绪调节和语言发展非常重要。通过与其他婴幼儿、家庭成员和照护者的互动，婴幼儿学会交流、分享和合作，同时这也为其奠定了习得社交技能和进行情绪表达的基础。

4. 教育和刺激性环境

教育和刺激性环境对婴幼儿的认知和智力发展至关重要。丰富多样的刺激和学习机会，如玩具、游戏、音乐、绘本等，有助于婴幼儿感知、运动、记忆和思维能力的提升。

5. 社会文化背景

社会文化背景对婴幼儿的发展产生重要影响。信仰体系、社会习俗等塑造了婴幼儿的身份认同感、价值观和行为模式。

每个婴幼儿的发展都受到遗传因素和社会因素的综合影响。遗传因素为婴幼儿的发展打下了一定的基础，社会因素与遗传因素相互作用，共同促进婴幼儿的生理和心理发展。因此，为婴幼儿提供支持性、刺激性的社会环境对婴幼儿的全面发展至关重要。

五、疾病因素

疾病因素对婴幼儿发展具有重要的意义，照护者需要尽早识别和干预疾病因素，确保婴幼儿在健康、安全和支持性的环境中全面发展。

1. 先天性疾病

一些婴幼儿可能患有先天性疾病，如先天性心脏病、先天性代谢病等。这些疾病可能对婴幼儿的器官功能、发育和整体健康产生影响，进而影响其生理和心理的发展。

2. 传染病

婴幼儿易感染各种传染病，如呼吸道感染、部分胃肠道疾病等。这些疾病可能导致婴幼儿食欲减退、睡眠质量下降、体重增长变缓，进而影响其生理发展和身体健康。

3. 慢性疾病

一些婴幼儿可能患有慢性疾病，如哮喘、糖尿病等。这些疾病可能对婴幼儿的生活质量、身体活动能力和情绪状态产生影响，进而影响其心理发展。

4. 疼痛和不适

疼痛和不适会对婴幼儿的发育情况和行为产生明显影响。长期的疼痛和不适可能导致婴幼儿食欲减退、睡眠质量差、情绪烦躁等，进而影响其生理和心理发展。

婴幼儿患病时需要接受医疗干预和药物治疗。一些药物可能对婴幼儿的中枢神经系统产生影响，从而影响其行为、注意力和认知能力的发展。同时，长期或过量使用药物也可能对婴幼儿的身体发育产生负面影响。

拓展链接

婴幼儿常见先天性疾病

课堂讨论   托育教师掌握影响婴幼儿发展的因素的意义

1. 提供个性化的支持

每个婴幼儿都有独特的背景、需求和性格，了解影响婴幼儿发展的因素有助于托育教师为每个婴幼儿提供恰当的刺激和支持，满足他们的个性化发展需求。

2. 创设适宜的环境

了解影响婴幼儿发展的因素，托育教师就可以根据这些因素来创设适合婴幼儿成长的环境。这包括为婴幼儿提供适当的玩具和教具，创造有利于学习和探索的空间，营造积极的社交氛围，等等。创设适宜的环境可以促进婴幼儿的认知、运动、情感和社交发展。

3. 便于与家庭合作

家庭是对婴幼儿来说很重要的环境，家庭背景、价值观和家庭支持对婴幼儿的发展具有重要影响。托育教师可以与家长沟通、分享婴幼儿的发展情况和需求，与家长共同制订合适的支持计划，以促进婴幼儿的全面发展。

4. 便于进行早期干预

了解影响婴幼儿发展的因素可以帮助托育教师尽早发现婴幼儿潜在的发展问题，并进行及时的干预。早期干预可以阻断婴幼儿不良行为的发展轨迹，为婴幼儿提供适当的刺激和支持，从而发掘婴幼儿的发展潜力。

课后练习题

1. 简述婴幼儿发展的概念、内容、特点和原则。
2. 根据蒙台梭利的关键期理论，设计并编写有关婴幼儿发展的托育课程。
3. 根据加德纳的多元智能理论，设计并编写有关婴幼儿发展的托育课程。
4. 简述婴幼儿发展的规律。

第二章
婴幼儿运动发展

> **本章学习目标**
>
> 1. 掌握婴幼儿运动发展的定义。
> 2. 了解婴幼儿运动发展的意义。
> 3. 掌握婴幼儿运动发展的原则。
> 4. 掌握婴幼儿运动的类型。
> 5. 掌握婴幼儿运动发展的规律。
> 6. 学会运用婴幼儿运动发展的顺序。
> 7. 了解婴幼儿运动发展的影响因素。

第一节　婴幼儿运动发展概述

通过运动，婴幼儿认识了世界，适应了环境，获得了生存能力，促进了智力和其他各种能力的发展。

一、婴幼儿运动发展的定义

婴幼儿运动发展是指0到3岁，婴幼儿在身体和运动能力等方面逐渐成长和发展的过程，包括发展基本动作技能、协调能力、平衡能力及运动控制能力等过程。婴幼儿运动发展还涉及婴幼儿对周围环境的探索和与周围环境的互动，以及社交和感知能力的发展。

婴幼儿运动发展涵盖了婴幼儿从最初的被动运动到主动探索和运动的转变。在这一过程中，婴幼儿通过反复尝试、探索和观察周围环境，逐渐掌握坐立、翻滚、爬行、站立、行走、奔跑等基本运作技能，并逐步发展出适应不同环境和任务的协调性、灵活性和运动控制能力。

婴幼儿运动发展是一个渐进的过程，受到遗传因素、环境刺激、运动经验和机会的影响，每个婴幼儿在发展的时间和速度上会有差异。照护者进行适当的支持、鼓励和提供有益的运动环境，可以促进婴幼儿运动发展，进而对其身体、认知和心理的发展产生积极的影响。

二、婴幼儿运动发展的意义

婴幼儿运动发展对婴幼儿身体和心理发展都具有重要的意义。照护者应鼓励婴幼儿进行符合其年龄的运动，为他们提供安全的运动环境和适当的运动机会。

（一）对婴幼儿身体发展的意义

1. 发展肌肉力量和促进骨骼健康

通过运动，婴幼儿可以逐渐发展肌肉力量和促进骨骼健康。运动能够促进肌肉生长，强健骨骼。这对于婴幼儿身体的发育和日常活动能力的发展非常重要。

2. 增强协调和平衡能力

运动发展有助于婴幼儿增强协调和平衡能力。他们通过探索和尝试各种动作，逐渐学会控制身体的各个部分，从而协调运动。这对于婴幼儿日后参与步行、跑步、跳跃等活动至关重要。

3. 增强心肺功能和耐力

适度的运动有助于增强婴幼儿的心肺功能和耐力。通过运动，他们的心脏和肺可以得到锻炼，从而能提升对氧气的吸收和利用能力。这对于婴幼儿维持健康的生活方式和发展日常活动能力至关重要。

4. 促进神经发育和脑功能完善

运动发展能促进婴幼儿的神经发育和脑功能完善，如加强神经元之间的连接和通信，这对于婴幼儿认知能力、运动技能和学习能力的发展有积极影响。

5. 增强身体意识和感知能力

通过运动探索和互动，婴幼儿可以增强身体意识和感知能力。他们逐渐学会感知位置、方向和动作，并与周围环境进行互动。这对于婴幼儿空间意识、身体协调能力和日常生活技能的发展非常重要。

（二）对婴幼儿心理发展的意义

婴幼儿运动发展对婴幼儿心理发展具有积极的影响，具体表现在以下方面。

1. 发展自我认知

通过运动探索和互动，婴幼儿逐渐发展出自我认知。他们通过感知自己的身体部位、动作和位置，进而形成对自我身份和存在的理解。

2. 学习调节和表达情绪

运动有助于婴幼儿学习调节情绪，通过运动，他们可以释放过剩的能量和消除紧张情绪，同时增强愉悦感和增加快乐体验。运动还是表达情绪的方式，比如婴幼儿能学会通过身体语言和动作来表达自己的情绪。

3. 发展社交和合作能力

婴幼儿运动发展与社交和合作能力的发展密切相关。通过与父母和其他婴幼儿之间的运动游戏和互动，他们学会分享、合作和交流，从而培养社交技能和建立情感连接。这对于婴幼儿建立健康的社交关系和实现情感发展至关重要。

4. 发展认知能力和学习能力

运动能刺激脑发育和增强神经元之间的连接，促进婴幼儿认知能力、注意力和学习能力的提升。同时，通过探索和解决问题，婴幼儿培养了观察、思考和解决问题的能力。

5. 增强自信和自尊

通过参与运动和发展运动技能，婴幼儿的自信和自尊得到了增强。他们通过克服困难和完成挑战，逐渐提升自己的运动技能，并感受到成就感和自我价值感的增强。这对于婴幼儿树立积极的自我形象和自尊心至关重要。

怀疑婴幼儿运动发展迟缓，怎么办？

照护者如果怀疑婴幼儿运动发展迟缓，可以采取以下步骤。

1. 观察和记录

仔细观察婴幼儿的运动表现，并记录下观察到的迟缓现象。这可以帮助照护者更准确地描述婴幼儿的情况，并提供给专业人士参考。

2. 咨询医生

咨询医生，分享观察记录。医生可以通过记录内容评估婴幼儿的运动发展情况，并根据需要推荐进一步的评估或将婴幼儿转诊给专业的儿童发育专家。

3. 专业评估

儿童发育专家可以进行更全面和深入的评估，包括评估婴幼儿的运动技能、力量、灵活性和协调性等。这可以帮助照护者确定婴幼儿是否存在运动发展迟缓情况以及是否需要干预或治疗。

4. 提供支持和干预

如果婴幼儿被诊断出运动发展迟缓，专业人士会制订相应的支持和干预计划，这可能包括物理治疗、运动治疗、康复训练或其他适当的干预方法。重要的是照护者要根据专业人士的建议积极参与婴幼儿的治疗和康复过程。

5. 提供适当的刺激和环境

在日常生活中，提供适当的刺激和环境可以促进婴幼儿的运动发展。这包括提供安全的活动空间、玩具和游戏，鼓励婴幼儿参与各种运动和活动，以及给予积极的支持和鼓励。

每个婴幼儿的发展进程都是独特的，发展速度都会有差异。如果怀疑婴幼儿运动发展迟缓，及时咨询专业人士是确保婴幼儿获得适当支持和干预的重要步骤。

延伸思考

托育教师掌握婴幼儿运动发展相关知识的实用性

第二节　婴幼儿运动发展的原则

遵循婴幼儿运动发展的原则，照护者可以有效地促进婴幼儿的运动发展，帮助他们建立良好的身体基础和运动习惯。

一、成熟准备原则

婴幼儿运动发展的成熟准备原则指的是在促进婴幼儿运动发展时，需要注意婴幼儿身体的准备程度。婴幼儿在成熟之前，有一个准备阶段。这个准备阶段实际上就是生理机制由不成熟向成熟过渡的阶段。处于准备阶段的婴幼儿尚不具备相应的学习能力，这时如果让他们学习某种技能，就难以真正达到学习目的。

1. 身体机能准备

婴幼儿的身体机能包括肌肉力量、骨骼发育情况和神经系统发展情况等，婴幼儿在这些方面需要达到一定的准备程度才能进行特定的运动。例如，婴幼儿在学习坐立之前，需要有足够的躯干控制力和肌肉力量。

2. 姿势和运动模式准备

婴幼儿需要先掌握一些基本的姿势和运动模式，然后才能逐步掌握更复杂的动作。例如，婴幼儿需要先学会抬头、翻滚和爬行，然后才能学会坐立和站立。

3. 心理和情绪准备

婴幼儿的心理和情绪对于运动发展也具有重要影响。他们需要有足够的积极性和情绪调节能力，才能主动参与运动。

4. 兴趣和动机准备

婴幼儿的兴趣和动机是促进运动发展的重要因素。他们需要表现出强烈的兴趣和动机，才能更好地参与运动。

在促进婴幼儿运动发展时，照护者应充分考虑成熟准备原则，为婴幼儿提供适当的运动机会，确保他们在适当的时机和条件下发展各种运动技能。同时，照护者可以观察婴幼儿，根据他们的准备程度和兴趣特点，提供相应的支持和指导。

拓展链接

成熟准备原则对
婴幼儿运动发展的
指导

二、注重个体差异原则

注重个体差异原则指的是在促进婴幼儿运动发展时，应充分考虑每个婴幼儿的特点。

1. 认识个体差异

注重个体差异原则要求照护者认识到婴幼儿之间存在着个体差异。这些个体差异可能表现在身体机能、感知能力、协调性等方面。了解和尊重这些个体差异对于促进婴幼儿运动发展至关重要。

2. 提供个体化的支持和指导

根据注重个体差异原则，照护者应该为每个婴幼儿提供个体化的支持和指导。他们需要观察和了解婴幼儿的发展水平、兴趣和学习风格，并相应地调整和制定活动，以满足每个婴幼儿的独特需求。照护者采用弹性的教学方法，为婴幼儿提供不同难度和挑战的活动，以满足不同婴幼儿的需求，并允许他们按照自己的步调学习和成长。

3. 尊重和鼓励

注重个体差异原则要求照护者重视婴幼儿的个人成就和努力，鼓励他们积极参与运动，并提供积极的反馈和支持，以增强他们的自信心和动机。

遵循注重个体差异原则，照护者能够更好地满足婴幼儿的需求，提供个体化的支持和指导。这有助于促进婴幼儿的运动发展，并帮助婴幼儿建立良好的运动习惯，为他们的整体发展奠定基础。

拓展链接

注重个体差异原则
对婴幼儿运动发展
的指导

三、顺序性原则

婴幼儿运动发展的顺序性原则指的是婴幼儿在运动发展过程中，会按照一定的顺序逐步发展各项运动技能。这个原则反映了婴幼儿运动发展的普遍规律，尽管每个婴幼儿的发展速度可能有所不同，但他们通常都会达成一系列特定的运动发展里程碑。

1. 自上而下规律

婴幼儿的运动是自上而下发展的，即从头部动作开始，继而是躯干动作，最后是下肢动作及全身动作。婴幼儿最早发展出的动作是抬头、转头，接着是翻身、翻滚和坐立，最后是爬行、站立和行走。任何一个婴幼儿的动作都是按照抬头—翻身—爬—站立—行走这种自上而下的规律逐渐发展成熟的。

2. 由近及远规律

婴幼儿通常先发展靠近躯干的部位，再发展离躯干较远的部位。上肢的发展顺序是肩—上臂—肘—前臂—手腕—手，下肢的发展顺序是大腿—膝盖—小腿—脚。

3. 从泛化到集中规律

婴幼儿运动遵循从不协调到协调，从无意识的不自主到自主，从泛化到集中的规律。例如，婴幼儿抓东西时手脚并用，多余动作很多，随着月龄的增大，躯干与四肢协调配合，婴幼儿就能准确地、高效地抓到眼前的东西。

4. 先正后反规律

在婴幼儿运动发展过程中，通常是正面的动作先发展，反面的动作后发展。例如，婴幼儿先学会朝前走，后学会后退；先学会抓握玩具，然后学会放下玩具；先学会上楼梯，后学会下楼梯；先学会从坐位站起来，后学会从站位坐下；等等。

5. 先大后小规律

婴幼儿从发展大肌肉的粗大动作开始，逐渐发展小肌肉的精细动作。例如，婴幼儿先发展抬头、翻身、站立、行走等粗大动作，然后才逐渐发展手指、脚趾的精细动作。

拓展链接

顺序性原则对婴幼儿运动发展的指导

6. 从混沌到分化、从粗大到精细规律

这个规律特指手部动作发展规律。手部动作的发展规律是用手—把抓握—用五指抓握—用拇指、食指捏物—用手操作餐具—执笔画图—穿衣扣扣子。

四、愉悦性原则

愉悦性原则是婴幼儿运动发展中的一个重要原则。它强调运动应该以愉悦的方式进行，以促进婴幼儿对运动的积极参与和享受。

1. 提供游戏化的方式

愉悦性原则鼓励将运动以游戏化的方式呈现给婴幼儿。游戏化的运动设计可以提高婴幼儿的参与度和增强婴幼儿的兴趣，使他们感到愉悦。例如，为运动添加音乐、色彩、道具和故事等元素，运动会更具吸引力和趣味性。

2. 激发自主性和探索性

愉悦性原则强调激发婴幼儿在运动中的自主性和探索性。他们应该被鼓励自由地探索和尝试各种运动，以满足好奇心。照护者应提供充分的运动自由和选择空间，让婴幼儿根据自己的意愿和能力来参与运动。

3. 提供情感支持和积极的反馈

愉悦性原则强调提供情感支持和积极的反馈。照护者应该以鼓励和赞扬的方式与婴幼儿互动，让他们感受到成功和获得成就感，从而增强他们在运动中的愉悦感。积极的反馈可以激发婴幼儿的动机和自信心，促进他们积极参与运动。

4. 关注个体兴趣

愉悦性原则强调关注和尊重每个婴幼儿的兴趣。照护者应该了解婴幼儿的喜好和偏好，根据他们

的兴趣提供个性化的运动机会。这样可以使婴幼儿在运动中更加投入和享受，提高他们的参与度和满意度。

5. 建立高质量的互动关系

愉悦性原则强调建立高质量的互动关系。照护者应该与婴幼儿建立高质量的互动关系，高质量的互动关系可以增强婴幼儿在运动中的愉悦感，并培养他们对运动的积极态度。

婴幼儿通过愉悦的运动体验可以产生更强的动机和兴趣，从而进一步促进自身发展。营造积极愉悦的运动体验，可以激发婴幼儿对运动的热爱，并为他们建立健康的运动习惯奠定基础。

拓展链接

愉悦性原则对婴幼儿运动发展的指导

五、适宜性原则

适宜性原则强调根据婴幼儿的年龄段、发展阶段和能力水平，提供适合他们的运动环境和活动。适宜性原则认为，在婴幼儿运动发展过程中，照护者需要为他们提供适宜的刺激和支持，以便最大限度地促进他们的身体和运动能力发展。

1. 年龄适宜性

适宜性原则要求照护者根据婴幼儿的年龄段提供符合他们发展水平和能力的运动。不同年龄段的婴幼儿在协调性、肌肉力量和认知能力等方面存在差异，因此运动的难度和挑战性应与其年龄段相匹配。

2. 发展阶段适宜性

适宜性原则强调照护者在选择运动时应考虑婴幼儿所处的发展阶段。处于不同发展阶段的婴幼儿具有不同的发展任务和重点，因此照护者应针对他们当前的发展阶段提供适宜的刺激和支持。例如，对于刚刚学会爬行的婴幼儿，可以提供更多的爬行探索活动，而对于正在学习行走的幼儿，可以提供更多的平衡和步行训练。

3. 个体能力适宜性

适宜性原则要求照护者根据婴幼儿的个体能力和发展水平提供个性化的运动。不同婴幼儿在协调性等方面存在差异，因此运动应根据他们的个体能力进行调整，以满足他们的发展需求。

4. 全面发展

适宜性原则倡导婴幼儿的全面发展。运动应涵盖婴幼儿不同发展领域的需求，包括身体、认知、社交和情感等方面。照护者通过提供多样化和综合性的运动，可以促进婴幼儿的全面发展。

通过遵循适宜性原则，照护者能够为婴幼儿提供符合他们年龄段、发展阶段和能力水平的运动，创造安全、有挑战性且有益的运动环境，促进他们的运动发展和全面发展。

拓展链接

适宜性原则对婴幼儿运动发展的指导

六、安全性原则

安全性原则是指在促进婴幼儿运动发展的过程中，要确保他们的安全和健康。这个原则强调为婴幼儿提供安全的运动环境和保护安全的措施等，以规避潜在的伤害和危险。

1. 安全的运动环境

照护者应确保地面平整、运动环境中无尖锐物、设备坚固稳定，这样可以减少意外伤害。

2. 适当的运动器材和玩具

照护者应选择符合婴幼儿年龄段和发展阶段的运动器材和玩具，确保它们符合安全标准。

3. 成人的监护和指导

婴幼儿在运动中应有成人的监护和指导。成人应密切关注婴幼儿的运动，及时提供帮助和支持，避免他们陷入危险或不安全的境地。

4. 预防意外伤害

照护者应采取预防措施，减少婴幼儿在运动过程中遭受意外伤害的风险。这包括避免婴幼儿与危险物品接触，锁好抽屉和柜子，确保婴幼儿与水域、火源等保持安全距离。

5. 适当的运动强度和时长

照护者应根据婴幼儿的年龄段和能力，控制运动的强度和时长，避免婴幼儿过度运动，以免对婴幼儿的健康造成负面影响。

6. 安全技能培训

照护者应接受有关婴幼儿安全的培训和教育，了解常见的安全风险和应对措施，学习急救技能，以便在发生意外情况时能够及时采取适当的措施。

婴幼儿的安全是婴幼儿运动发展的重要前提，照护者应确保婴幼儿在安全的环境中参与运动，这样才能够发展他们的运动能力。

拓展链接

安全性原则对
婴幼儿运动发展的
指导

第三节　婴幼儿运动的类型

运动包括有意运动，如穿衣、系鞋带，也包括无意运动，如胃肠蠕动；既包括全身运动，如打球，也包括局部运动，如咀嚼和吞咽；除显著的运动外，还有极细微的运动，如眨眼等。

本书讨论的婴幼儿运动主要是有意运动，有意运动是指婴幼儿在有意识和有目的的指导下进行的运动。这种运动通常由有经验的照护者引导，以促进婴幼儿的身体发展、认知发展和技能培养。有意运动包括粗大动作和精细动作。粗大动作主要有翻身、爬行、坐立、行走等，精细动作主要是指手的动作。

婴幼儿的先天性反射动作是婴幼儿有意运动的基础，对婴幼儿运动的发展有一定的影响。

一、先天性反射动作

先天性反射动作是婴幼儿与生俱来、不学而会的。先天性反射是一种低级的适应性神经反射，由大脑皮层以下的神经中枢（如脑干、脊髓）参与完成。正常的新生儿都具有完善的先天性反射。

1. 常见的几种先天性反射动作

（1）抓握反射

抓握反射又称握持反射、掌心反射、达尔文反射。在新生儿安静清醒的状态下，用物品或手指触碰新生儿的掌心时，新生儿会紧紧地抓住不放。此反射在出生3～4个月后消失，其机能是为新生儿今后有意识地抓握物品打下基础。

（2）吸吮反射

在安静状态下，当乳头、手指或其他物品触及新生儿嘴、舌时，新生儿会立即做出吸吮动作，此反射持续到出生4～7个月后消失，但夜间此反射可持续至1岁，其机能是使新生儿可自动化吸奶并得以生存。

（3）觅食反射

当用手轻触新生儿面颊或嘴角时，新生儿会转头朝向触侧觅食，并同时做出张嘴、吸吮的动作。此反射在出生3～4个月后会自动消失，其机能是帮助新生儿寻找乳头。

（4）拥抱反射

当突发巨响或头部突然向下坠落时，新生儿会两手张开，四肢伸直外展，然后双臂屈曲向胸前呈拥抱状。此反射在出生4～6个月后消失，其机能是使新生儿抱住自己的身体。

（5）踏步反射

用双手扶住新生儿腋下使其呈直立状，并使其两脚接触桌面，新生儿两脚会交换向前迈步。此反射在出生约2个月后消失，其机能是使新生儿做出类似走路的动作。

（6）强直性颈部反射

将新生儿头转向一侧时，其同侧上下肢伸直，对侧上下肢屈曲呈"击剑姿势"。此反射在出生3～6个月后消失，其机能是为阻止新生儿由仰卧滚向俯卧或由俯卧滚向仰卧。

（7）游泳反射

使新生儿俯卧在水里，其双手会做出非常协调的游泳动作。此反射出生即有，出生4～6个月后逐渐消失，其机能是在新生儿意外落水时能保护其生命。

（8）收缩反射

用尖的东西轻刺新生儿的脚掌，其会迅速收缩脚部，弯曲膝盖，轻抬手臂。这种反射出生即有，10天后减弱，其机能是使新生儿免受不良触觉刺激的伤害。

2. 先天性反射动作的意义

（1）促进生长发育和保护生命安全

新生儿是柔弱的个体，有些先天性反射动作对新生儿的生命具有一定的保护作用。这主要表现在以下两个方面。

① 维持新生儿的生命和满足其生长发育的需要。新生儿一出生就有觅食反射和吸吮反射，他们通过这些反射来摄取乳汁，从而维持生命和满足生长发育的需要。

② 保护新生儿的生命安全。某些先天性反射动作能保护新生儿的生命安全，例如，游泳反射可使新生儿呈俯卧位时将颈部抬起来，以免水堵塞鼻孔发生窒息；强直性颈反射可阻止新生儿身体翻动，以免新生儿在无人看管时翻转成俯卧位发生窒息。

（2）促进能力发展

先天性反射动作可促进婴幼儿能力的发展，这主要表现在以下4个方面。

① 促进行走能力的发展。在适当的时间对新生儿的踏步反射进行适当的强化，可以使新生儿提早学会走路。

② 促进爬行能力的发展。游泳反射可训练新生儿的颈部、背部和四肢肌肉，为将来新生儿抬头、爬行打下基础，并可增强新生儿的体质。

③ 促进平衡能力的发展。给新生儿洗澡时，强化其游泳反射，可以促进其平衡能力的发展。

④ 促进抓握能力的发展。用拨浪鼓的细柄轻轻地碰触新生儿的手指关节，使之自动将手放开，这时立刻将拨浪鼓的细柄放入新生儿的手中，他会将细柄紧紧握住，这样就能促进其抓握能力的发展。

（3）检查、判断神经系统的发育情况

在婴幼儿的早期发展阶段，医生、儿科专家或其他专业人士可能会通过观察和评估新生儿的先天性反射动作来判断其神经系统是否正常发育。

神经系统正常发育的婴幼儿通常会在特定的时间段内表现出这些动作，随着时间的推移，这些动作逐渐消失，被主动控制动作所取代。如果婴幼儿的先天性反射动作出现异常，比如过早或过晚出现、持续存在或者缺失，这可能提示婴幼儿存在神经系统发育问题或其他健康问题。需要注意的是，先天性反射动作只是评估婴幼儿神经系统发育情况的指标之一。综合考虑婴幼儿的运动发展、认知发展、社交发展和其他发展里程碑的达成情况，才能更为全面和准确地评估其神经系统的发育情况。

二、粗大动作

粗大动作是指在婴幼儿运动发展中涉及大肌肉群和整个身体协调运动的动作，其中大肌肉群包括核心肌肉、四肢肌肉等。

1. 婴幼儿常见的粗大动作

（1）翻身

婴幼儿从仰卧位或俯卧位变为侧卧位，或者从侧卧位变为仰卧位或俯卧位。

（2）爬行

婴幼儿使用手臂和膝盖的力量，以左右侧交替移动的方式在地面上前进。

（3）坐立

婴幼儿可以自主地坐起来，并保持平衡。

（4）行走

婴幼儿可以自由地行走，并保持平衡。

（5）上下楼梯

婴幼儿使用手和脚的协调运动，独立上下楼梯。

（6）跳跃

婴幼儿使用双腿的力量跳起来并着地。

（7）投掷和接住球

婴幼儿使用手臂和手部的协调运动，投掷和接住球。

（8）踢球

婴幼儿使用腿部的力量，以踢的方式使球移动。

2. 粗大动作的基本表现形式

（1）头颈部和躯干的控制动作

头颈部和躯干的控制动作是婴幼儿最早出现的自主动作，是粗大动作发展的基础。

① 头颈部控制动作

头颈部控制动作是婴幼儿在发育过程中逐步掌握的一项重要动作，涉及头颈部肌肉的力量和协调性。具体来说，头颈部控制动作包括以下几种。

A. 抬头

婴幼儿通常在出生后的几周内开始尝试抬头。呈仰卧卧位时，婴幼儿会努力抬起头部，并试图保持一段时间的平衡。这是头颈部肌肉力量和对头颈部肌肉进行控制的初步体现。

B. 转头

婴幼儿在发育过程中逐渐能够转动头部以寻找不同方向的视觉刺激。早期，他们可能会通过自然的先天性反射动作来转动头部，以寻找听觉或视觉刺激。随着发育，婴幼儿能够更有意识地主动控制头部的转动，例如向左右转动头部或头部追随物体移动。

C. 稳定头颈部

当婴幼儿能够坐起来时，头颈部的稳定性变得尤为重要。他们需要保持头颈部的平衡，以保持稳定的坐姿。稳定的头颈部可以为婴幼儿提供更高的自由度和更多的探索环境的机会。

头颈部控制动作的发展对婴幼儿的整体发展至关重要。它为后续婴幼儿掌握更复杂的运动技能和姿势控制能力奠定了基础，同时也为视觉发展和认知发展提供了支持。通过掌握头颈部控制动作，婴幼儿能够更好地观察和探索周围环境，与他人进行眼神接触和互动，并逐渐发展出更高级的运动技能和姿势控制能力。

② 躯干控制动作

躯干控制动作是婴幼儿在发育过程中逐渐掌握的，涉及躯干肌肉的力量和躯干的协调控制。这些动作对于婴幼儿的姿势控制、平衡和运动等能力的发展至关重要。

A. 翻身

婴幼儿在发展过程中逐渐学会从仰卧位或俯卧位翻转到侧卧位及从侧卧位翻转到仰卧位或俯卧位，这需要他们协调控制躯干肌肉。

B. 坐立

婴幼儿能够自主坐起来并保持平衡是躯干控制动作的重要里程碑。他们需要具备足够的躯干肌肉力量和控制能力来支撑自己身体的重量，并保持稳定的坐姿。

C. 爬行准备期

婴幼儿在学会爬行之前，需要先发展躯干控制能力。通过控制躯干肌肉，婴幼儿可以将身体抬离地面，并在俯卧位和仰卧位之间自由切换。

D. 站立

逐渐发展出躯干控制能力后，婴幼儿可以尝试支撑起自己的身体，并尝试站立。

（2）自主位移动作

① 爬行

爬行是婴幼儿在发育过程中逐渐掌握的一项重要运动技能，属于粗大动作之一。爬行是指婴幼儿使用手臂和腿部的交替运动，将身体从一个地方移动到另一个地方，这是婴幼儿最早出现的自主运动形式。婴幼儿能够从仰卧位翻转成俯卧位，用两手撑起胸腹部时，便开始尝试爬行。婴幼儿的爬行姿势是胸腹部着地，两手伸向前方地面，利用手臂弯曲产生的力量带动身体向前，同时借助两腿向后蹬产生的力量。

随着婴幼儿手臂和腿部力量的增加，婴幼儿的双肩和胸部能够自如地离开地面，在成人的帮助下，婴幼儿可以以腹部为支点爬行。在神经系统的调节下，由于会利用两腿向后蹬产生的力量，婴幼儿会习惯以膝盖为支点，到1岁时便可以用手与膝爬行。婴幼儿不仅借助爬行扩大了接触和探索环境的范围，而且在学爬行的过程中锻炼了自身的协调能力和意志，并促进了脑发育，进而增强了感觉统合和协调能力，为以后灵活地行走、跑跳创造了条件。

拓展链接

婴幼儿爬行的意义

② 行走

行走是婴幼儿在发育过程中逐渐掌握的一项重要的粗大动作。它是指婴幼儿用双腿支撑身体，交替移动双腿并向前推动身体。

婴幼儿行走的特点如下。

A. 动作不稳定

婴幼儿刚开始学习行走时，不易保持稳定，容易摇摆或摔倒。

B. 轻微前倾

婴幼儿在行走时通常会轻微前倾，这有助于他们保持平衡。

C. 双手高举或摆动

刚开始学习行走时，婴幼儿可能会高举双手，以保持平衡。随着技能的发展，他们逐渐开始使双臂自然摆动，以帮助维持身体的平衡。

D. 短距离行走

婴幼儿初学行走时，通常只能行走短距离，可能只是走几步或几米。随着时间的推移和技能水平的提高，他们逐渐能够行走较长的距离。

E. 步幅小和速度不稳定

刚开始学习行走时，婴幼儿的步幅通常比较小。他们还会经历行走速度的变化，有时快，有时慢，这是正常的发展过程。

F. 手部支撑和保护反应

在行走过程中，婴幼儿可能会使用双手支撑和保护自己，以减小跌倒时的冲击。他们可能会将手放在前面或侧面，这样也能帮助他们维持平衡和稳定。

这些特点是婴幼儿行走技能发展过程中的正常表现，随着时间的推移和经验的积累，他们的行走技能会逐渐完善，他们行走起来会更加稳定和流畅。照护者的支持和鼓励对于婴幼儿行走技能的发展非常重要。

（3）技巧性粗大动作

婴幼儿学会行走以后，便出现脊柱的第三个生理性弯曲，即腰椎前突，这为其后续掌握上下楼梯、跑、跳等技巧性粗大动作奠定了基础。刚开始时婴幼儿会手脚并用地上楼梯，随着上肢力量的增加和身体协调能力的发展，他们会学着用双手交替抓住栏杆一步一步地上楼梯；大约在3岁，婴幼儿可以两脚交替地下楼梯。2岁后，幼儿逐渐学会单脚跳，以及在运动中发挥自己的力量和保持身体的平衡；3岁左右的幼儿即可进行简单的跑、跳。

拓展链接

婴幼儿行走的意义

知识链接

"O"形腿、"X"形腿、"内八"、"外八"和扁平足

1. "O"形腿

"O"形腿（见图2-1）是指膝盖向外弯曲，双膝相互分离，脚踝之间存在较小的间隙，双腿整体呈"O"形。这种情况在婴幼儿时期是正常的，但通常会在发育过程中逐渐消失。如果在儿童时期或成年后，"O"形腿仍然持续存在，可能需要咨询医生或其他专业医疗人员。

2. "X"形腿

"X"形腿（见图2-1）是指膝盖向内弯曲，双膝相互靠拢，脚踝之间的间隙较大，双腿整体呈"X"形。婴幼儿时期的"X"形腿是正常的，因为髋关节在婴幼儿时期尚未完全成熟。这种情况通常会在发育过程中逐渐消失，但如果在儿童时期或成年后仍然存在严重的"X"形腿，可能需要医生或其他专业医疗人员的评估和治疗。

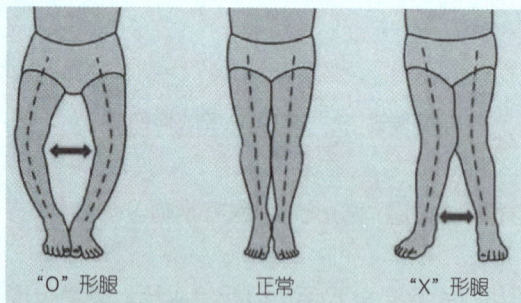

"O"形腿　　正常　　"X"形腿

图2-1

3. "内八"和"外八"

"内八"（见图2-2）是指双膝在站立时向内靠拢，双脚后部间距相对较远，脚尖呈现出向内收拢的姿势。"外八"（见图2-2）是指双膝在站立时向外张开，双脚后部间距相对较近，脚尖呈现出向外分开的姿势。这些姿势在婴幼儿时期是正常的，因为他们的髋关节和腿部肌肉尚未完全发育。这种情况通常会在发育过程中逐渐消失，但如果这种情况在儿童时期或成年后仍然存在且影响到正常行走和姿势控制，可能需要医生或其他专业医疗人员的评估和治疗。

4. 扁平足

扁平足（见图2-3）是指足弓降低或塌陷，足底接触地面的面积较大的脚。婴幼儿时期的足部通常呈现为较平坦的形态，因为足弓尚未完全形成。大多数婴幼儿在发育过程中会逐渐形成足弓。如果扁平足持续存在并导致疼痛、不适或影响正常行走，可能需要咨询医生或其他专业医疗人员。

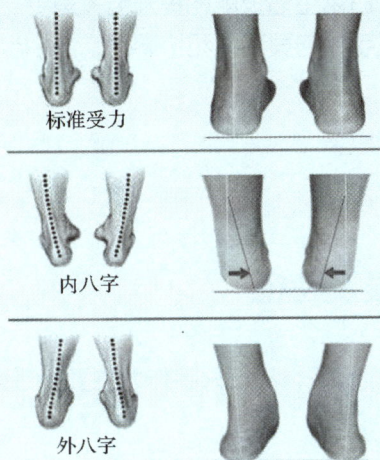

图2-2

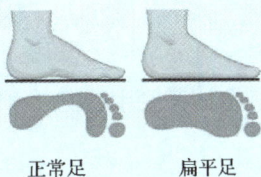

图2-3

对于这些腿部和足部问题，早期的识别和干预非常重要。如果担心婴幼儿的腿部或足部发育情况，请咨询医生或其他专业医疗人员，他们可以提供恰当的建议。

三、精细动作

精细动作是指在婴幼儿运动发展中涉及手掌和手指的精细控制和协调运动的动作，即手部小肌肉动作，主要包括利用手掌和手指的小肌肉或小肌肉群进行的动作，如抓握、扔、放、穿、嵌、拼、搭、捏、扣、画、撕等。要做出这些动作，婴幼儿需要发展手眼协调能力、手指灵活性和手部肌肉控制能力等。

精细动作可分为适应性行为和个人社会性行为两种。与适应环境有关的精细动作，例如抓取玩具、搭积木、画画等，称为"适应性行为"；与生活自理有关的动作，例如扣纽扣、系鞋带等，称为"个人社会性行为"。

精细动作的发展和视感知觉、注意力的发展有密切关系，尤其是和视感知觉关系极为密切。通过视感知觉对精细动作的不断调整，婴幼儿可以更加熟练地做出精细动作，从而增强手眼协调能力。因此，精细动作可以被看作人最初的智能形式。

婴幼儿常见的精细动作如下。

（1）抓握

婴幼儿使用手掌和手指的协调动作来握持物体，并保持所握持物体的稳定性。

（2）指

婴幼儿使用单根手指或多根手指指向感兴趣的物体或位置。

（3）对指

婴幼儿通过拇指和其他手指的对指，可以精确地进行拧转或捏取。

（4）模仿或主动创造手势

婴幼儿模仿或主动创造手势，如挥手、"比心"等。

（5）搭积木或拼拼图

婴幼儿利用手眼协调能力搭建积木或拼拼图。

（6）用勺子吃饭

婴幼儿利用手指和手腕的协调运动并通过勺子将食物送入嘴里。

（7）书写或画画

婴幼儿通过对手指和手腕的精细控制进行书写、画画。

这些精细动作对于婴幼儿的手部发展、认知发展和日常生活技能的提升至关重要。通过这些精细动作，婴幼儿可以发展对手部肌肉的精细控制能力，增强手指的灵活性和协调性，进一步发展手眼协调能力和运动技能。

知识链接

利手性的发展及特征

利手性是指个体在使用手的过程中表现出明显的偏好，将一只手作为主要手进行精细操作和控制。

利手性的发展通常始于婴幼儿期，但大多数儿童在3～4岁时会表现出明显的利手性，而有些儿童会更晚地显示出利手性。

1. 利手性的特征

（1）主要手使用得更熟练

儿童在使用主要手进行精细操作时会显得更熟练，而使用另一只手时则不太熟练。

（2）主要手使用得更多

儿童在日常生活中会更倾向于使用主要手，例如在吃饭、写字、画画等活动中会更频繁地使用主要手进行操作。

（3）交叉支配

在利手性的发展过程中，儿童可能会表现出交叉支配的现象，即在某些活动中选择使用非主要手进行操作。这是利手性发展过程中的正常现象，随着时间的推移，主要手会变得更加明确和稳定。

（4）主要手的一致性

随着儿童的发展，主要手会逐渐变得更加稳定和一致，即儿童在不同活动和任务中都会使用相同的主要手进行操作。

2. 利手性的影响

利手性对儿童的日常生活和学习具有重要影响。有一只稳定的主要手有助于儿童提升精细动作技能、书写能力、手眼协调能力以及解决问题的能力。利手性的发展还与遗传和大脑左右半球之间的功能差异有关。

儿童的利手性发展具有个体差异，有些儿童可能会表现出一定的主要手不确定性或双手相对平衡的情况。对于利手性的发展，照护者应提供支持和适当的刺激，同时尊重儿童的个体差异和自主选择。

课堂讨论 班级中有婴幼儿运动发展迟缓，托育教师应怎样做？

1. 做好观察和记录

托育教师应认真观察婴幼儿的运动表现，并记录相关信息，例如他们能够完成的动作、动作执行过程中存在的困难。这样做有助于准确评估和了解婴幼儿的发展情况。

2. 制订个性化计划

托育教师应根据婴幼儿的需要和能力，为其制订个性化的活动计划。托育教师应提供针对性的活动，逐步引导婴幼儿做出不同的粗大动作，以促进其运动发展；确保活动的难度符合婴幼儿的发展水平，以鼓励他们积极参与和尝试。

3. 提供额外支持

托育教师可以使用手势、声音和亲切的语言，鼓励婴幼儿尝试新的运动技能；为婴幼儿提供安全的环境，确保婴幼儿能够自信地探索和练习运动技能。

4. 提供个别指导

托育教师可以根据婴幼儿的需要，为其提供额外的练习和反馈，帮助他们克服困难并逐步提升运动技能。这可能需要托育教师付出更多的时间和耐心，但提供个别指导可以帮助婴幼儿更好地理解和掌握运动技能。

5. 与家长密切合作

托育教师应与婴幼儿的家长保持密切的沟通和合作，分享观察到的情况和进展，听取家长的反馈和意见；与家长一起制定目标和计划，共同为婴幼儿的运动发展提供支持和指导。

6. 寻求专业支持

如果婴幼儿的运动发展迟缓现象严重或持续存在，建议托育教师与儿科医生或儿童发育专家合作。他们可以提供更专业的评估和建议，帮助托育教师和家长制订更具体的干预计划。

第四节 婴幼儿运动发展的顺序

婴幼儿运动发展是在婴幼儿生理和心理逐渐发育成熟的过程中，遵循一定的规律和顺序而逐步进行的。

一、婴幼儿粗大动作发展的顺序

婴幼儿粗大动作通常按抬头—翻身—撑胸—打滚—坐—爬—站—走—跑—携带重物走或跑—跳等的顺序发展，相应的时间节点大致如下。

1个月：头稍稍能抬起。

2个月：会抬头。

3个月：被成人扶着站立时脚会缩起。

4个月：俯卧时抬头90°，可由俯卧位翻成侧卧位；仰卧时，双手摆动，双脚四处踢。

5个月：能从俯卧位翻成仰卧位，被成人用双手扶住腋下时会做跳跃动作。

6个月：俯卧时能用双臂支撑上半身，握住成人的双手时就想坐起来。

7个月：能由仰卧位翻成俯卧位，能从腹侧到背侧、背侧到腹侧打滚；能独立坐起来。

8个月：俯卧时可原地打转、匍匐后退或前进。

9个月：成人扶着婴幼儿的双手会站立，会手膝爬行。

10个月：能自己扶物站立。

11个月：能扶物行走。

12个月：能独自站立，被成人搀着时能走，爬得很好，能在坐爬姿势之间转换。

15个月：能自如地独立行走。

18个月：能爬坡，上下楼梯，带着或推着重物走，推、拉和倾倒东西，下蹲拾物，跑步。

2岁：会踢球、掷球、滚球、滑滑梯、攀登、双脚跳、倒着走、带物跳，弯腰拾物时不会跌倒，能配合节拍摇摆。

3岁：可以在许多单项动作之间转换，如由走到跑到走、由下蹲到起立等；动作比较灵活自如，耐力、灵活性、坚持性都在发展；可以一次性走2km以上。

二、婴幼儿精细动作发展的顺序

精细动作是涉及手部小肌肉的动作，最早发展的是握，精细动作发展的时间节点大致如下。

1个月：能紧握拳头。

2个月：能出于本能地抓握。

3个月：能意识到自己的手，常常抓住东西不放。

4个月：能双手同时舞动，有意抓握，并注视手中玩具。

5个月：会拿东西往嘴里放。

6个月：会摇动玩具，用整个手掌准确地抓物。

7个月：会用两手配合抓物，换手拿玩具。

8个月：能用拇指和其余四指抓物，用两手撕纸。

9个月：能单独伸出食指，用拇指、食指抓起细小物品。

10个月：会有意将物品放下。

11个月：会弯曲食指抓东西（钳式抓握）。

12个月：指端动作发展，能用三指持物。

15个月：会弯曲手腕。

18个月：能上下摆动手腕，会搭积木、画画、敲打，能举起重物。

2岁：双手手指、手腕协调活动能力进一步发展，可以穿珠、扣扣子，一页一页地翻书等。

3岁：双手手指、手腕灵活配合，可以做许多事情，如剪纸、粘贴、将橡皮泥搓成圆形或条形等。

第五节　婴幼儿运动发展的影响因素

婴幼儿运动发展的影响因素有生理成熟度、教养环境、营养物质、个体差异、后天学习与训练和身心疾病。

一、生理成熟度

生理成熟度对婴幼儿运动发展具有重要的影响。随着婴幼儿的生长和发育，他们的生理成熟度不断提高，这会影响其运动能力的发展。

1. 肌肉力量和控制能力

随着婴幼儿生理成熟度的提高，他们的肌肉力量和控制能力会逐渐增强。这使得他们能够进行更复杂和更具挑战性的运动，如坐立、爬行、行走等。肌肉力量和控制能力的增强对于婴幼儿的运动发展至关重要。

2. 平衡性和协调性

随着神经系统成熟度的提高，婴幼儿的平衡性和协调性也会逐渐增强。他们能够更好地控制自己的身体姿势和动作，从而更好地站立、行走和跑跳。平衡性和协调性的发展为婴幼儿参与各种运动奠定了基础。

3. 空间感知能力和身体意识

随着婴幼儿生理成熟度的提高，他们对身体周围空间的感知能力和对身体部位的意识也会增强，这使得他们能够更准确地掌握自己的身体位置和运动范围。

4. 反应速度

婴幼儿的神经系统逐渐成熟，冲动在神经元之间的传递也变得更加有效。这加快了婴幼儿的反应速度，使他们能够更快地做出反应和进行精确的运动控制。

5. 身体机能的发展

随着婴幼儿生理成熟度的提高，他们的身体机能也得到发展，如心肺功能、柔韧性和耐力等。这使得他们能够在运动中更持久地参与和表现，同时适应不同的运动环境和满足不同运动的要求。

生理成熟度的不断提高使得婴幼儿能够逐渐发展出更高级别的运动能力和技能。然而，婴幼儿的生理发展速度存在个体差异，每个婴幼儿都有自己的发展节奏和时间表。因此，照护者应提供适宜的环境和机会，以支持他们的运动发展，并根据他们的个体差异和发展阶段提供适当的挑战和指导。

二、教养环境

教养环境对婴幼儿运动发展有着重要的影响。

1. 提供安全的运动环境

为婴幼儿提供安全的运动环境非常重要。这包括清理可能的障碍物、确保运动表面平稳和提供适当的设备，以降低婴幼儿受伤的风险。安全的运动环境可以鼓励婴幼儿积极参与运动，无拘束地发展运动技能。

2. 提供丰富的运动机会

提供丰富的运动机会是促进婴幼儿运动发展的关键。这可以通过为婴幼儿提供各种玩具和活动设施来实现，如爬行垫、滑梯、球等。这些运动机会能够激发婴幼儿的好奇心和探索欲望，鼓励他们积极参与各种运动。

3. 给予积极的支持和鼓励

照护者的积极支持和鼓励对婴幼儿的运动发展至关重要，表达对婴幼儿的赞赏，鼓励他们尝试新的运动技能，给予他们积极的反馈，都能促进他们积极参与运动。

4. 身体互动和模仿

与婴幼儿进行身体互动和模仿是培养他们运动技能的有效方式，比如和婴幼儿一起参与互动游戏、模仿动作等，可以帮助他们发展运动协调性、平衡和控制能力。

5. 提供适当的挑战

根据婴幼儿的能力水平和发展阶段，为其提供适当的挑战是很重要的。挑战能够激发婴幼儿的兴趣和动力，促使他们发展新的运动技能和能力。然而，挑战应该适度，要符合婴幼儿的能力水平，避免给婴幼儿带来过大的压力和危险。

一个安全、具有支持性和挑战性的环境可以激发婴幼儿的运动兴趣，促进他们运动技能和能力的发展。照护者在为婴幼儿提供安全的运动环境和积极的支持的同时，也应密切关注婴幼儿的个体差异，以满足他们的发展需求。

三、营养物质

适当的营养物质摄入对于婴幼儿的生长、发育和运动能力的发展至关重要。婴幼儿主要摄入以下营养物质。

1. 蛋白质

蛋白质是婴幼儿生长和发育所必需的营养物质。它对于肌肉的发育和修复至关重要，能够为婴幼儿提供进行各种运动所需的能量。适量的蛋白质摄入有助于婴幼儿的肌肉生长和运动能力的增强。

2. 碳水化合物

碳水化合物是主要的能量来源，能为婴幼儿提供运动所需的能量。摄入足够的碳水化合物，可以增强婴幼儿的体能和耐力，使他们更好地参与各种运动。

3. 脂肪

脂肪不仅是能量的重要来源，同时也有助于脂溶性维生素的吸收。脂肪有助于维持婴幼儿的能量平衡和健康发展。

4. 维生素和矿物质

维生素和矿物质在婴幼儿的运动发展中起着重要的作用。例如，维生素D和钙有助于骨骼的健康发育，从而支持婴幼儿进行各种运动。其他维生素和矿物质如维生素C、铁和锌也对婴幼儿的能量代谢和肌肉功能发展起着重要的调节作用。

5. 水

水是身体组织和细胞正常运作所必需的物质，同时也有助于调节体温和维持运动能力。

适当的营养物质摄入对于婴幼儿的运动发展至关重要。照护者应为婴幼儿提供均衡的饮食，并根据婴幼儿的年龄和发展阶段调整饮食，以满足他们的营养需求和促进他们的运动发展。同时，照护者应注意遵循医生或营养师的建议，确保婴幼儿获得适当的营养和健康发展。

四、个体差异

婴幼儿的个体差异包括生理和心理方面的差异，这些差异会影响他们的运动能力和发展速度。

1. 生理差异

生理差异包括婴幼儿身体结构、肌肉力量、柔韧性等方面的差异。这些差异会影响婴幼儿的运动技能和能力的发展。例如，一些婴幼儿可能在爬行、站立或行走方面发展较快，而其他婴幼儿可能需要更多时间才能达到同样的水平。

2. 神经系统发育差异

婴幼儿神经系统的发育也会影响他们的运动发展。一些婴幼儿可能在协调性、平衡能力和精细动作技能方面表现更好，而其他婴幼儿可能需要更多时间和机会来发展这些技能和能力。

3. 心理差异

婴幼儿的心理发展也与他们的运动发展密切相关。心理差异可能包括婴幼儿在兴趣、动机和个性特征等方面的差异。一些婴幼儿可能对探索和运动感兴趣，并积极参与各种运动，而其他婴幼儿可能对运动不太感兴趣或表现出不同的参与水平。

了解和尊重婴幼儿的个体差异非常重要。照护者应根据婴幼儿的个体差异提供个性化的支持和指导。这包括根据婴幼儿的能力和兴趣提供适当的运动机会、创造积极的运动环境，并鼓励他们积极参与运动。同时，照护者应给予婴幼儿足够的时间和空间，以便他们按照自己的节奏探索和发展运动技能。

五、后天学习与训练

后天学习与训练对婴幼儿运动发展起着重要的作用。适当的后天学习与训练可以促进婴幼儿运动技能和能力的发展，帮助他们建立良好的运动基础。

1. 提供适当的运动机会和运动环境

为婴幼儿提供多样化、安全的运动机会和适宜的运动环境非常重要，有助于激发婴幼儿的运动兴趣和动力。这包括提供丰富的玩具和器材，为婴幼儿创造自由探索和运动的空间。

2. 模仿和示范

婴幼儿在学习运动技能时，会通过观察和模仿他人的行为来获取经验。为婴幼儿提供正确的示范和引导，可以帮助婴幼儿理解和模仿正确的动作技巧和运动方式。照护者可以成为婴幼儿的良好榜样，通过自身的运动行为激发他们的运动兴趣。

3. 游戏和互动

通过游戏和互动的方式，婴幼儿可以获得运动经验和技能。有趣的游戏和互动可以激发婴幼儿的好奇心和动力，促进他们的运动发展。例如，爬行类、追逐类、球类类等游戏和互动都可以增强婴幼儿的运动能力和协调性。

4. 适度的挑战和引导

适度的挑战和引导有助于提升婴幼儿的运动技能。通过逐步提高运动难度或提供适当的支持和引导，婴幼儿可以逐渐发展更高级的运动技能。这可以在游戏和活动中实现，同时照护者也要根据婴幼儿的个体差异和能力水平对运动进行个性化的调整。

照护者可以通过提供丰富的运动机会、进行正确的示范和引导，以及与婴幼儿共同参与有趣的游戏和互动，帮助婴幼儿建立良好的运动基础，促进他们的运动技能和能力发展。

六、身心疾病

婴幼儿时期是身体和神经系统发展的重要时期，因此，身心疾病可能会影响婴幼儿的运动发展。

1. 肌肉和骨骼疾病

某些肌肉和骨骼疾病，如肌肉萎缩症、骨骼发育不良等，会导致婴幼儿的运动能力受限。这些疾病可能影响婴幼儿的肌肉力量、骨骼结构或关节活动能力，使他们在爬行、站立、行走等方面遇到困难。

2. 神经发育障碍

某些神经发育障碍，如脑性瘫痪、自闭症和注意缺陷与多动障碍等，会对婴幼儿的运动发展产生影响。这些障碍会使婴幼儿的运动协调性和平衡能力出现问题，限制婴幼儿参与各种运动。

3. 呼吸系统和心血管系统疾病

呼吸系统和心血管系统疾病可能导致婴幼儿在进行有氧运动时呼吸困难或体力不支。这可能限制他们参与高强度的或持续时间较长的运动。

若身心疾病影响了婴幼儿的运动发展，照护者要与医生、康复专家或其他相关专业人士合作，制定适当的康复计划和干预措施。这可能包括物理治疗、康复训练、运动疗法等，旨在帮助婴幼儿克服身心疾病带来的限制，促进他们的运动技能和能力的发展。同时，照护者的支持和鼓励也对婴幼儿的运动发展起着重要的作用。

拓展链接

注意力缺陷多动障碍

课后练习题

1. 简述婴幼儿运动发展的定义。
2. 简述婴幼儿运动发展的原则。
3. 根据掌握的婴幼儿运动发展相关知识，编写发展婴幼儿粗大动作的托育课程。
4. 根据掌握的婴幼儿运动发展相关知识，编写发展婴幼儿精细动作的托育课程。

第三章
婴幼儿运动发展的特点与目标

本章学习目标

1. 掌握各个年龄段婴幼儿粗大动作发展的特点。
2. 了解各个年龄段婴幼儿粗大动作发展的目标。
3. 学会运用各个年龄段婴幼儿粗大动作发展的托育课程。
4. 掌握各个年龄段婴幼儿精细动作发展的特点。
5. 了解各个年龄段婴幼儿精细动作发展的目标。
6. 学会运用各个年龄段婴幼儿精细动作发展的托育课程。

第一节 婴幼儿粗大动作发展的特点与目标

婴幼儿时期是粗大动作发展的关键时期,通过积极的探索和运动,婴幼儿不仅能够掌握基本的运动技能,还能够建立对身体和环境的感知,从而为今后更复杂的运动、学习和社交能力的发展打下坚实基础。

一、0～1岁婴幼儿粗大动作发展的特点与目标

在0～1岁期间,婴幼儿达成了许多重要的粗大动作发展里程碑,从完全依赖成人转变为能够独立爬行、坐立和站立。

(一)0～1岁婴幼儿粗大动作发展的特点

0～1岁是婴幼儿粗大动作发展的初期,从生理反射转变为主动运动,婴幼儿逐渐学会控制头部和躯干,以及尝试不同的运动方式。他们通过这些运动,建立对自己身体的感知,为未来更复杂的运动和探索奠定了基础。

1. 0～6个月婴幼儿粗大动作发展的特点

0～6个月婴幼儿的粗大动作发展速度和时间表可能有所不同,因此,以下特点只适用于一般情况。

(1)0～3个月婴幼儿粗大动作发展的特点

① 仰卧

新生儿没有能力控制自己的身体,当照护者把他们摆成仰卧位时,他们会呈现出特殊的姿势:头总是转向一侧,头转向的那一侧的上下肢是伸直的,而另一侧的上下肢是弯曲的,即产生强直性颈反射,

如图3-1所示。这是新生儿特有的一种不对称姿势，这种姿势可避免新生儿因吐奶而窒息。但照护者应注意婴幼儿的头应该能向两侧转，如果婴幼儿经常只能将头转向一侧，那么照护者需要对婴幼儿做进一步检查。

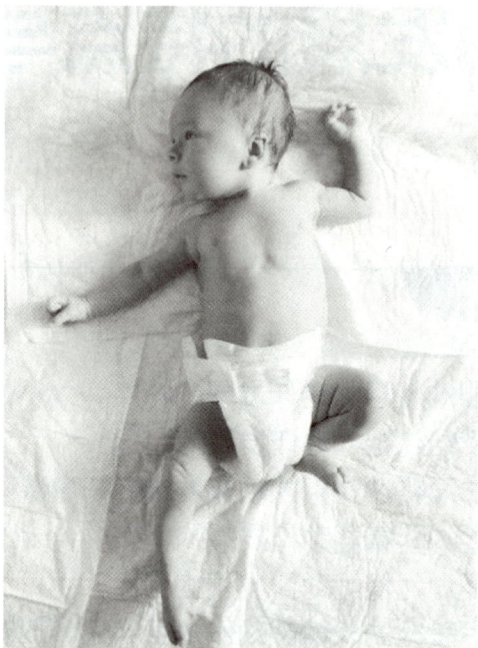

图3-1 强直性颈反射

1个月婴幼儿的头能短时间保持在中间位置，不对称的强直性颈反射姿势逐渐向对称姿势演变，大约到3个月时，婴幼儿呈对称姿势：头在正中间，双上肢对称地从肘部向上弯曲，双下肢外展，从膝部向下弯曲。这时婴幼儿还不能很好地控制自己的头，照护者轻轻地拉着婴幼儿的双手使他坐起时，婴幼儿的头不能随着躯干离开床面而立起来，而是完全向后仰的。

3个月婴幼儿基本上完成了向对称姿势的过渡而进入对称期。仰卧时，婴幼儿的头、背、臀可以稳稳地贴在床面上。婴幼儿熟睡时，其上肢大多自然伸展，从肘部向上弯曲；醒着时，其上肢大多自然屈曲在胸前，双手靠拢在胸前玩弄。

② 俯卧

新生儿呈俯卧位时，手臂和腿弯曲，双上肢从肘部弯曲紧贴躯干，双手握拳，双下肢向两侧分开，从膝部弯曲，臀耸起，头转向一侧，脸贴在床面上。

1个月婴幼儿俯卧时能短暂地抬头，四肢和躯干的姿势与初生时相同，由于双腿渐渐伸展，臀没有之前那么高耸。俯卧时，1个月婴幼儿双腿有时会交替蠕动，做类似爬行的动作，但这种动作是不自主地做出的。

2个月婴幼儿俯卧时能够将头抬起，使下巴离开床面5～7.5cm，脸与床面大约成45°，抬头的时间也比以前长。婴幼儿将头抬起时，身体的重心转移到胸部。臀因髋关节屈曲程度降低而放低，两腿向外伸展，大腿贴紧床面，双膝仍弯曲。

3个月婴幼儿呈俯卧位时，双臂不再屈曲在躯干两旁，上臂能伸直，其能用肘和前臂支撑着头、颈和胸，肘也从肩后移至肩前，以降低髋关节的屈曲程度，更好地保持身体平衡。由于有肘和前臂的支撑，身体的重心移至腹部，胸能抬起，臀不再耸起，大腿贴在床面上，两腿能伸直。婴幼儿的头会抬得更高更稳，并且婴幼儿能较长时间地把头抬至与床面成45°甚至90°，头也能保持在身体的中线位置，如图3-2所示。

③ 坐

新生儿是不能坐的，因为他们的肌肉和神经系统尚未发展到能够支持其坐立的程度。

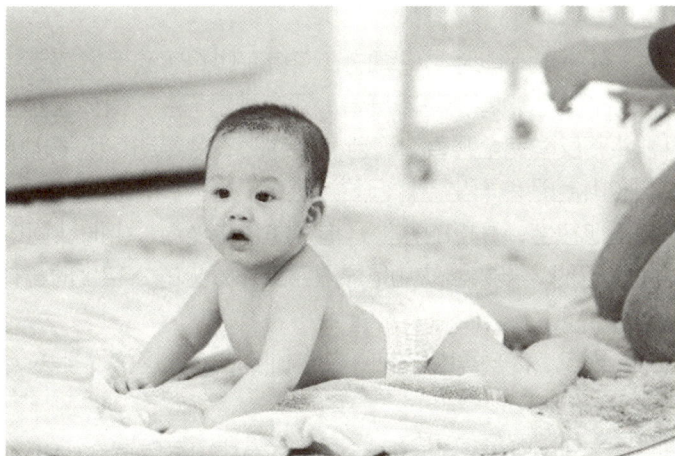

图3-2　头保持在身体的中线位置

1个月婴幼儿被扶坐时，头耷拉在胸前，下颌几乎靠在胸上，背弯曲呈"C"形。

2个月婴幼儿被扶坐时，头虽耷拉在胸前，但可以稍微竖着晃几下。

3个月婴幼儿被扶坐时，头能竖起，向前挺伸与躯干成一定角度，背不再弯曲呈"C"形。

④ 站

这个时期的婴幼儿不会站立，照护者也不能让他们的腿负重。婴幼儿出生后有踏步反射，即照护者将双手托在婴幼儿腋下，竖直地把他们抱起，让他们光着脚平踏在桌面上，婴幼儿就会主动做出踏步动作。这个先天性反射性动作有助于婴幼儿日后的学步，大概在婴幼儿2个月时会逐渐消失。

（2）4～6个月婴幼儿粗大动作发展的特点

① 仰卧

4个月婴幼儿仰卧时，能将双手抬起并在胸前合拢，把手放进嘴里啃；能把双腿抬起，使两脚靠拢并相互玩弄。4个月婴幼儿从仰卧位被拉坐起来时，他们的头能与躯干保持在一个平面上，头会随着躯干的直立而直立，不再后仰。此时婴幼儿的头能灵活地左右转动，这便于婴幼儿追逐目标和观察周围的物体。4个月婴幼儿会侧翻身，能从仰卧位翻滚到侧卧位，完成90°的翻转。

5个月婴幼儿仰卧时，他们的手脚更灵活。婴幼儿的手臂可以上下左右活动，随着手臂的运动，手能在较大范围内抓握东西。婴幼儿能用手摸脸，拿掉盖在脸上的东西，看到胸上方的玩具时会伸手抓握，能用手触摸自己的大腿甚至还能抓着脚玩。婴幼儿的下肢也更灵活，他们能把两条腿高高举起，并看着自己的脚。5个月婴幼儿会有意识地侧翻身，并在侧翻身过程中增加了髋部运动。婴幼儿向左侧翻时，右侧的手臂和腿会抬起努力向左侧翻转，上举的手臂和腿常常是弯曲的，而左侧的肢体往往是伸直的，这种斜髋姿势便于身体的翻转。

6个月婴幼儿仰卧时，最喜欢玩弄自己的脚，或者抱着自己的脚啃。6个月婴幼儿的头非常灵活，其不仅可以自如地根据自己的需要左右转头，还能在没有外力帮助的情况下抬起头。

② 俯卧

4个月婴幼儿俯卧时，能将头完全抬起并使头与床面成90°，头可以上下左右转动。4个月婴幼儿俯卧时仍然用前臂、肘和髋做支撑将头和胸抬起，这种姿势的稳定性大大增强，婴幼儿能很好地保持身体的平衡。在此基础上，婴幼儿可以用一只手支撑，另一只手则可用来够远处的玩具，这时婴幼儿身体的重心从腹部移至身体的侧面。由于身体重心的偏移，婴幼儿会不自主地滚向仰卧位。

5个月婴幼儿俯卧时，会熟练地用双手做支撑并将头和胸抬起，双肘关节伸直，但身体的重心仍在腹部，头完全竖直并保持与床面成90°。婴幼儿能自如地转头以看向他们感兴趣的东西。在婴幼儿手可及的范围内放置玩具，婴幼儿就能准确地抓到玩具。

6个月婴幼儿俯卧时，会用张开的手撑起身体并将头部和胸部高高地抬起，整个胸部都能被抬离床面，身体的重心转移到髋部。此时，婴幼儿双腿自然分开，大腿贴在床面上，小腿屈膝向上抬起。

③坐

4个月婴幼儿被扶坐时，头一般都能竖得稳稳的，只有在他们活动手臂或转头时，头会偶尔晃动，而且头基本能与躯干保持在一条直线上。背部基本挺直，只有腰部弯曲，身体初步呈现坐的姿势。

5个月婴幼儿靠坐时，头不仅能完全竖直，而且在转动时不会晃动，躯干也能竖直，身体基本不会倾倒，即使身体有些歪斜，婴幼儿也还能再坐直。但要注意，靠坐时间不要超过10min。

6个月婴幼儿还不能真正地独坐，真正的独坐是指婴幼儿能坐稳，坐时头可以竖直，背可以挺直，双手不用支撑并可以自由活动。这时大多数婴幼儿是靠双手支撑着坐的，独坐时身体仍会倾倒。

④站

4~6个月婴幼儿不会自己站，照护者也不要求他们自己站，这个时期的婴幼儿的双腿还不能完全负重。

4个月婴幼儿被竖抱时，头可以竖得稳稳的，照护者只需托住其腰背部。

5个月婴幼儿被竖抱时，头不但能竖得很稳，而且能灵活转动。

6个月婴幼儿的腿部力量与过去相比有明显增长，婴幼儿用腿支撑身体的能力增强，较少借助照护者的力量进行站立，照护者只需平拉着婴幼儿的双手，婴幼儿就可以站立片刻。

2. 7~12个月婴幼儿粗大动作发展的特点

7~12个月婴幼儿在粗大动作发展方面取得了显著的进步，但每个婴幼儿的发展速度和时间表可能会有所不同，因此以下特点只适用于一般情况。

（1）7~9个月婴幼儿粗大动作发展的特点

①仰卧

7个月婴幼儿已掌握处于仰卧位时的各种动作技能，能向左或向右翻身去够他想要的东西。翻身时，他们会用下面的那条腿做支撑，将位于上面的手臂和腿伸向对侧，稍稍抬起上半身，从而翻转成俯卧位，然后用手将上半身撑起，完成整个翻身动作。

8个月婴幼儿可以从身体的任意一侧从仰卧位翻成俯卧位，也可以从俯卧位翻成仰卧位。婴幼儿学会360°的翻身后，就能进行连续的翻滚。8个月婴幼儿能在翻转身体的过程中停留在侧卧的姿势玩耍，此时他们用一侧弯曲的手臂和下半身支撑身体使上半身抬起，如图3-3所示，腾出的一侧手则可用来抓东西。8个月婴幼儿能够保持这种侧卧姿势的平衡，在此基础上，8个月婴幼儿会尝试从侧卧位坐起来。

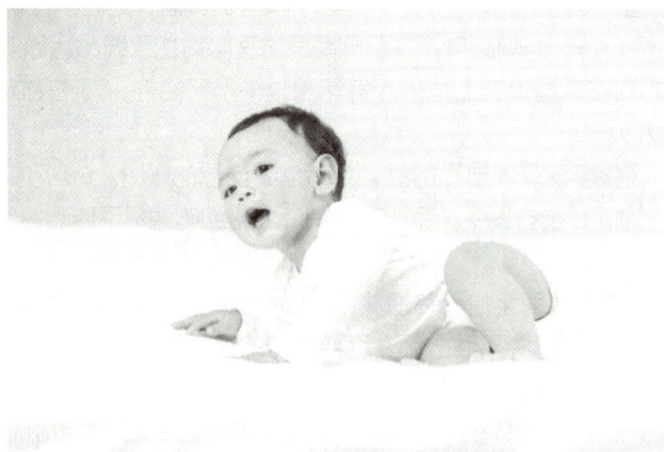

图3-3　用一侧支撑身体使上半身抬起

9个月婴幼儿喜欢在仰卧位的基础上侧向坐起，不再用弯曲的手臂进行支撑，而是直接用手支撑，将上半身撑起得更高，整个身体更加接近坐的姿势。这种姿势能使婴幼儿很好地保持身体的平衡，腾出的那只手可以更加自由地活动。这时，婴幼儿很容易通过身体的扭转从坐变成爬的姿势。

②俯卧

7个月婴幼儿趴在床上，不仅能通过双手和髋部的支撑把上半身高高地抬起，而且还能用一只手和髋部支撑身体将上半身抬起，用腾出来的那只手够取玩具。婴幼儿的腹部可离开床面，这使婴幼儿可以直线匍匐爬行。

8个月婴幼儿已能用双手和双膝支撑身体，胸、腹完全离地，臀也抬起，但抬得不是很高，下肢还不能完全跪地，从侧面看，背是倾斜的，因此身体的重心后移。

9个月婴幼儿会手膝爬行，用双手和双膝将身体完全撑起时，不仅胸、腹会离开床面，而且臀也高高抬起，从侧面看，背基本上是平的，身体的重心就会落在双手和双膝之间。

③坐

7个月婴幼儿能独坐，同时可以不借助手的支撑来维持身体的平衡，也可以坐着用两手拿着玩具玩，并能独坐5～10min。

8个月婴幼儿能独自坐稳，用双手自如地玩玩具，身体前倾伸手够东西后再坐稳也没有问题。8个月婴幼儿能自发地从坐位翻转到俯卧位，而不是无控制地向前倾倒。

9个月婴幼儿能坐着向左右方向自如地转动上半身并够取东西，借助手和脚的力量来移动自己的身体，也能在活动中控制身体的平衡而不会倾倒。

④站

7个月婴幼儿开始能靠自己扶栏杆站立，用脚尖着地并承受大部分的身体重量。扶栏杆站立时，上半身不靠在栏杆上，其仅用双手扶栏杆。

8个月婴幼儿用一只手扶着栏杆就可保持平衡，另一只手可以自由地活动。8个月婴幼儿在学习用单手扶栏杆站立的过程中，能学会把身体的重心从脚尖转移到脚跟，再从脚跟转移到全脚掌。

9个月婴幼儿扶栏杆站立时能发生姿势的变化。如在地面上放一个玩具，他会用一只手扶住栏杆，弯下身子并用另一只手拿玩具，然后再站起来。他们也可以扶着栏杆从站位有意识地变成坐位，坐下时能很好地控制自己的身体。9个月婴幼儿还能在双手扶栏杆的情况下一边移动手，一边挪动脚，沿着栏杆横着走。

（2）10～12个月婴幼儿粗大动作发展的特点

①爬

10个月婴幼儿在爬行的速度和灵活性上有明显的进步，能很好地控制身体的平衡，使手和腿交替向前运动，还能随意改变爬行的方向和自如转身。

11个月婴幼儿能手足爬行。婴幼儿可以抬高臀部使膝盖离地并弯曲，用手足着地，这样爬行的幅度更大，婴幼儿能很快到达目标位置。

12个月婴幼儿能用手、膝或手、足熟练地爬行。他们不仅能在平地上爬，还可以爬越障碍，甚至能爬上楼梯。

②坐

10～12个月婴幼儿能从仰卧位翻成俯卧位，再侧向坐起，或从爬的姿势过渡到坐位，也能在扶站时慢慢坐下。在完成这些动作的过程中，10～12个月婴幼儿都能很好地控制自己身体的平衡，主动而独立地坐。

③站

10个月婴幼儿仅靠一只手的支撑就能让自己站得很稳，能用一只手扶着东西练习迈步。

11个月婴幼儿能在照护者松开手的时候，独自站立几秒钟，保持身体的平衡。当感到自己不能再独站时，他们会伸出手让照护者扶着或自己去扶身旁的东西。随着年龄的增长，婴幼儿独站的时间越来越长，站的姿势越来越放松。

12个月婴幼儿能在独站较稳的基础上，做出许多动作，同时还能保持身体的平衡，如举起双手、随意活动上肢、弯腰捡起地上较大的玩具后再站起。

④ 走

10个月婴幼儿能扶着栏杆或家具协调地移动,以训练侧向走。

11个月婴幼儿扶物行走时更加协调和灵活,不再需要过多地依赖照护者,只需用一只手支撑,婴幼儿就能在挪步时保持身体的平衡。

12个月婴幼儿能放开照护者的手,摇摇晃晃地向前迈步。虽然12个月婴幼儿能自己走,但刚会走的婴幼儿走得不是很稳,总是跌跌撞撞地一个劲往前冲,这时他还不能很好地控制自己停下来。

(二)0～1岁婴幼儿粗大动作发展的目标

在0～1岁期间,婴幼儿粗大动作发展的目标是建立基本的运动能力和控制能力,以支持日后的发展。

1. 1个月婴幼儿粗大动作发展的目标

(1)被拉坐起来时头竖直片刻

婴幼儿仰卧,照护者面向婴幼儿站立,对婴幼儿微笑、说话,直到婴幼儿注视照护者的脸。这时照护者轻轻握住婴幼儿双肩(四指并拢置于婴幼儿肩胛骨外侧,食指不能触碰婴幼儿颈部),将婴幼儿拉坐起来,婴幼儿的头可竖直并保持2s或以上。

(2)俯卧抬头时头可翘动

婴幼儿俯卧,前臂屈曲支撑,照护者用玩具逗引婴幼儿抬头,婴幼儿的头应翘动。

2. 2个月婴幼儿粗大动作发展的目标

(1)拉腕坐起时头竖直片刻

婴幼儿仰卧,照护者将拇指置于婴幼儿掌心,用其余四指握住婴幼儿腕部并轻拉婴幼儿使其坐起,婴幼儿的头可自行竖直并保持5s或以上。

(2)俯卧抬头时头可抬离床面

婴幼儿俯卧,前臂屈曲支撑,照护者用玩具逗引婴幼儿抬头,婴幼儿可自行将头抬离床面2s或以上。

3. 3个月婴幼儿粗大动作发展的目标

(1)竖抱直头正

照护者竖抱婴幼儿,婴幼儿能将头举正并保持10s或以上。

(2)俯卧抬头45°

婴幼儿俯卧,前臂屈曲支撑,头处于正中位,照护者用玩具逗引婴幼儿抬头,婴幼儿可自行将头抬离床面,使脸与床面成45°,保持5s或以上。

4. 4个月婴幼儿粗大动作发展的目标

(1)扶腋可站片刻

照护者双手扶在婴幼儿腋下,将婴幼儿置于站位后松手,婴幼儿可用自己的双腿支撑大部分体重达2s及以上。

(2)俯卧抬头90°

婴幼儿俯卧,前臂屈曲支撑,头处于正中位,照护者用玩具逗引婴幼儿抬头,婴幼儿可自行将头抬离床面,使脸与床面呈90°,保持5s或以上。

5. 5个月婴幼儿粗大动作发展的目标

(1)轻拉腕部即可坐起

婴幼儿仰卧,照护者握住其腕部并轻拉,婴幼儿能主动用力坐起,拉坐过程中无头部后滞现象。

(2)独坐时头身前倾

照护者将婴幼儿以坐姿置于床上,婴幼儿能独坐5s或以上,头身向前倾。

6. 6个月婴幼儿粗大动作发展的目标

（1）仰卧翻身

婴幼儿仰卧，照护者用玩具逗引其翻身，婴幼儿可从仰卧位自行翻到俯卧位。

（2）会拍桌子

照护者抱着婴幼儿坐在桌边，照护者示范拍打桌面，鼓励婴幼儿照着做，婴幼儿经示范后能照着拍打桌面，并拍响。

7. 7个月婴幼儿粗大动作发展的目标

（1）悬垂着地姿势

照护者将双手扶在婴幼儿腋下使其呈悬空位，其脚离地面20～30cm，再将婴幼儿下放，观察婴幼儿的脚着地时的姿势，婴幼儿应能全脚掌着地。

（2）独坐时背直

照护者将婴幼儿以坐姿置于床上，婴幼儿独坐时背直，无须用手支撑床面，并能保持1min或以上。

8. 8个月婴幼儿粗大动作发展的目标

（1）扶物可站立5s以上

照护者将婴幼儿置于床上，协助婴幼儿用手抓握栏杆，此时婴幼儿不将胸靠在栏杆上，呈站立姿势，用手扶栏杆支撑，能保持站立姿势5s或以上。

（2）独坐自如

婴幼儿处于坐位，不用手支撑。照护者用玩具逗引，婴幼儿可自由转动上半身取物，或照护者从一侧肩向对侧轻轻推婴幼儿，婴幼儿应能回正并保持平衡。

9. 9个月婴幼儿粗大动作发展的目标

（1）牵双手可走

婴幼儿呈站立位，照护者牵婴幼儿双手，牵手时不过多给力，鼓励婴幼儿自行向前行走，婴幼儿可自己用力，较协调地移动双腿，向前行走3步或以上。

（2）会爬

婴幼儿俯卧，照护者用玩具逗引婴幼儿爬，婴幼儿能将腹部抬离床面，通过双手和双膝支撑向前爬行（手膝爬行）。

10. 10个月婴幼儿粗大动作发展的目标

（1）做保护性动作

照护者站立在床或桌边，从婴幼儿背后扶其腋下并将其抱起，然后快速做俯冲动作，婴幼儿会做出双手张开、向前伸臂等保护自己的动作。

（2）自己坐起

照护者将婴幼儿置于俯卧位，用玩具逗引，婴幼儿无须协助便能较协调地从俯卧位坐起，并坐稳。

11. 11个月婴幼儿粗大动作发展的目标

（1）独站片刻

照护者将婴幼儿置于站位，待婴幼儿站稳后松开双手，婴幼儿能独自站立2s或以上。

（2）牵一只手可走

照护者牵婴幼儿一只手，不要给力，婴幼儿能协调地移动双腿，至少向前迈3步。

12. 12个月婴幼儿粗大动作发展的目标

（1）独站较稳

照护者将婴幼儿置于站位，待婴幼儿站稳后松开双手，婴幼儿能独自站立10s或以上，允许身体有轻微晃动。

（2）扶物下蹲取物

婴幼儿手扶栏杆站立，不用倚靠。照护者将玩具放在其脚边，鼓励婴幼儿下蹲取物，婴幼儿一只手扶栏杆，另一只手捡玩具，并且蹲下后能再站起来。

课程案例　　0～1岁婴幼儿粗大动作发展的托育课程

1. 0～6个月婴幼儿粗大动作发展的托育课程——翻身（从仰卧位到俯卧位）

（1）课程目的

让婴幼儿学会主动地从仰卧位翻到俯卧位。

（2）课程准备

婴幼儿躺在地垫上，教师坐在婴幼儿脚下方，与婴幼儿面对面微笑说话。

（3）课程实施方法

① 从仰卧位到俯卧位的右侧翻身练习。教师用右手握婴幼儿的右前臂（千万不可以握婴幼儿的小手，否则容易造成婴幼儿手腕脱臼），把婴幼儿往右拉，拉到婴幼儿身体与地垫垂直时，把婴幼儿的右前臂送到婴幼儿右耳旁边，婴幼儿便从仰卧位翻到了俯卧位。

在翻身过程中，婴幼儿的左手会被压在身体下面，教师不要帮婴幼儿把左手从身下拿出来，而要用玩具逗引婴幼儿，让他自己把左手从身下拿出来，等待30～40s后，若婴幼儿实在拿不出来，教师可抬起婴幼儿的肚子，让婴幼儿自己把左手伸出来。切记不要帮婴幼儿拿出左手，婴幼儿只要自己拿出一次左手，以后就能越来越快地把压在身下的左手拿出来。

② 从仰卧位到俯卧位的左侧翻身练习。教师用左手握婴幼儿的左前臂（千万不可以握婴幼儿的小手，否则容易造成婴幼儿手腕脱臼），把婴幼儿往左拉，拉到婴幼儿身体与地垫垂直时，把婴幼儿的左小臂送到婴幼儿左耳旁边，婴幼儿便从仰卧位翻到了俯卧位。

在翻身过程中，婴幼儿的右手会被压在身体下面，教师不要帮婴幼儿把右手从身下拿出来，而要用玩具逗引婴幼儿，让他自己把右手从身下拿出来，等待30～40s后，若婴幼儿实在拿不出来，教师可抬起婴幼儿的肚子，让婴幼儿自己把右手伸出来。切记不要帮婴幼儿拿出右手，婴幼儿只要自己拿出一次右手，以后就能越来越快地把压在身下的右手拿出来。

（4）课程要点

教婴幼儿翻身时，一定要让婴幼儿平躺在有一定硬度的地垫上，不能躺在床、沙发等软的地方练习。

在帮助婴幼儿翻身时，教师使用的力量越来越小，婴幼儿自己使用的力量越来越大，经过几天的练习，婴幼儿就会独立地向两侧翻身了。

婴幼儿一旦学会翻身，就容易每天翻个不停，教师要时刻注意婴幼儿的安全，不要让婴幼儿从床上翻到地上，可适当地设置一些围栏，保护婴幼儿的安全。

视频

从仰卧位到俯卧位的翻身

2. 7～12个月婴幼儿粗大动作发展的托育课程——站立取物

（1）课程目的

婴幼儿呈站立位，远离任何支撑物，在表现出不稳或将跌倒之前，能站立3s。

（2）课程准备

稳固的支撑物（两把较沉的椅子、沙发、矮桌等）、婴幼儿喜爱的玩具、舒缓的音乐。

（3）课程实施方法

① 教师播放音乐，并告诉婴幼儿："宝宝，我们现在来听音乐。"

②　婴幼儿站立于稳固支撑物旁，教师站在婴幼儿面前120cm处伸出双臂，说："宝宝过来。"观察婴幼儿的运动与平衡状态。

③　让婴幼儿站在沙发或矮桌旁，教师用语言或玩具引导婴幼儿沿着沙发或矮桌向侧方迈步。

④　将两把较沉的椅子面对面放好，椅子的间隔正好够婴幼儿站在中间并确保其能扶着两把椅子的距离，教师让婴幼儿站在一把椅子旁，并在另一把椅子上放一个玩具，鼓励婴幼儿移向另一把椅子拿玩具。

⑤　婴幼儿站立，教师用一只手扶着婴幼儿的双手，用另一只手递给婴幼儿一个玩具，引导婴幼儿松开一只手拿玩具。

⑥　婴幼儿站在沙发或矮桌旁，教师递给婴幼儿一个玩具，迫使婴幼儿松开扶着沙发或矮桌的手。

⑦　婴幼儿背靠沙发站立，教师递给婴幼儿不同的玩具，要求他多次向前伸手取物。

（4）课程要点

婴幼儿身体直立，头在肩以上保持平衡。

二、1～2岁婴幼儿粗大动作发展的特点与目标

在1～2岁，婴幼儿粗大动作得到进一步发展，他们能够掌握更多复杂的运动技能和动作。

（一）1～2岁婴幼儿粗大动作发展的特点

1～2岁婴幼儿粗大动作发展的速度和时间表可能会有所不同，因此以下特点只适用于一般情况。

1.　13～18个月婴幼儿粗大动作发展的特点

（1）走

大部分13个月婴幼儿已经会走路，14个月婴幼儿几乎都能走，15个月婴幼儿不仅会走而且走得比较稳，很少再有跌倒的情况。

16个月婴幼儿走路很稳，在有一点高低不平的路上行走时，只是身体有些摇晃，但仍能保持平衡。他走路的样子让人感觉很自如，他可以抱着球走，可以把双手背在身后走，也可以灵活地转身以改变走路的方向。

17～18个月婴幼儿对走路的技巧掌握得更加牢靠，能推着或拖着玩具车前进、转弯和避让障碍物。18个月左右的婴幼儿能拖着玩具车或独自向后退，在这之前，婴幼儿只会斜着向后退。

婴幼儿走路平稳后，会试图抬起一只脚来踢球。要想完成这个动作，婴幼儿必须把身体重心移至一只脚上，并且需要掌握更高级的平衡技能。刚开始时婴幼儿是做不到的，抬脚踢球很可能使其向后跌倒。婴幼儿通常会扶着身边的家具或照护者的身体再抬脚去踢，尽管这样他也只能碰一下球或踩着球，并不能将球踢远。

（2）跑

婴幼儿能走稳并走得自如后，在15～16个月时，便能自然而然地学习跑。婴幼儿刚开始跑时动作僵硬，往往跌跌撞撞地往前冲，这是因为他还不能很好地通过屈膝和甩动上臂来控制身体的平衡。17～18个月婴幼儿会继续学习跑，在追赶照护者或追逐滚动的皮球时，会学着协调自己的动作，使身体在运动过程中保持平衡。渐渐地，婴幼儿会在跑动中通过主动扶物或拉着照护者使自己停下，甚至能主动放慢速度使自己慢慢停下。婴幼儿在学习跑的过程中常会摔倒，因为他头重脚轻，跑的时候上半身容易向前

倾，一旦步伐跟不上，他就会向前摔倒。

（3）爬高

婴幼儿在13个月时开始学用四肢一级一级地爬上楼梯，至少能爬上1～2级楼梯。14～15个月时，婴幼儿不仅会爬楼梯，还会爬上沙发和大的椅子并转身坐下，再转身从沙发和椅子上慢慢地脚先着地退下来。这时婴幼儿尽管能爬高，但控制能力有限，很容易跌倒。

16～18个月婴幼儿爬的技巧更熟练，只要某个地方他的脚够得到，他就会用手撑着、抬腿并前倾上半身，再借助一定的惯性，顺势爬上去。

（4）上下楼梯

婴幼儿在13～15个月时会走后，就可以一手牵着照护者，一手扶着栏杆，开始练习跨上台阶。这时婴幼儿两步一级地跨上台阶，身体基本直立，一只脚先跨上台阶，另一只脚随后跟上，两脚在同一台阶上站稳后，再向上跨台阶。

婴幼儿在16～18个月时可以摆脱照护者的帮助，自己扶着栏杆上楼梯了。开始时，婴幼儿仍然是两步一级向上走，双手牢牢抓住栏杆，生怕跌倒，脸基本朝向栏杆，整个身体侧着上楼梯。

婴幼儿在16～18个月下楼梯时则需要由照护者牵着一只手，另一只手则需要扶着栏杆。

2. 19～24个月婴幼儿粗大动作发展的特点

（1）走

婴幼儿在这个阶段主要是在走稳的基础上，进一步发展走的技巧。

19～21个月婴幼儿能随心所欲地走走停停、蹲下站起，也能手拿着东西自如地转身并能改变行走的方向。遇到障碍物时，他能自己避让，不再轻易地被绊倒，在有些倾斜的路上也能走动，并能向后倒退着走5～10步。

22～24个月婴幼儿会迈大步走、甩开膀子走或学着照护者弓起背轻手轻脚地走，也能跨过约10cm宽或10cm高的障碍物，从较矮的高处或台阶上跨下，还能踮起脚走路。

大多数婴幼儿在19～21个月时能独自站立在皮球前，摆腿后用脚踢皮球。到了22～24个月，婴幼儿踢球不再需要照护者示范，只要照护者发出指令，他就能踢球。他能借助一定的跑动力量，抬起脚用脚尖用力地踢球，球也能被踢出一段距离。

这个年龄段的婴幼儿学会了举手过肩抛球，掌握了抛球的技巧，能将球抛出一条弧线并且越抛越远。

（2）跑

18个月左右的婴幼儿已能在跑动中通过扶物或扶人停下来，到21个月左右，他不需要任何人或物的辅助就能停下来，并且能在跑动中通过逐渐放慢速度使自己停下来。2岁左右时，婴幼儿的跑步姿势有一定进步：跑步时膝关节会弯曲，并且手臂前后交替摆动得比较协调。

（3）上下楼梯

婴幼儿在16～18个月时能扶着栏杆两步一级地上楼梯，在19～21个月时便能扶着栏杆一步一级地上楼梯。这时婴幼儿往往只需要用一只手扶着栏杆便能步态较平稳地上楼梯，而且速度较快。

在16～18个月时，婴幼儿需要拉着照护者的手才能下楼梯；在19～21个月时，婴幼儿便能自己扶着栏杆连续地两步一级走下楼梯。大部分婴幼儿在快到2岁时，可以熟练地自己扶着栏杆上下楼梯，照护者不用给予太多的保护。

（4）单脚站与蹦跳

21～24个月婴幼儿在不扶任何东西的情况下可抬起一只脚，保持瞬间或1～2s的平衡。

2岁时，婴幼儿有了蹦跳的意识，会学着其他人的样子向上蹦跳，但大多数婴幼儿还不能做到真正意义上的双脚并跳。有的婴幼儿只会摆出起跳的样子，两只脚都没有离地；有的能跳起，但也只是两只脚一前一后地离开地面，而不是同时离地。

2岁时，婴幼儿会有意识从楼梯的最后一个台阶上跳下，但大多数婴幼儿并不能真正地跳下，而只是有跳下的愿望或者做出了起跳的样子，其最后实际完成的动作是从台阶上跨下。

（二）1~2岁婴幼儿粗大动作发展的目标

1~2岁婴幼儿粗大动作发展的目标是促进婴幼儿身体和运动能力的发展，帮助他们建立稳定的基础动作技能，并为其进一步发展更复杂的粗大动作打下基础。然而，每个婴幼儿的发展进程是个体化的，可能会有些许差异，照护者要做的是给予他们支持和鼓励，让他们按照自己的节奏发展，并提供安全的环境供他们探索和运动。

1. 13~15个月婴幼儿粗大动作发展的目标

13~15个月婴幼儿行走自如，不左右摇摆，会控制步速，不惯性前冲。

2. 16~18个月婴幼儿粗大动作发展的目标

16~18个月婴幼儿能举手过肩扔球。

3. 19~21个月婴幼儿粗大动作发展的目标

（1）脚尖走

婴幼儿能仅用脚尖连续行走至少3步。

（2）扶栏杆上楼梯

婴幼儿能扶栏杆熟练地上3级以上的台阶。

4. 22~24个月婴幼儿粗大动作发展的目标

婴幼儿能双脚同时跳离地面、同时落地，并能连续跳两次以上。

课程案例 | 1~2岁婴幼儿粗大动作发展的托育课程

1. 13~18个月婴幼儿粗大动作发展的托育课程——定向投掷

（1）课程目的

① 让婴幼儿学习将手举过头顶扔的动作。

② 让婴幼儿练习定向投掷。

③ 发展婴幼儿手臂的灵活性及肌肉力量。

（2）课程准备

棉皮球若干、音乐。

（3）课程实施方法

教师播放音乐，并告诉婴幼儿："宝宝，注意听音乐。"

① 学习将手举过头顶扔的动作。教师向婴幼儿演示将手举过头顶扔的动作并让婴幼儿模仿，必要时可握住婴幼儿的手，手把手地教他这个动作。

② 练习定向投掷。播放音乐，教师将手臂围成圈，引导婴幼儿将棉皮球扔进圈里。婴幼儿将球投进后，教师要逐渐增大难度，如改变圈的大小、高度等。

视频

定向投掷

2. 19~24个月婴幼儿粗大动作发展的托育课程——"我的本领大"

（1）课程目的

① 让婴幼儿学习走、飞、转、拍、蹲、跳、跑等动作。

② 增强婴幼儿的肌肉力量、灵活性和协调性。

（2）课程准备

歌曲《我的本领大》，歌词如下。

我可以走一走，我可以走一走，我走呀走呀，我本领多么大。

我可以飞一飞，我可以飞一飞，我飞呀飞呀，我本领多么大。

我可以转一转，我可以转一转，我转呀转呀，我本领多么大。

我可以拍一拍，我可以拍一拍，我拍呀拍呀，我本领多么大。

我可以蹲一蹲，我可以蹲一蹲，我蹲呀蹲呀，我本领多么大。

我可以跳一跳，我可以跳一跳，我跳呀跳呀，我本领多么大。

我可以跑一跑，我可以跑一跑，我跑呀跑呀，我本领多么大。

（3）课程实施方法

① 使用游戏指导语。"我的本领可大了。我会走、飞、转、拍、蹲、跳、跑，快来和我一起做体操，我的本领多么大，我想啊，你也一定会变成一个有本领的宝宝！"

② 带领婴幼儿模仿7个动作。照护者带领婴幼儿模仿7个动作：走、飞、转、拍、蹲、跳和跑。

③ 跟着音乐做动作。教师和婴幼儿面对面站立，指导婴幼儿跟着音乐做出相对应的动作。

三、2～3岁婴幼儿粗大动作发展的特点与目标

（一）2～3岁婴幼儿粗大动作发展的特点

2～3岁婴幼儿粗大动作发展的速度和时间表可能会有所不同，因此以下特点只适用于一般情况。

1. 25～30个月婴幼儿粗大动作发展的特点

（1）走与跑

这个年龄段的婴幼儿虽然早已会走，走得也很平稳且不会轻易跌倒，但其走的姿势与成人相比还有一定的差距。这主要表现在婴幼儿走路的步伐和节奏不均匀，两臂虽有摆动但与下肢动作不够协调。

在这个年龄段，婴幼儿跑得比以前更加有力，跑动中脚也能抬得更高，还会出现两脚腾空的瞬间，跑的速度也快了些。在跑的过程中，婴幼儿没有明显的摇晃，能比较好地控制身体的平衡，也能较好地起跑、停住、绕着圆圈跑和躲避障碍物跑。

2.5岁的婴幼儿已可以骑小三轮车，并能骑行2～3m。

（2）上下楼梯

25～27个月婴幼儿大多能两步一级地上楼梯，上半身略向前倾，跨步正确有力，其会协调两臂与下肢动作以维持身体的平衡。不过婴幼儿的两臂不像成人是在身体的两侧自然下垂摆动，而是屈曲着肘关节，在齐胸位置上下摆动。到30个月时，婴幼儿可以像成人一样两脚交替一步一级地上楼梯，上楼梯的速度明显加快。

对2岁多的婴幼儿来说，不扶任何东西自己下楼梯有一定的难度，这需要他有较强的控制身体重心变化的能力，以及有一定的勇气和胆量，所以大多数婴幼儿都是在照护者的鼓励和保护下，才愿意放弃人或物的辅助，尝试独自下楼梯。

（3）单脚站

大部分婴幼儿到了这个年龄段，能不扶任何东西抬起一只脚，单脚站立1～2s。尽管身体会摇晃，但婴幼儿还是能保持平衡。他会把身体侧向单脚站的那一侧，上下摆动手臂以保持身体平衡，尽可能使自

己站的时间更长，而不会像以前那样刚把脚抬起就马上落下。

（4）蹦跳

婴幼儿在2岁以后就能双脚并跳，双脚并跳要求双脚同时离地跳起，并同时落地。刚会双脚并跳的婴幼儿只能双脚同时跳离地面，不能双脚同时落地，而且跳不高。

这个年龄段的婴幼儿在原地双脚并跳且能稳稳落地后，就能够从较矮的台阶上往下跳了，而不再像以前那样跨下台阶。

2. 31～36个月婴幼儿粗大动作发展的特点

（1）走与跑

31～36个月婴幼儿走路的姿势和技巧更加接近成人，他能走很长一段路，走路的速度和耐力都大大提升了。婴幼儿有了一定的活动能力和掌握了一定的动作技能以后，走路时会手舞足蹈，专挑高低不平、坑坑洼洼的地方走，遇到水坑通常会踩上几脚。接近3岁时，婴幼儿的平衡能力更强了，他能走在高出地面的狭窄的路沿上，并保持平衡，不落地。

31～36个月婴幼儿在跑步时能较好地控制速度和身体的重心，遇到障碍物时能通过减速来绕开，对跑更加自信。他喜欢和同伴在草地上奔跑，互相追逐或绕着圆圈跑。

（2）上下楼梯

3岁婴幼儿可以两步一级地自己下楼梯。

（3）单脚站与单脚跳

在2.5岁以前就能单脚站1～2s的婴幼儿，到3岁时能单脚站5s或更久。婴幼儿到3岁时基本都能站3～4s。

大多数婴幼儿在3岁时能够在原地单脚跳1～2下。

（4）蹦跳

这个年龄段的婴幼儿爱蹦爱跳，腿部肌肉力量相应变强，其能在原地连续跳起数次，跳得也越来越高。婴幼儿在蹦跳中能很好地保持身体平衡，控制好节奏。

在照护者的指导下，3岁婴幼儿从高处起跳时会做屈膝摆动手臂助跳的动作，落地时也会用脚掌先着地，从而跳得更轻松、更远。3岁婴幼儿能从最后2级台阶上跳下，或从大椅子、床等较高的地方跳下。

31个月婴幼儿已经会向前跳了，这种跳不是向前跨步，而是双脚同时起跳并同时落地，向前跳出一段距离。到3岁左右，婴幼儿起跳时会摆出简单的屈膝弯腰、手臂后伸的助跳姿势，落地时能较好地保持平衡，一般能向前跳约21cm。

（二）2～3岁婴幼儿粗大动作发展的目标

2～3岁婴幼儿粗大动作发展的目标主要是进一步发展和提高他们的基本动作技能、协调性和运动能力。

1. 25～27个月婴幼儿粗大动作发展的目标

（1）独自上楼梯

婴幼儿可不扶栏杆，稳定地上3级或以上的台阶。

（2）独自下楼梯

婴幼儿可不扶栏杆，稳定地下3级或以上的台阶。

2. 28～30个月婴幼儿粗大动作发展的目标

婴幼儿不扶任何物体可单脚站立2s或以上。

3. 31～33个月婴幼儿粗大动作发展的目标

婴幼儿能双脚同时离地跳起并跃过20cm宽的纸，且不会踩到纸。

4. 34～36个月婴幼儿粗大动作发展的目标

婴幼儿可双脚交替跳起，离地5cm。

课程案例 | **2～3岁婴幼儿粗大动作发展的托育课程**

1. 25～30个月婴幼儿粗大动作发展的托育课程——踢球

（1）课程目的

① 发展婴幼儿双腿的力量和灵活性。

② 让婴幼儿用踢的方法玩球。

（2）课程准备

直径为30cm的各种球（泡沫塑料球、沙滩球、皮球）、一根绳子、两根棍。

（3）课程目标

婴幼儿能够实现手脚反向运动，将球向前踢1.8m左右。

（4）课程实施方法

① 坐着踢球。教师指导婴幼儿坐在儿童椅上踢泡沫塑料球，一边扶着婴幼儿的手，一边引导他的脚向前和向后接触球。

② 踢球过绳子。在球前方60～90cm处放一根绳子，引导婴幼儿将一个沙滩球踢过绳子。

③ 互踢球。用绳子围一个圈，让婴幼儿与其家长在圈内踢一个泡沫塑料球。

④ 长距离踢球。在地上放两根相距1.5m的棍，教师给婴幼儿演示怎样在两棍之间踢球，看婴幼儿能在两棍之间踢多少次，婴幼儿适应后教师可增加两棍间的距离到1.8m。

⑤ 踢球越高绳。在两物体间（树、桌子等）系一根绳子，绳子离地约90cm，教师给婴幼儿演示怎样踢球并使球越过高绳，重点强调如下事项：开始踢球时踢球腿向后屈膝；踢球腿向前伸直踢球，对侧手臂向后摆，与踢球腿的运动方向相反；踢球脚接触球的中心，向上向前发力。

（5）课程要点

婴幼儿在单脚站立时必须先保持平衡，然后向后摆动踢球腿再向前踢球；对侧的手臂与踢球腿反向摆动；踢球脚接触到球后随惯性向目标方向运动。

2. 31～36个月婴幼儿粗大动作发展的托育课程——跳过细绳

（1）课程目的

加强婴幼儿腿部力量及心肺耐力。

（2）课程准备

两把椅子、细绳、纸板、防滑地垫。

（3）课程目标

婴幼儿双脚起跳和落地并跳过5cm以上高度的细绳，且不踩到细绳。

（4）课程实施方法

① 教师面向细绳站在15cm远处，以双脚同时起跳和落地的方式跳过细绳，并对婴幼儿说："像我这样跳过细绳。"

② 在地上放一根细绳，让婴幼儿跳过细绳。接着在地上放一些物件，如60cm×120cm的纸板，为婴幼儿示范怎样跳过这些物件，然后扶着婴幼儿的一只手，辅助他跳跃。

③ 在两把间距为90cm的椅子之间系一根细绳，一端不系死扣，另一端系死扣，这样当婴幼儿踩在细绳上时，细绳可滑落。从绳高2～5cm开始，教师先为婴幼儿示范怎样跨过细绳，再示范怎样跳过细绳，然后扶着婴幼儿的手，与婴幼儿一起跳过细绳。

④ 把细绳调至12～25cm高，让婴幼儿自己跳，强调手臂的摆动和落地时屈膝。确保地面较软，如铺一张防滑地垫等。

⑤ 教师一手拿着细绳一端，将另一端拴在椅子腿上，使细绳离地13～25cm，将细绳摇向婴幼儿，告诉婴幼儿当细绳摇向他时，他就跳过细绳。

（5）课程要点

婴幼儿准备起跳时双膝微屈，双臂弯曲向后，然后双臂向上伸，双膝增大屈曲角度并起跳。双脚同时落地，双膝屈曲以缓冲。

第二节　婴幼儿精细动作发展的特点与目标

一、0～1岁婴幼儿精细动作发展的特点与目标

0～1岁婴幼儿精细动作发展主要表现为手掌和手指的精细控制能力和协调性的逐渐发展。他们从最初仅表现出抓握反射，发展到逐渐学会精确地控制手指进行各种操作，如抓握、指向、捏取和操作物，这些精细动作的发展为其日后进行更复杂的手部活动和掌握更高级的动作技能奠定了基础。

（一）0～1岁婴幼儿精细动作发展的特点

0～1岁婴幼儿的精细动作发展速度和能力可能有所不同。照护者应为他们提供安全、有挑战性和符合他们能力水平的环境，鼓励他们探索和发展精细动作。

1. 0～6个月婴幼儿精细动作发展的特点

0～6个月婴幼儿的精细动作发展主要表现为手掌控制能力和手指协调性的逐渐增强。婴幼儿开始有意识地抓握物品，并尝试使用手指完成更精细的动作。他们对物品的形状、质地和特征产生兴趣，并通过手指触摸和口腔探索来进一步了解物品。

（1）0～3个月婴幼儿精细动作发展的特点

0～3个月婴幼儿的精细动作发展主要表现为手掌和手指控制能力的初步发展。他们开始对自己的手和身体产生兴趣，并表现出抓握反射。0～3个月婴幼儿开始发展手眼协调能力，试图将手伸向物品并进行初步的触摸和抓握。

① 抓握反射

婴幼儿在出生后的1个月内，清醒且安静时常常将拇指放在其他四指下方，两手紧握成拳。如果照护者把自己的手指放入婴幼儿的手心，婴幼儿的手就会立刻攥紧照护者的手指，这就是新生儿的抓握反射。一般在出生后3～4个月时，抓握反射逐渐消失，婴幼儿开始伸出手来有意识地抓握物品。

② 主动抓握能力

婴幼儿在出生后的2个月内，常常紧握拳头，还没有主动抓握能力，如果把玩具放入婴幼儿的手心，他的手就会反射性地握得更紧。2个月后，用物品触碰婴幼儿的手指时，他会主动张开手来抓握物品。到3个月时，婴幼儿的抓握反射逐渐消失，掌指关节会主动弯曲，婴幼儿开始出现主动抓握的动作，常常会

主动抓自己的脸、头发、衣服等。

③ 手眼协调能力

婴幼儿在出生后的2个月内，没有见过自己的双手，还不具备手眼协调能力。2个月婴幼儿醒着仰卧时，双手有时能相碰并握在一起。3个月时，婴幼儿已能将自己的双手举到身体前面，把双手贴到自己的脸上，这时他开始注意并凝视自己的双手，常常玩弄自己的双手，有时会将手指放到嘴里，用嘴来探索。这时婴幼儿有了初步的手眼协调能力。

（2）4~6个月婴幼儿精细动作发展的特点

4~6个月婴幼儿的精细动作发展水平进一步提升。婴幼儿能够更好地控制手掌和手指的运动，开始展示出更强的抓握能力和手指协调性。他们对手和物品的探索兴趣增加，能够更好地抓取、握持和放置物品；开始展示出双手的协调能力，并能够用手指指向感兴趣的物品。

① 主动抓握能力

4个月婴幼儿仰卧时，照护者把玩具如拨浪鼓、小铃铛等从侧面递给他，他半张开的手会主动地朝玩具的方向移动，然后抓住玩具并将其放到面前或嘴里。这个阶段的婴幼儿在抓握物品时需要全身一起参与，比如还会用脚接触玩具。

5个月婴幼儿仰卧时，照护者把玩具放在距离婴幼儿手掌2.5cm的地方，婴幼儿会慢慢地主动伸手并抓住玩具。婴幼儿也会用手抓自己的双手和双脚，并把它们当作玩具来玩。

6个月婴幼儿仰卧时，能用双手接近并抓握悬挂在其面前或胸前的玩具。这时婴幼儿已能从仰卧位翻到俯卧位，并会用手越过身体中线去抓握照护者从另一侧递过来的玩具。

② 主动抓握时间

4个月婴幼儿能主动抓取拨浪鼓、小铃铛等带柄的玩具，并握持1min左右。5个月婴幼儿能把玩具抓在手中持续玩2min左右。6个月婴幼儿能长时间地把玩具抓在手中玩耍，而且能把玩具弄出声响。

③ 手眼协调能力

A. 抓取物品的准确性

4个月婴幼儿已会主动伸手去抓取照护者从侧面递过来的物品，看到桌面上的玩具时有伸手抓取的意识，但他此时是全身用力，动作尚不协调也不准确。5个月婴幼儿能通过几次努力较为灵活地用手比较准确地抓取放在桌面上的玩具。6个月婴幼儿不仅能又快又准确地抓取玩具，还能注意到桌面上的细小物品，并用手去捏或大把地抓。

B. 把玩小物品的能力

4个月婴幼儿只能注意到摇铃、积木等大物品，并试图用手去接近和抓握，但还不能很顺利地抓到物品。5个月婴幼儿能注意到桌面上的小物品，并将视线停留在小物品上。6个月婴幼儿的手和眼可以准确地配合完成动作，当他注意到小物品后，他能用手去抓小物品，在碰到小物品后会把小物品大把地抓在手里。

C. "藏猫猫"游戏

4个月婴幼儿仰卧时，能把盖在自己腹部的衣服或小毯子之类的物品掀起来，再蒙在自己脸上。5个月婴幼儿能笨拙地把蒙在自己脸上的薄布、手帕等物品掀开。6个月婴幼儿能很迅速地把蒙在自己脸上的薄布、手帕等物品掀开。

D. 伸手够的能力

在婴幼儿的小床上方悬挂一个他能看到的玩具，高度以婴幼儿伸手能够到为宜。4个月婴幼儿仰卧在床上时，还不会用手去够该玩具，只能用手拍击。5个月婴幼儿会用双手去抱该玩具或够该玩具。6个月婴幼儿会伸出一只手去够该玩具，并会用脚去踢该玩具。

④ 抓积木能力

照护者把几块2.5cm×2.5cm×2.5cm的积木放到桌面上，然后把婴幼儿抱坐在自己的腿上。

4个月婴幼儿看到积木后，会活跃地用双手拍桌面，但还不能伸手去抓积木。婴幼儿能很快地把手边的积木抓在手上，如有人把一块积木从远处移到他面前，他也能很快注意到。

5个月婴幼儿看到积木后，双手能慢慢地移向积木，但还不能抓握到积木。婴幼儿手里拿着两块积木时，若有人展示第三块积木，他的视线会跟随第三块积木移动。如把一堆积木放在他手边，他会看着积木，同时伸手去拿手碰到的一块积木，并把它抓在手里。

6个月婴幼儿看到积木后，双手能很快地接近并抓握到积木。婴幼儿会先抓一块积木，再抓第二块，总共能抓到两块以上的积木。婴幼儿抓握积木的方式是大把抓。

2. 7～12个月婴幼儿精细动作发展的特点

7～12个月婴幼儿的精细动作得到进一步发展。婴幼儿能够更灵巧地使用手指抓握和操作小物品，并能完成一系列精细动作，如转动、击打和堆叠。他们开始表现出自主进食的能力，能够用手抓取食物并试图将其送入口中。他们还展示出对画画的兴趣，能够握住笔并在纸上涂鸦。

（1）7～9个月婴幼儿精细动作发展的特点

7～9个月婴幼儿的精细动作呈现出明显的进步。婴幼儿能够更准确地使用手指抓握和操作物品，表现出更强的触觉和手眼协调能力。他们开始展示出击打和堆叠物品的能力，并可能展示出抛掷物品的行为。这些进步为他们进一步探索周围环境并与周围环境互动奠定了基础。

① 双手抓握能力

7个月婴幼儿能用一只手抓住一块积木，用另一只手去抓第二块积木，并能在手中握3s以上。8个月婴幼儿能在短时间内用双手各握一块积木，并且不掉下其中任何一块，在手中握1min以上。当8个月婴幼儿两手各握一块积木时，照护者再拿出一块积木放到桌面上，这时8个月婴幼儿能继续握住原来的两块积木，然后碰或抓第三块积木。9个月婴幼儿能长时间地抓住两块积木在手中玩，能在手中抓握两块积木后，再去抓握第三块积木。

② 双手配合能力

A. 倒手的能力

如果婴幼儿能将玩具从一只手递到另一只手，这个传递动作说明其左脑和右脑已能协调配合，并认识了身体中心。7个月婴幼儿能把原来握在手中的积木直接换到另一只手里，再用腾出的这只手来握第二块积木。8～9个月婴幼儿能随意地把握在手中的物品换到另一只手中。

B. 玩小铃铛的能力

照护者把婴幼儿抱坐在桌子前，将他的双手放到桌面上，再在桌面上放置一个带木柄的金属小铃铛，木柄朝上。7个月婴幼儿能伸出一只手把小铃铛抓握在手中，然后会用小铃铛敲打桌面，或把小铃铛传递到另一只手中。8～9个月婴幼儿能有意识地抓握小铃铛的木柄，并能大幅度地挥动手臂以摇响小铃铛。

③ 手指的灵活性

A. 抓握积木的姿势

7个月婴幼儿会把积木抓在偏向拇指侧的位置，拇指与其余四指相对。8～9个月婴幼儿是用拇指、食指和中指这三根手指的前端抓起积木的，积木与手掌之间留有空隙。

B. 捏取细小物品的姿势

7个月婴幼儿能用拇指和其他手指把弄细小物品，如图3-4所示，并成功地将其抓起来。他们也会开始试着用拇指和屈曲的食指抓握细小物品，其他三根手指同时屈曲，但是抓握不一定能成功。8～9个月婴幼儿能用拇指和屈曲的食指从侧面抓起细小物品，同时其他三根手指也做出抓握动作，如图3-5所示。

C. 扔东西和松手的能力

8个月以前，婴幼儿看到感兴趣的东西后，能把原来抓在手里的东西扔掉，然后伸手去抓新的东西。但那时的扔是无意识的，他只是为了把手腾空，去抓新的东西。8个月后，婴幼儿能有意识地把手松开并扔掉手中的物品。9个月婴幼儿会把掌心转向下方，然后再松开手。

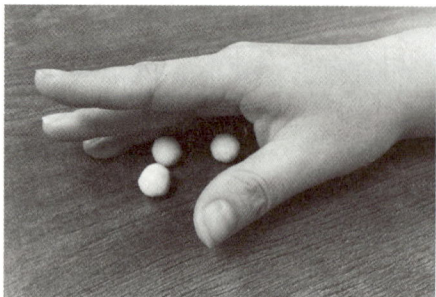

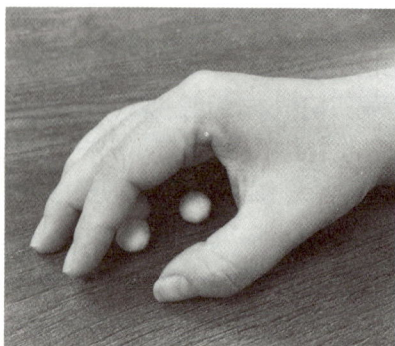

图3-4　把弄细小物品　　　　图3-5　从侧面抓起细小物品

④ 手眼协调能力

A. 互击物品的能力

7个月婴幼儿双手各持一个物品时，还不能有意识地使两个物品互相敲击，它们只能偶尔碰到一下。8个月婴幼儿能用一只手中的物品明确地去敲击另一只手中的物品。9个月婴幼儿能双手同时发力，在身体中线处互击物品。

B. 拉绳拿玩具的能力

照护者准备一个婴幼儿喜欢的玩具，在玩具上系一根长度为25cm的绳子，把婴幼儿抱坐在桌子前，用左手拿起玩具，右手拿绳子的一端，把绳子拉直，将玩具和绳子斜放在桌面上，并把玩具放在远离婴幼儿的一边，使他的手够不着，而把绳子放在他的手够得到的地方，再用玩具轻轻敲击桌面以引起他的注意。

7个月婴幼儿能持续地看着玩具和绳子，并用手接触绳子，但他不知道玩具和绳子的关系。8个月婴幼儿能用手接触绳子，并且笨拙地拉绳子，从而把玩具拿到手。9个月婴幼儿能很明确地看着玩具并用手拉绳子，从而把玩具拿到手。

（2）10~12个月婴幼儿精细动作发展的特点

10~12个月婴幼儿展示出更强的抓握能力，并能够更熟练地探索、操纵和转动物品。他们开始展示出堆叠和组合物品的能力，并尝试使用简单的工具。他们还能够翻页、翻转物品，并展示出装配和拆解物品的技能。这些精细动作的发展为他们进一步发展手眼协调能力、探索环境和掌握日常生活技能奠定了基础。

① 手的抓握能力

10~12个月婴幼儿手的抓握能力进一步提升，他能两手各抓握一个物品进行对击，物品可随意换手。12个月婴幼儿能用一只手同时抓起两块积木，他的手对物品有了更强的控制能力。

② 手指的灵活性

A. 用手指捏取细小物品的姿势和能力

照护者把婴幼儿抱坐在桌子前，把一颗小丸放在桌面上，让他看到小丸。10个月婴幼儿能伸出食指拨弄小丸，并能用拇指和食指的指端把小丸捏起，但手和前臂还不能离开桌面。11个月婴幼儿能和照护者一样用拇指和食指的指端捏起小丸，手和前臂也能离开桌面，如图3-6所示；他还能伸出食指拨弄各种电器的开关和算盘珠，并能用食指从瓶中抠出小丸，等等。

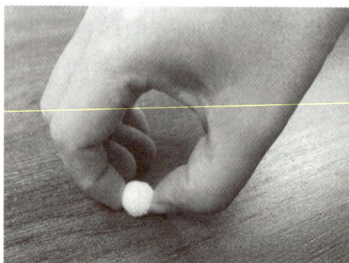

图3-6　用拇指和食指的前端捏起小丸且手和前臂离开桌面

B. 用手指捏取细绳的姿势和能力

照护者将婴幼儿抱坐在桌子前，将细绳放在婴幼儿的手够得到的地方。10个月婴幼儿能用拇指和食指的侧面捏起细绳，但要多试几次才能成功，动作不是很协调。11~12个月婴幼儿尝试一两次后就可捏起，动作比较协调。

C. 放下物品的能力

10个月婴幼儿能有意识地放下物品，但还不能有意识地把物品放在特定的地方，如桌面上或杯子里。11个月婴幼儿能有意识地伸直两根手指，笨拙地把积木放到桌子上或杯子里。12个月婴幼儿能自发地或在照护者的示意下，连续将两块积木放入杯子中且动作比较协调。

D. 握笔画画的能力

10~11个月婴幼儿能用整只手握住笔，如图3-7所示，并且能模仿点点，但还不会画。12个月婴幼儿能模仿照护者在纸上画线，但不一定能画出痕迹，也不一定能一笔一笔地画。

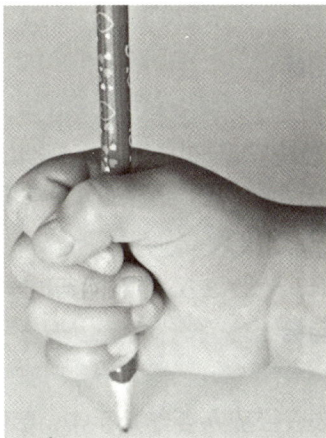

图3-7 用整只手握住笔

③ 手眼协调能力

A. 玩球的能力

10~11个月婴幼儿能轻轻地将球抛起，但动作还不平稳和协调。12个月婴幼儿能平稳地抛球且动作很协调，手腕的活动能力有了很大提升。在这个年龄段，除了能抛球外，婴幼儿还能接住照护者从桌面上滚给他的球，也能将球主动地滚或扔向照护者。

B. 盖瓶盖的能力

10~11个月婴幼儿还不知道瓶子和瓶盖之间的关系，如果把瓶子和瓶盖同时放到他面前，他只会把瓶子和瓶盖分别拿在手上玩，还不会把瓶盖往瓶子上盖。12个月婴幼儿能无意识地使瓶盖碰到瓶口，但还不能有意识地盖瓶盖。

C. 放小丸入瓶的能力

10~11个月婴幼儿能捏起小丸并向瓶中投，但还不能投准，小丸往往掉在瓶外。12个月婴幼儿能自发地将小丸捏起并投入瓶中。

D. 玩嵌板的能力

10~11个月婴幼儿能用食指撬起圆形嵌板，并把它从圆形嵌板洞中拿出来。这时他还不会把圆形嵌板放进圆形嵌板洞中，但已能识别圆形，会拿着圆形嵌板敲圆形嵌板洞处，或者把圆形嵌板放在圆形嵌板洞旁。12个月婴幼儿经过照护者的示范能知道圆形嵌板和圆形嵌板洞的关系，并能将圆形嵌板放进圆形嵌板洞里。

（二）0~1岁婴幼儿精细动作发展的目标

0~1岁婴幼儿精细动作发展的目标主要体现在抓握物品、手眼协调、手指独立运动等方面。

1. 1个月婴幼儿精细动作发展的目标

（1）触碰手掌后紧握成拳

婴幼儿仰卧，照护者将食指从婴幼儿掌侧（小指处）放入其手掌中，婴幼儿能紧握成拳。

（2）手的自然状态

照护者观察婴幼儿清醒时手的自然状态，婴幼儿应双手拇指内收但不达掌心，无紧紧握拳状态。

2．2个月婴幼儿精细动作发展的目标

（1）握拨浪鼓至少2s

婴幼儿仰卧，照护者将拨浪鼓（见图3-8）放在婴幼儿手中，婴幼儿能握住拨浪鼓不松手达2s或以上。

（2）双手轻叩可打开

婴幼儿双手握拳稍紧，拇指稍内收时，照护者轻叩其双手手背即可使其双手打开。

3．3个月婴幼儿精细动作发展的目标

（1）握拨浪鼓30s

婴幼儿仰卧或侧卧，照护者将拨浪鼓放入婴幼儿手中，婴幼儿能握住拨浪鼓30s，且不借助床面的支撑。

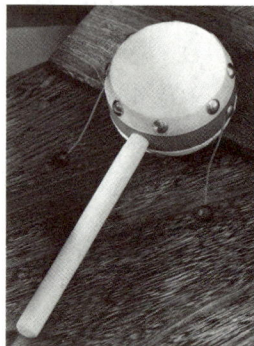

图3-8　拨浪鼓

（2）保持双手搭在一起片刻

婴幼儿仰卧，照护者将婴幼儿的两手搭在一起，随即松手，婴幼儿能保持双手搭在一起3～4s。

4．4个月婴幼儿精细动作发展的目标

（1）注视并摇动拨浪鼓

照护者将婴幼儿抱坐在腿上，将拨浪鼓放入婴幼儿手中，鼓励婴幼儿能注视拨浪鼓，并握持1min左右。

（2）试图抓物

婴幼儿仰卧，照护者将拨浪鼓放到婴幼儿可及的范围内，不触碰婴幼儿，婴幼儿会试图抬起手或做出抓拨浪鼓的动作。

5. 5个月婴幼儿精细动作发展的目标

（1）抓住近处玩具

照护者将婴幼儿抱坐在桌边，将婴幼儿的手置于桌面上，并把玩具（如拨浪鼓）放在距离婴幼儿手掌一侧2.5cm处，鼓励婴幼儿抓取玩具，婴幼儿可用一手或双手抓住玩具。

（2）玩手

婴幼儿会自发将双手和双脚抱到一起玩。

6. 6个月婴幼儿精细动作发展的目标

（1）揉搓或撕破纸张

照护者将一张纸放入婴幼儿手中，婴幼儿能用双手反复揉搓这张纸2次或以上，或者将纸撕破。

（2）抓握桌上的积木

照护者把婴幼儿抱坐在桌边，放一块积木在桌上，并确保婴幼儿容易够到，婴幼儿能伸出手触碰并抓握积木。

7. 7个月婴幼儿精细动作发展的目标

（1）抓握小丸

照护者把婴幼儿抱坐在桌边，将一颗小丸放在桌上，鼓励婴幼儿抓取，婴幼儿能将所有手指弯曲做抓握动作，尝试用手掌抓到小丸。

（2）双手各抓一块积木

照护者把婴幼儿抱坐在桌边，在桌上放一块积木，婴幼儿会主动伸手去抓桌上的积木，并将其握在手中。照护者再出示另一块积木，婴幼儿能成功地用另一只手抓住第二块积木。

8. 8个月婴幼儿精细动作发展的目标

（1）用拇指和食指捏起小丸

照护者把婴幼儿抱坐在桌边，将一颗小丸放在桌上，鼓励婴幼儿抓取，婴幼儿会用拇指和食指捏起小丸。

（2）试图取第三块积木

照护者把婴幼儿抱坐在桌边，在桌上连续出示两块积木后婴幼儿均能取到。照护者出示第三块积木，婴幼儿有想要取第三块积木的表现，但不一定能取到，此时前两块积木仍保留在婴幼儿手中。

9. 9个月婴幼儿精细动作发展的目标

（1）用拇指和食指捏小丸

照护者把婴幼儿抱坐在桌边，将一颗小丸放在桌上，鼓励婴幼儿抓取，婴幼儿会用拇指和食指捏起小丸。

（2）从杯中取出积木

照护者把婴幼儿抱坐在桌边，在婴幼儿的注视下将积木放入杯中，鼓励婴幼儿将积木取出，婴幼儿能自行在不弄倒杯子的情况下将积木取出。

10. 10个月婴幼儿精细动作发展的目标

照护者把婴幼儿抱坐在桌边，将一颗小丸放在桌上，鼓励婴幼儿抓取，婴幼儿会用拇指和食指的前端协调、熟练且迅速地捏起小丸。

11. 11个月婴幼儿精细动作发展的目标

照护者示范将积木放入杯中，鼓励婴幼儿模仿，婴幼儿能有意识地将积木放入杯中。

12. 12个月婴幼儿精细动作发展的目标

（1）用整只手握笔画画

照护者示范用笔在纸上画线，鼓励婴幼儿模仿，婴幼儿能用整只手握笔并尝试在纸上留下痕迹。

（2）试着把小丸投入瓶内

照护者出示一颗小丸及一个30mL的广口试剂瓶并拿着瓶子，示范将小丸投入瓶内，鼓励婴幼儿模仿，婴幼儿会捏起小丸试着往瓶内投。

课程案例　　0～1岁婴幼儿精细动作发展的托育课程

1. 0～6个月婴幼儿精细动作发展的托育课程——"藏猫猫"游戏

（1）课程目的

锻炼婴幼儿的抓握能力和往下拽的能力。

（2）课程准备

一块透明丝巾、一块不透明方巾、地垫。

（3）课程实施方法

① 游戏姿势。婴幼儿平躺在地垫上，教师坐在婴幼儿脚下方，与婴幼儿面对面微笑。

② 消除恐惧。教师先将透明丝巾轻轻地盖在婴幼儿的脸上，跟婴幼儿玩几次"藏猫猫"游

戏，盖住后问婴幼儿"老师去哪儿了？"然后，很快拽下丝巾说"咦，老师在这儿呢！"同时对婴幼儿微笑，消除婴幼儿的恐惧，并让婴幼儿看到丝巾被拽下来的全过程。

③ 透明丝巾游戏。消除婴幼儿的恐惧后，老师用透明丝巾盖住婴幼儿的脸，问婴幼儿"妈妈在哪儿呢？"，让婴幼儿自主地用手抓住丝巾并往下拽，露出脸并找到自己，教师报以微笑或亲吻婴幼儿。如果婴幼儿不会自主做出这个行为，教师可握住婴幼儿的手，带着婴幼儿做几遍这两个动作（用手抓住丝巾、往下拽丝巾），然后再用丝巾盖住婴幼儿的脸，看看婴幼儿这两个动作的发展情况。婴幼儿的两只手都要练习这两个动作。

④ 不透明方巾游戏。先用不透明方巾做几次"藏猫猫"游戏，消除婴幼儿的恐惧后，照护者用不透明方巾盖住婴幼儿的脸，问婴幼儿"老师在哪儿呢？"，让婴幼儿自主地用手抓住方巾并往下拽，露出脸并找到自己，教师报以微笑或亲吻婴幼儿。如果婴幼儿不会自主做出这个行为，教师可握住婴幼儿的手，带着婴幼儿做几遍这两个动作（用手抓住方巾、往下拽方巾），然后再用方巾盖住婴幼儿的脸，看看婴幼儿这两个动作的发展情况。婴幼儿的两只手都要练习这两个动作。

（4）课程要点

① 婴幼儿不能坐着进行这个游戏，只有躺着做这个游戏才能真正促进婴幼儿手部的精细动作发展。

② 用透明丝巾或不透明方巾盖住婴幼儿的脸时，不要遮盖得太多，要让婴幼儿拽一下就能把丝巾或方巾拽下来。随着婴幼儿手部能力的增强，教师可以让婴幼儿拽两下或三下才能把丝巾或方巾拽下来。

③ 做透明丝巾游戏时，有的婴幼儿不会伸手抓丝巾，这很有可能是因为婴幼儿喜欢这种朦胧地看东西的感觉，教师可以改做不透明方巾游戏。

视频

"藏猫猫"游戏

2. 7～9个月婴幼儿精细动作发展的托育课程——抠和捏

（1）课程目的

① 激发婴幼儿自己动手的兴趣，锻炼婴幼儿手眼协调的能力。

② 让婴幼儿练习抠和捏的动作，满足婴幼儿对洞的好奇心，发展婴幼儿用拇指和食指捏和抠的能力，增强婴幼儿手指的灵活性。

③ 让婴幼儿对几何图形、实物名称、颜色有初步的认知，启发婴幼儿的大脑，提升婴幼儿的动手拆装能力，培养婴幼儿的思维转换能力。

（2）课程准备

虫吃水果玩具。

（3）课程实施方法

① 认知。教师先依次拿出苹果、梨和西瓜形状的3个玩具，然后依次告诉婴幼儿每个水果的名称和颜色，再让婴幼儿依次用双手触摸这3个玩具，使他们感知这3个玩具的名称、形状和颜色的对应关系。

② 操作。教师拿着西瓜玩具的"小虫子"，穿过西瓜玩具的一个洞，把"小虫子"放在洞口，如图3-9所示。教师通过"小虫子"的进进出出来逗引婴幼儿用手指抓"小虫子"，等婴幼儿的手指接近西瓜玩具时，照护者把"小虫子"拉回洞里，引导婴幼儿用食指抠一抠洞里的"小虫子"；教师再让"小虫子"从洞里探出头来，让婴幼儿用拇指和食指捏出"小虫子"。教师应对西瓜玩具上的每个洞都进行如此操作。

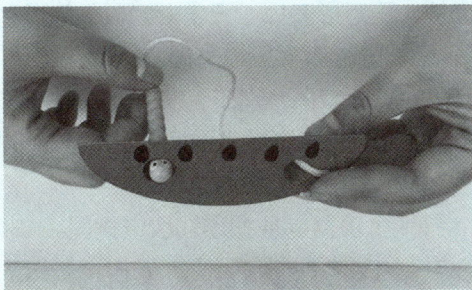

视频

抠和捏的动作组合

图3-9　穿洞游戏

用西瓜玩具练习完后，再用梨和苹果玩具练习。

二、1~2岁婴幼儿精细动作发展的特点与目标

1~2岁婴幼儿精细动作发展迅速，他们逐渐掌握了更多的精细动作技能。

（一）1~2岁婴幼儿精细动作发展的特点

1~2岁婴幼儿在精细动作方面取得了显著的进步。他们能够完成更复杂的手指和手部动作，如绘画、穿线、拼图等，表现出越来越强的手眼协调能力和精细动作控制能力。

1. 13~18个月婴幼儿精细动作发展的特点

（1）搭积木的能力

让婴幼儿坐在桌子前，照护者先给他一块积木，再给他第二块积木，让他将第二块积木放在第一块积木上面。开始时照护者可以先示范如何搭积木。

13个月婴幼儿能把一块积木放在另一块上。15个月婴幼儿能搭3块积木。18个月婴幼儿能搭4块积木，还能用积木搭出更多的花样，例如搭火车、搭桥等。

（2）倒小丸的能力

1岁前婴幼儿能注意到瓶中的小丸，但还不会倒出小丸，只会用手去指瓶中的小丸，把手指伸到瓶中试图把小丸从瓶中掏出来。15个月婴幼儿经照护者示范后，能有意识地转动瓶子倒出小丸。18个月婴幼儿能自发地用手将瓶子倒转并将小丸倒出，而且他不再只有单纯的手指动作，已开始有手腕的动作。

（3）画画的能力

照护者让婴幼儿坐在桌子前，给他一支画笔和一张纸，让他用一只手抓住笔，在纸上画画。13个月婴幼儿还不一定能在纸上画出直线，但能模仿着照护者的动作在空中比画画出直线。15个月婴幼儿能听从照护者的指令在纸上写写画画，也能自发地乱画，但下笔力度很轻。18个月婴幼儿能充分模仿照护者，如照护者在纸上画一条直线，他也能明确地在纸上画一条直线。

（4）盖瓶盖的能力

13个月婴幼儿对瓶子与瓶盖的关系有朦胧的认识，能有意识地使瓶子和瓶盖相碰。15个月婴幼儿对瓶子与瓶盖之间的关系有清楚的认识，知道要将瓶盖往瓶口上放，但往往把瓶盖倒着放到瓶口上，只要他松手，瓶盖就会掉下来。18个月婴幼儿能将瓶盖放在瓶口上，瓶盖往往还是倒着放的，但他松手后瓶盖不会掉。

（5）翻书的能力

照护者拿出一本小画书让13个月婴幼儿看，把书页翻到一半位置时，婴幼儿能顺着翻下去但尚不认识书，而是把它当成一个可操作的玩具来玩耍。15个月婴幼儿会有意识地用整只手将书页顺着一个方向完全翻过去，但一次会翻多页，而且经常会倒着翻书。18个月婴幼儿能用拇指、食指和中指翻书，常常

从头翻起，每次翻2～3页。

（6）玩嵌板的能力

让婴幼儿将3块嵌板（圆形嵌板、正方形嵌板、三角形嵌板）放在3个相应的嵌板洞里，13个月婴幼儿不需要照护者的指点和示范，就能把圆形嵌板放进圆形嵌板洞里，但还不能把正方形和三角形嵌板放进相应的嵌板洞里。15个月婴幼儿将3块嵌板分别放到嵌板洞的附近，但不一定能完全放进嵌板洞里。18个月婴幼儿经照护者示范后，能主动地把3块嵌板正确地放进相应的嵌板洞里。

（7）生活自理能力

1岁婴幼儿的手能灵活弯曲，并能比较容易地把汤匙放进嘴里。13个月婴幼儿能用手指将饼干、面包、水果等往嘴里送。15个月婴幼儿吃饭时不再用手抓，而是用勺子挖，但挖得不满，将食物送到口腔里时还不稳，往往泼洒较多。这个年龄段的婴幼儿还能用手握杯喝水，但握得不稳，常会泼洒出一些水来。18个月婴幼儿已能很好地自己用勺子吃饭，洒出较少，吃完后还会把空碗递给照护者。婴幼儿已能自己端起杯子喝水并在喝完后将杯子放下，洒出的水不多。

2. 19～24个月婴幼儿精细动作发展的特点

（1）搭积木的能力

21个月婴幼儿能叠6块积木，还能模仿照护者用积木搭火车。照护者将3块积木搭成一列火车给婴幼儿看，然后拆掉，再让婴幼儿自己用积木搭火车，婴幼儿能将3块积木搭成一列火车。24个月婴幼儿能叠7块积木，还能模仿照护者将4块积木搭成一列火车。

（2）盖和拧紧瓶盖的能力

给婴幼儿一个螺旋口的瓶子和瓶盖，21个月婴幼儿不再需要照护者的示范和帮助，就能正确地将瓶盖往瓶口上盖，但还不会拧紧瓶盖。24个月婴幼儿能拧紧瓶盖。

（3）翻书的能力

将一本小画书放到婴幼儿面前，然后叫他自己翻书、看书。21个月婴幼儿能用拇指、食指和中指翻书，每次能翻1～2页。24个月婴幼儿翻书的本领更高，只需要用拇指和食指便能按照护者的要求一页一页地连续翻书、看书，并能按照护者的要求寻找到书中对应的图画。

（4）握笔的能力

让婴幼儿坐在桌子前，给他一支画笔和一张白纸，让他在纸上画画，观察他握笔的姿势。24个月以前的婴幼儿用整只手握笔。24个月婴幼儿能用拇指和其他手指来握笔。照护者要经常让婴幼儿拿着笔在纸上画画，并注意纠正婴幼儿错误的握笔姿势，教会他用拇指、食指和中指握笔，如图3-10所示。

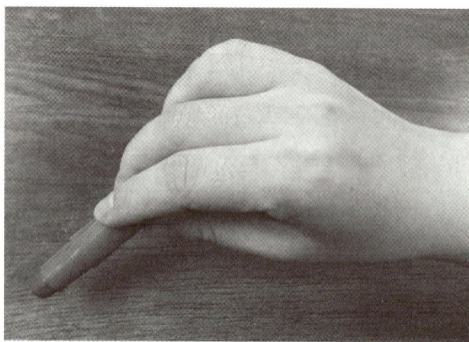

图3-10　用拇指、食指和中指握笔

（5）模仿画画的能力

让婴幼儿坐在桌子前，给他一支画笔和一张白纸。照护者手上也拿一支相同的画笔，先在纸上画一条垂直线，然后对婴幼儿说："宝宝看，我画了一条线，你也跟我一样在纸上画一条线。"24个月婴幼儿能模仿照护者垂直地画出一条线。照护者在纸上画一个圆，然后让婴幼儿模仿着画，但不对他说出圆的名称，可以和他说："宝宝，和我画个一样的。"婴幼儿能在纸上模仿着画圆，但这个年龄段的婴幼儿画的圆还不是很圆，线条往往不流畅，甚至不闭合。

（6）生活自理能力

20个月婴幼儿的手部控制能力及手眼协调能力已很强，他能很好地使用勺子挖饭并很稳地把饭送进嘴里，饭掉落较少。24个月婴幼儿吃饭时不再需要照护者的帮助，他能一只手扶着碗，另一只手用勺子挖饭再把饭送进嘴里，饭掉落较少。

这个年龄段的婴幼儿还能一只手端着杯子喝水，而且水很少洒出，并能将瓶子内的水倒入碗中，水也较少洒出。

（7）穿珠子的能力

给婴幼儿准备几个扣眼较大的珠子和一根较硬的细塑料绳，也可用鞋带代替细塑料绳。21个月婴幼儿能用细塑料绳穿1~2颗珠子，24个月婴幼儿能穿3~4颗珠子。

（二）1~2岁婴幼儿精细动作发展的目标

1~2岁婴幼儿精细动作发展的目标是促进婴幼儿的手部控制能力、手眼协调能力和精细动作技能的发展。照护者可通过提供适当的材料和活动，鼓励1~2岁婴幼儿积极参与各种精细动作任务，这有助于他们发展自己的运动技能和能力。

1. 13~15个月婴幼儿精细动作发展的目标

（1）自发乱画

婴幼儿能用笔在纸上自发乱画。

（2）取出小丸

婴幼儿能将瓶中的小丸拿出或倒出。

2. 16~18个月婴幼儿精细动作发展的目标

婴幼儿能模仿照护者用蜡笔画出直线，起止自如。

3. 19~21个月婴幼儿精细动作发展的目标

（1）水晶线穿扣眼

婴幼儿能将水晶线穿过直径为0.5cm以上的扣眼。

（2）模仿拉拉锁

照护者示范拉拉锁，拉上、拉下各一次。照护者固定拉锁两端，鼓励婴幼儿模仿，婴幼儿能将锁头来回拉动。

4. 22~24个月婴幼儿精细动作发展的目标

婴幼儿能将水晶线穿过扣眼后，能将水晶线从扣眼处拉出。

课程案例 ╱ **1~2岁婴幼儿精细动作发展的托育课程**

1. 13~18个月婴幼儿精细动作发展的托育课程——手捏小物沿轨道走

（1）课程目的

① 教婴幼儿认识小动物，促进婴幼儿各种感知觉的发展。

② 锻炼婴幼儿的腕部力量，增强婴幼儿手眼和身体动作的协调性，提高婴幼儿动作的准确性和反应能力。

③ 使婴幼儿在操作过程中产生对物体的形状、颜色和大小的感知，领悟到一个物体与另一物体的关系，同时提升婴幼儿的分析判断能力。

（2）课程准备

卡通动物迷宫，如图3-11所示。

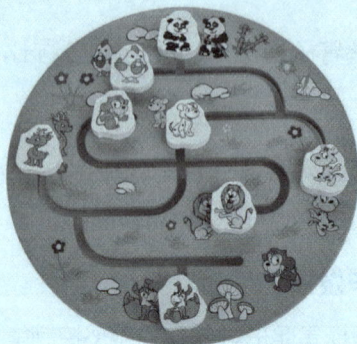

图3-11　卡通动物迷宫

（3）课程实施方法

① 教师带领婴幼儿按照顺时针的方向，认识卡通动物迷宫上8个活动的动物板，有大熊猫、狗、猴子、狮子、松鼠、鹿、狗、鸡。

② 让婴幼儿为每一个动物找到回家的路。

③ 在操作的过程中，教师起引导的作用。当婴幼儿遇到问题时，教师不要急于帮助，而要留给婴幼儿独立思考的空间，引导婴幼儿解决问题；也不要苛求婴幼儿一次把全部的回家路都找对，给婴幼儿传达做任何事情都是一个循序渐进的过程的理念。当婴幼儿熟练掌握后，适当地在操作过程中给婴幼儿制造一些小问题，锻炼婴幼儿的分析判断能力。

2. 19～24个月婴幼儿精细动作发展的托育课程——摁塑料图钉

（1）课程目的

① 让婴幼儿认识颜色和简单的几何图形。

② 培养婴幼儿由简入繁的动手思维能力。

③ 培养婴幼儿的想象力和创造力。

（2）课程准备

蘑菇钉拼插玩具。

（3）课程实施方法

① 教师先教婴幼儿认识其不认识的颜色。

② 教师让婴幼儿通过拇指、食指做捏和插的动作把蘑菇钉插到塑料板里，同时教婴幼儿认识几种简单的几何图形，例如圆形、三角形、正方形、长方形。

③ 教师让婴幼儿自由拼插，充分发挥想象力。

> 视频
>
> 摁塑料图钉

三、2～3岁婴幼儿精细动作发展的特点与目标

2～3岁是婴幼儿精细动作发展的关键阶段，他们在这个时期继续发展和提升手部控制能力和精细动作技能。

（一）2～3岁婴幼儿精细动作发展的特点

2～3岁婴幼儿通过参与各种涉及精细动作的活动，不断提升手部控制能力、手眼协调性和精细动作

技能。照护者可以提供适当的材料和活动，鼓励婴幼儿积极参与绘画、剪纸、拼图、穿衣等活动，促进他们的发展和成长。

1. 25~30个月婴幼儿精细动作发展的特点

（1）搭积木的能力

27个月婴幼儿能成功地叠8块积木，搭第9块时积木往往会全部倒下。30个月婴幼儿能成功地搭高9块积木，搭第10块时积木往往会全部倒下。除了会用积木搭高楼外，婴幼儿还能把3块积木搭成一列火车，能模仿照护者的动作在桌面上"开火车"，还能在搭好的火车上加一个"烟囱"，如图3-12所示。这个年龄段的婴幼儿还能模仿照护者搭模型，如用3块积木成功地搭一座桥，并留出明显的桥孔，如图3-13所示。

图3-12　搭火车

图3-13　搭桥

（2）放小丸入瓶的能力和速度

让婴幼儿坐在桌子前，在桌面上放10颗小丸并将其排成一排，婴幼儿能连续地捡一颗放一颗入瓶，把所有的小丸都放入瓶中，速度也越来越快。30个月婴幼儿能在30s内一颗一颗地把10颗小丸全部放入瓶中。

（3）模仿画画的能力

这个年龄段的婴幼儿能模仿照护者画出水平线和封闭的圆形（比2岁以前所画的圆要好得多），还能模仿照护者画出交叉线。2岁前的婴幼儿不会画交叉线，往往把"十"字看成是由4条线组成的，从而会画出4条互相不交叉的直线。2岁及以上的婴幼儿，虽然还不能画出标准的"十"字，但已能模仿照护者的动作画出2条及以上的交叉线。

（4）生活自理能力

这个年龄段的婴幼儿能自己用勺子吃饭、端着杯子喝水，小便后不需要照护者的帮助，能自己用双手把裤子提起来。他们能自己穿鞋子，但分不清鞋子的左右，还能扣自己衣服上的按扣。

（5）玩嵌板的能力

让婴幼儿坐在桌子前，将嵌板放在他面前的桌子上，如图3-14所示，婴幼儿能立即将3块嵌板放到对应的3个嵌板洞里。将嵌板旋转180°，再让婴幼儿把3块嵌板放进相应的嵌板洞里。30个月婴幼儿不需要照护者的示范和帮助，就能再次将3块嵌板放进相应的嵌板洞里，即使放错了其也会很快自行纠正。

2. 31~36个月婴幼儿精细动作发展的特点

31~36个月婴幼儿的精细动作继续发展，他们在手部控制和精细动作方面显示出更强的能力和独立性。

（1）搭积木的能力

31~36个月是婴幼儿构建构思能力发展的关键期。搭积木时，他会首先构思一个模型，然后再选择不同的积木一块一块有步骤地搭建。这个时期也是婴幼儿想象力和创造力迅速发展的时期。31~36个月婴幼儿不仅能成功地叠10块积木，还能模仿照护者的动作搭城墙（见图3-15）。

图3-14　嵌板

图3-15　搭城墙

（2）放小丸入瓶的速度

照护者让婴幼儿坐在桌子前，把10颗小丸排放在桌子上，同时在桌面上放一个瓶口直径为3cm左右的空瓶，然后让婴幼儿每次放一颗小丸，直到把所有的小丸依次放入瓶中。33个月婴幼儿能在25s内把10颗小丸放入瓶中。36个月婴幼儿能在20s内把10颗小丸放入瓶中，并且可用两只手交替地将小丸放入瓶中。

（3）画画的能力

31～36个月婴幼儿能模仿照护者画圆形、水平线、垂直线及交叉线，还能临摹一些形状。

（4）解扣子的能力

30个月以前的婴幼儿只能把自己衣服上的扣子扣好。33个月婴幼儿已能解开自己衣服上较大一点的扣子。36个月婴幼儿会解开自己衣服上较小一点的扣子。

（5）使用剪刀的能力

照护者准备一把儿童专用的圆头小剪刀和几张废纸。30个月前，婴幼儿还不会用剪刀剪东西。30个月婴幼儿能用两只手分别扶着剪刀的两个把手，灵活地使剪刀一张一合，但还不会剪东西。33个月婴幼儿会用一只手拿剪刀，把拇指和其他手指分别放入剪刀的两个把手里，使剪刀一张一合，但还不能把纸剪开。36个月婴幼儿能一只手拿着一张纸，另一只手正确地拿着剪刀沿着直线把纸剪开。

（6）生活自理能力

31～36个月婴幼儿能很好地将一个杯子内的水向另一个杯子倒，并能正确地判断水的流量，确保水洒出不多；能自己洗手，洗手时不再是玩水，而是有意识地两手搓洗，并能用毛巾擦干；在照护者的指导下会穿、脱外套；能剥鸡蛋壳，能使用筷子，能自己刷牙。

（二）2～3岁婴幼儿精细动作发展的目标

2～3岁婴幼儿精细动作发展的目标是培养和提升他们的手部控制能力和精细动作技能，为日后的学习和生活奠定基础。

1. 25～27个月婴幼儿精细动作发展的目标

（1）模仿画竖线

婴幼儿能模仿照护者画竖线，所画线长度大于2.5cm，与垂直线的夹角小于30°。

（2）对拉锁

婴幼儿能将拉锁头插进锁孔。

2. 28～30个月婴幼儿精细动作发展的目标

（1）穿3～5个扣子

婴幼儿能较熟练地用绳穿过3～5个扣子。

（2）模仿搭桥

照护者示范用下面2块、上面1块共3块积木桥搭成有桥孔的桥，并保留模型，鼓励婴幼儿模仿。照护者不得提示桥孔的存在，婴幼儿能搭出有桥孔的桥。

3. 31～33个月婴幼儿精细动作发展的目标

拉拉锁

婴幼儿能将拉锁头全部插进锁孔，并有拉的意识。

4. 34～36个月婴幼儿精细动作发展的目标

会拧螺丝

婴幼儿能通过双手的配合将螺丝、螺母组装起来。

课程案例 | 2～3岁婴幼儿精细动作发展的托育课程

1. 25～30个月婴幼儿精细动作发展的托育课程——快乐彩球

（1）课程目的

① 锻炼婴幼儿手臂动作的协调性。

② 提升婴幼儿和照护者合作完成游戏的能力。

（2）课程准备

一块红色方形丝巾、一个黄色塑料球。

（3）课程实施方法

① 玩一玩

A. 教师拿出丝巾和球，鼓励婴幼儿说出丝巾和球的颜色及形状，如丝巾是方形的、红色的，球是圆的、黄色的，等等。

B. 教师鼓励婴幼儿自主地玩，并注意观察婴幼儿是怎么玩的。

② 滚一滚

A. 教师和婴幼儿面对面站立，分别抓住丝巾的4个角。把球放在丝巾的中间，轮流抬高丝巾的两端，让球在丝巾上滚动，以锻炼婴幼儿手臂动作的协调性以及婴幼儿与教师的配合能力。

B. 游戏过程中教师要注意观察婴幼儿的动作，适当调整滚动幅度，并能及时表扬和鼓励婴幼儿。

③ 抛一抛

A. 把球放在丝巾的中间，教师和婴幼儿一起把丝巾上的球抛向空中，再用丝巾接住。

B. 游戏过程中教师要注意对力量的把握，不要将球抛得太高，保证让婴幼儿接住球。

C. 根据婴幼儿的能力，逐步增加难度。

（4）课程拓展

① 教师还可以利用浴巾玩这个游戏，以加大滚球的难度。

② 球也可以有其他选择，比如使用大而重的球，可以锻炼婴幼儿手臂的力量。

2. 31～36个月婴幼儿精细动作发展的托育课程——剪呀剪

（1）课程目的

让婴幼儿初步学习剪刀的使用方法，发展手指的灵活性及双手的协调性。

（2）课程准备

一把安全剪刀、容易剪的彩纸片、手工作业纸。

（3）课程实施方法

① 出示剪刀

教师出示剪刀，激发婴幼儿思考，如问婴幼儿："小剪刀是做什么用的？"

教师用儿歌指导婴幼儿正确握剪刀。

儿歌歌词：小小剪刀两个洞，手指手指钻洞洞，大拇指一个洞，其余手指一个洞，手指手指动一动，咔嚓咔嚓剪剪剪。

② 剪彩纸片

教师用儿歌引导婴幼儿使用剪刀剪彩纸片，彩纸片不要太宽，应能被婴幼儿一下剪断。

儿歌歌词：小剪刀，站站好，小手指，动一动，咔嚓咔嚓，剪一剪。

教师注意观察婴幼儿使用剪刀的情况，正确的使用方法是：剪刀的上下刀刃和水平面垂直，婴幼儿大拇指朝上。

③ 剪手工作业纸

在婴幼儿熟悉剪刀用法后，让婴幼儿根据手工作业纸的要求，用剪刀剪手工作业纸。

（4）课程拓展

根据婴幼儿的能力找一些比较厚的纸，让婴幼儿用力剪纸，以提高婴幼儿使用剪刀的熟练度。

视频

剪呀剪

课后练习题

1. 描述各个年龄段婴幼儿粗大动作发展的特点。
2. 编写提升各个年龄段婴幼儿下肢力量的托育课程。
3. 描述各个年龄段婴幼儿精细动作发展的特点。
4. 编写提升各个年龄段婴幼儿手指灵活性的托育课程。

第四章
婴幼儿认知发展

本章学习目标

1. 了解婴幼儿认知发展的相关概念。
2. 了解婴幼儿认知发展的理论。
3. 了解婴幼儿认知发展的意义。
4. 学会运用婴幼儿认知发展的基本方式。
5. 掌握婴幼儿认知发展的总体特点。
6. 掌握婴幼儿认知发展的影响因素。
7. 学会运用促进婴幼儿认知发展的基本策略。
8. 掌握各阶段婴幼儿认知发展的特点和目标。
9. 学会运用促进婴幼儿认知发展的托育课程。

第一节 婴幼儿认知发展概述

　　婴幼儿认知是一个广泛意义上的综合概念，是指婴幼儿在知识的获得和加工过程中表现出来的感知觉、注意力、记忆力和思维能力等。

一、婴幼儿认知发展的相关概念

　　婴幼儿时期是脑发育最为迅速和关键的阶段，婴幼儿通过感知、观察、思考和互动来获取新知识和认知世界。

1. 感知觉

　　感知觉是婴幼儿通过感官接收和处理外界信息的过程，是认知的开端，是其他高级心理过程的基础。婴幼儿对事物的认知是从感知觉开始的，在感知觉的基础上，才有记忆，随后出现与记忆相联系的表象，这些表象进一步发展为不能离开感知觉的最简单的思维（感知动作思维）以及最初的想象。婴幼儿从出生后就已具备大多数基本感觉，如视觉、听觉、触觉、嗅觉、味觉，以及对身体位置和机体状态变化的感觉等。婴幼儿主要依靠感知觉认识世界并适应周围的环境。

2. 注意力

　　注意力是婴幼儿选择性地关注和集中精力于某个特定事物或任务的能力。婴幼儿的注意力逐渐发展，从最初的短暂和易分散到逐渐长久和稳定。

注意总是和感知、记忆、想象、思维同时发生。一个人如果没有良好的注意力，其感知觉、记忆力、想象力和思维能力的发展将直接受到影响。注意力发展是认知发展的重要组成部分，它在婴幼儿的生活中起着关键作用。一般来说，婴幼儿注意力强，学习效果就好，能力就提升得快。婴幼儿注意力的发展是非常迅速的，照护者要推动婴幼儿注意力的发展，从而促进婴幼儿脑发育，让婴幼儿的学习更高效。

3. 记忆力

记忆力是指婴幼儿对过去的事物和事件进行存储和回忆的能力。婴幼儿的记忆从最初的短期记忆逐渐发展为长期记忆。

记忆力是婴幼儿积累经验、掌握技能、养成习惯的前提，记忆力的发展是婴幼儿心理发展的重要基础和保证。记忆力在心理系统发挥其功能的过程中起着不可或缺的协调作用。婴幼儿从出生开始，就要通过不断地感知和学习来认识并适应外部世界。记忆力的发展使间接知识的形成和累积成为可能。由感知觉所获得的是直接知识，但人类文明的发展更多依靠的是间接知识。间接知识的形成离不开记忆力的支撑。就个体而言，知识的增长过程就是长期记忆系统中储存的信息增加的过程。婴幼儿记忆力的发展将使间接知识的长期储存和提取成为可能，而婴幼儿所掌握的不同的间接知识对其未来发展起着至关重要的作用。

4. 思维能力

婴幼儿思维是指婴幼儿在认知、感知和处理信息的过程中所表现出来的心理活动。它包括婴幼儿的认识、理解、记忆、问题解决、观察、模仿和创造等各种心理过程。婴幼儿的思维在生长发育的早期阶段受到感官、认知和情感等多种因素的影响，随着时间的推移，逐渐演化为更复杂的认知能力和思考方式。虽然婴幼儿的思维能力具有一定的局限性，主要集中在感知和具体经验上，其抽象和逻辑思维能力较弱，然而，婴幼儿的思维能力发展是一个渐进的过程，他们会在与环境互动和积累经验的过程中逐步发展出更复杂和高级的思维能力。照护者可以通过提供适当的刺激和互动环境，引导婴幼儿的思维能力发展。例如，通过互动游戏、语言交流和观察引导婴幼儿转移和集中注意力，培养他们的观察力、记忆力和解决问题的能力，这样可以促进婴幼儿的思维能力发展。

拓展链接

婴幼儿思维在各个发展阶段的特点和能力

二、婴幼儿认知发展的理论

1. 神经构建理论

神经构建理论是婴幼儿认知发展领域的一个理论，强调基因和环境因素如何相互作用来影响婴幼儿的认知发展。这个理论认为，婴幼儿的脑在发育过程中会不断重塑和调整，基因和环境共同塑造了他们的认知能力。

神经构建理论的主要观点和概念如下。

（1）大脑可塑性：神经构建理论认为，婴幼儿的大脑在发展过程中表现出高度的可塑性，即它可以根据经验和环境的需求进行结构和功能上的调整。婴幼儿的大脑会不断建立新的神经连接并弱化不常用的连接。

（2）基因与环境的相互作用：神经构建理论强调基因和环境的相互作用如何影响脑发育。基因确定了脑的潜在发展轨迹，而环境刺激和经验会影响神经连接的形成和强度。

（3）经验依赖性：婴幼儿的脑发育是有经验依赖性的，这意味着婴幼儿的大脑在发育过程中受到环境刺激和经验的塑造和影响。丰富的刺激和积极的互动有助于建立健康的神经连接，促进认知功能的发展。

（4）关键期：神经构建理论认为，婴幼儿的脑在某些发展阶段具有关键期，这些时期特别适合学习和建立特定认知能力。如果在关键期内缺乏适当的刺激，某些认知能力可能无法充分发展。

（5）适应性塑造：神经构建理论认为，脑的塑造是适应性的，即脑会根据环境需求进行调整。这意味着不同的环境和经验会导致脑在不同方面的发展。

（6）跨领域影响：神经构建理论指出，婴幼儿的不同认知领域之间会相互影响。例如，语言、社会互动和感知经验可能会影响脑在多个领域的发展。

神经构建理论强调了脑的适应性和可塑性，以及基因和环境如何共同影响婴幼儿的认知发展。这个理论与其他认知发展理论相互补充，帮助照护者更好地理解婴幼儿认知的复杂性和多样性。通过了解脑如何随着经验和环境的变化而发展，照护者能够更好地支持婴幼儿的认知发展。

2. 核心知识理论

核心知识理论认为，婴幼儿在出生时就具备了一些基本的认知结构，这些结构帮助他们更好地理解特定领域的信息，如人类行为和语言。核心知识理论强调了婴幼儿认知的早期起点，以及他们如何在此基础上逐渐建立更复杂的认知结构。

核心知识理论的主要观点和概念如下。

（1）先天知识：核心知识理论认为，婴幼儿在出生时就具备了一些基本的认知结构，这些结构不是通过学习获得的，而是先天性的。这些认知结构帮助婴幼儿在特定领域中进行初步的认知活动。

（2）领域特定：核心知识理论指出，婴幼儿的这些基本认知结构是领域特定的，即它们与特定领域的信息和概念相关联。这些领域可能包括人类行为、语言等。

（3）认知模块：核心知识理论认为，这些基本认知结构在婴幼儿大脑中是以认知模块的形式存在的，每个模块负责特定的认知功能。例如，婴幼儿可能有一个模块专门用于识别物体，另一个模块用于理解人类行为。

（4）认知发展：婴幼儿通过与环境互动，逐渐将这些基本的认知结构与外界的信息和经验联系起来，从而建立更复杂的认知结构。这种发展是渐进的，通过经验积累和学习来逐步拓展婴幼儿的认知领域。

（5）领域间交互：核心知识理论认为，婴幼儿的不同领域的基本认知结构之间存在交互作用。例如，他们对物体的认知可能会影响他们对物体运动的理解，而对人类行为的认知可能会影响他们对社会互动的感知。

核心知识理论强调了婴幼儿认知发展的早期起点和先天性认知结构的重要性。尽管这个理论在一些领域引起了讨论，但它为照护者理解婴幼儿认知发展的初步阶段提供了一个有趣的框架。这个理论与其他认知发展理论一起，帮助照护者更好地理解婴幼儿在认知领域的学习和成长。

3. 信息处理理论

婴幼儿认知发展的信息处理理论强调婴幼儿如何处理、存储和利用信息，以及这些过程如何影响他们的认知发展。该理论将婴幼儿视为信息处理者，关注他们在感知、注意、记忆、思考和解决问题方面的能力。

信息处理理论的主要观点和概念如下。

（1）感知和感知加工：婴幼儿通过感官接收外界信息，他们在感知过程中会筛选和整合这些信息，以构建对周围环境的认知。

（2）注意力：注意力是指婴幼儿对特定信息的选择性关注。信息处理理论强调，注意力在婴幼儿认知发展中起着关键作用，因为它影响了他们将哪些信息纳入处理范围，将哪些信息忽略。

（3）工作记忆：工作记忆是婴幼儿暂时存储和处理信息的能力。它与婴幼儿在短时间内处理信息的能力密切相关，例如在解决问题或进行决策时。

（4）长期记忆：信息处理理论认为，长期记忆是婴幼儿存储和检索信息的地方。它允许婴幼儿将将经历和学到的信息保存下来，以供将来使用。这种记忆形式可以是事实、事件、技能或其他类型的信息。

（5）思维和解决问题：婴幼儿在信息处理理论中被视为思考者和问题解决者，他们使用注意力、工作记忆和长期记忆来解决问题，推理和决策。

（6）自主性：信息处理理论强调婴幼儿能够自主地选择、处理和解释信息，而不仅仅是被动接收外部刺激。自主性强调了婴幼儿对信息加工的主动性和自我控制能力。

（7）主动性：信息处理理论强调婴幼儿通过主动地寻找新的信息和经验来建立认知结构，并根据自己的兴趣和需求去探索和学习。主动性使得婴幼儿能够在不断的互动和经验中积累知识并发展自己的认知能力。

（8）发展阶段：信息处理理论认为，随着婴幼儿的生长，他们的信息处理能力会逐渐增强。他们会逐步发展出更高级的认知策略和技能，以处理更加复杂的信息和任务。

信息处理理论强调了婴幼儿认知过程的复杂性和渐进性。通过研究婴幼儿在不同年龄段的信息处理能力，照护者能更好地理解他们在感知、思维、问题解决和学习方面的发展。

三、婴幼儿认知发展的意义

婴幼儿认知发展对婴幼儿的整体成长和学习能力的提升会产生深远的影响，对婴幼儿未来的社交和健康发展等具有重要意义。

1. 探索和理解世界

通过认知发展，婴幼儿能够主动地探索和理解周围的环境。他们开始观察、注意和记忆事物，建立起对世界的认知框架，并通过感知觉和运动经验不断改善自己的认知模型。

2. 发展问题解决能力

认知发展促使婴幼儿培养问题解决能力。他们开始思考，学会通过观察、实验和推理来解决简单的问题。这种问题解决能力是婴幼儿日后学习和面对挑战的基础能力。

3. 发展语言和沟通能力

认知发展使婴幼儿的语言和沟通能力得到发展。他们学会听、说，逐渐增加词汇量和建立起语言表达能力，这为他们日后的交流和学习奠定基础。

4. 培养创造性思维和想象力

认知发展推动了婴幼儿创造性思维和想象力的形成。他们开始能够构建和探索各种情境和角色，进而解决问题和表达自己的想法。

5. 建立自信心和自我认知

认知发展有助于婴幼儿建立自信心和自我认知。通过了解自己的能力，他们逐渐形成对自己的认知，并建立起自信心。

6. 激发学习兴趣和动机

认知发展激发了婴幼儿对学习的兴趣和动机。他们对新事物和知识表现出好奇心，乐于探索和学习，这为他们日后的学习和认知的进一步发展奠定基础。

四、婴幼儿认知发展的基本方式

婴幼儿认知发展的基本方式是婴幼儿认知发展的关键要素。通过与周围环境的互动和经验的积累，婴幼儿逐步发展出对世界的认知和理解能力。照护者在教育和照护婴幼儿的过程中，为婴幼儿提供丰富多样的刺激和支持，鼓励他们主动探索和学习，有助于其认知能力的发展。

1. 习惯化和去习惯化

习惯化是指婴幼儿通过将新的知识和经验纳入已有的认知结构来理解和处理新信息的过程。当婴幼儿面对新的刺激或经历时，他们会试图用已有的知识和经验来解释和理解，将新的信息与已有的认知结构相匹配，使之变得熟悉和可预测。通过习惯化，婴幼儿的认知会具有连贯性和稳定性，这使得他们能够更好地应对和适应周围环境的变化。

去习惯化是指婴幼儿在面对无法用已有认知结构解释和理解的新情境时，调整和修改他们的认知结构以适应新情境的过程。当婴幼儿遇到与已有认知结构不匹配的新情境时，他们感到困惑和不满意。为了适应这种新情境，婴幼儿需要调整和修改他们的认知结构，以便更好地理解和解释新情境。通过去习惯化，婴幼儿能够扩展和改进他们的认知结构，逐步适应和理解更复杂的情境。

通过习惯化，婴幼儿能够建立起稳定和连贯的认知结构，并将新的信息纳入其中。然而，当婴幼儿面对无法用已有认知结构解释和理解的新情境时，他们需要通过去习惯化来调整和修改他们的认知结构，以适应新情境。这两个过程交替进行，促进婴幼儿的认知发展和学习能力的增强。

2. 经典条件作用

经典条件作用是一种学习过程，其中两个刺激之间的关联性在婴幼儿的认知发展中起着重要作用。

经典条件作用的基本原理是建立起一个条件刺激与一个无条件刺激之间的联系，从而使得条件刺激能够同无条件刺激一样引发类似的反应。在婴幼儿的认知发展中，经典条件作用可以帮助他们建立起对特定刺激的联结和预期，并在之后遇到相同刺激时产生相同的反应。

经典条件作用的过程可以用以下示例来说明：当婴幼儿多次体验到哺乳动作（无条件刺激）后，他们会逐渐建立起对于哺乳动作即将到来的信号（条件刺激）的期待和反应，如伸出舌头等。这种经典条件作用的形成使得婴幼儿能够将特定的刺激与特定的反应联系起来，并在之后遇到条件刺激时做出类似的反应。

经典条件作用对婴幼儿的认知发展具有重要意义。它帮助婴幼儿建立起对环境中刺激和事件之间的关联，促进他们理解和预测事件的发生。通过经典条件作用，婴幼儿能够在不断的学习中建立起对特定刺激的反应，并逐渐调整和修正他们的认知结构。这种学习过程对于婴幼儿的感知、情绪和行为的发展具有重要影响。

知识链接

巴甫洛夫学派研究的条件反射

巴甫洛夫学派研究的条件反射是指一种基本的学习过程，其在特定刺激和相应反应之间建立了一种联系。这个学派的创始人是俄罗斯的生理学家伊万·巴甫洛夫（Ivan Pavlov），他在狗的消化系统研究中首次发现了条件反射现象。巴甫洛夫的经典实验是在狗身上进行的，他发现当食物（无条件刺激）与铃声（条件刺激）同时出现时，狗开始将铃声与食物联系在一起，最终产生听到铃声后分泌唾液的条件反应，如图4-1所示。这种学习过程称为条件反射，被广泛应用于其他动物和人类的研究中。巴甫洛夫学派的研究揭示了条件反射对行为的重要影响，进一步促进了行为主义心理学的发展。这一理论对于人们理解动物行为、心理疾病和学习过程等具有重要的意义。

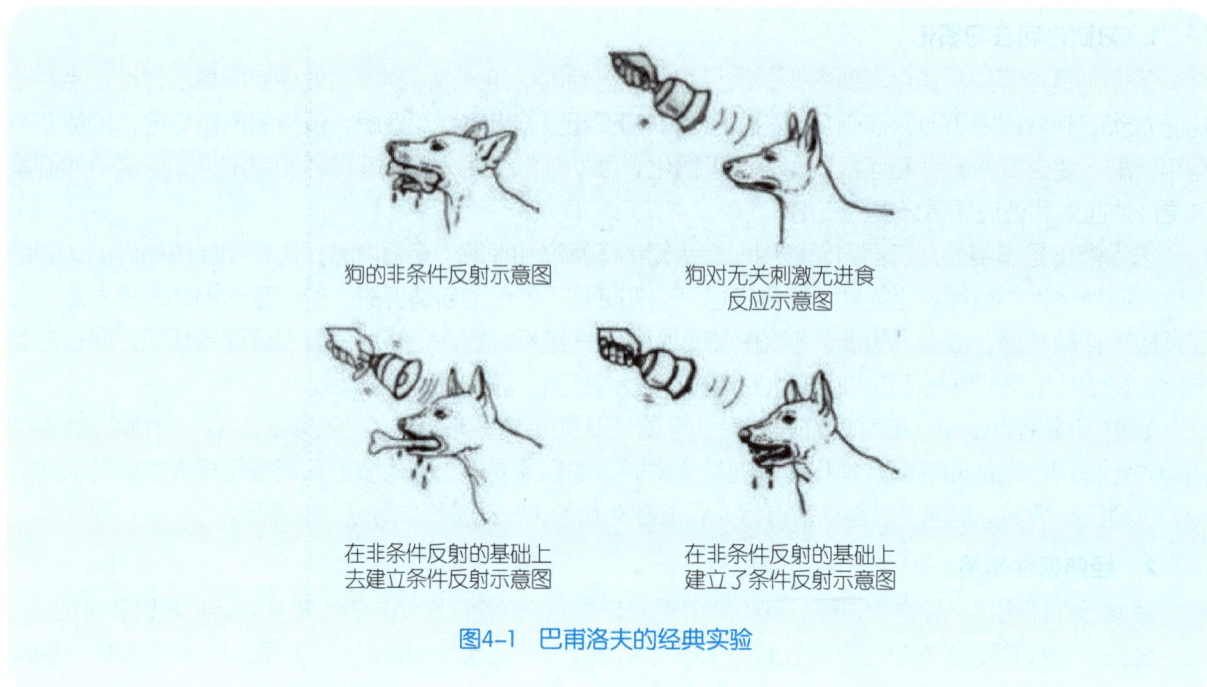

图4-1 巴甫洛夫的经典实验

狗的非条件反射示意图

狗对无关刺激无进食反应示意图

在非条件反射的基础上去建立条件反射示意图

在非条件反射的基础上建立了条件反射示意图

3. 模仿

模仿是指婴幼儿观察他人的行为、表情和语言后，自己尝试重复这些行为、表情和语言的过程。模仿在婴幼儿的认知发展中扮演着重要的角色。

模仿是一种社会学习方式，婴幼儿通过观察和模仿他人的行为来学习和获取新的技能和知识。他们会注意到他人的动作和表情，并尝试重复这些动作和表情，以获得类似的结果。婴幼儿在语言发展过程中也会通过模仿来学习语音和语调。他们会模仿父母和其他关键人物的语音和语调，从而逐渐掌握并发展出自己的语言能力。模仿有助于婴幼儿建立与他人的联系。他们通过模仿他人的行为来表达自己的兴趣和情感，从而促进自己与他人之间的沟通和交流。通过模仿他人，婴幼儿能够体验和尝试不同的角色和行为方式，从而逐渐发展出自我认知和身份塑造能力。他们还通过模仿他人的行为来探索自己的身体、感觉和能力。

在婴幼儿认知发展中，模仿是一种自然而然的学习方式。婴幼儿通过模仿来探索和了解自己与周围世界的关系，发展出自己的技能和能力。家庭和社会环境中的模仿机会和支持对婴幼儿的认知发展具有重要意义，积极的模仿示范和鼓励可以促进婴幼儿的学习和成长。

4. 操作条件作用

操作条件作用是一种学习过程，婴幼儿通过了解行为与结果之间的关联性来进行行为学习和调整。婴幼儿的行为会受到结果的影响，这表现为结果会调整和改变婴幼儿的行为。

操作条件作用的基本原理是，当婴幼儿的行为促成积极的结果（奖励）时，他们更有可能重复这种行为；而当行为导致消极的结果（惩罚）时，他们更有可能减少或避免这种行为。通过积极和消极的结果的反馈，婴幼儿逐渐学会将特定的行为与相应的结果联系起来，并相应地调整他们的行为。

然而，操作条件作用在婴幼儿认知发展过程中相对较早的阶段并不起主要作用。在这一阶段，婴幼儿的行为更多地受到内在的生理驱动力和外在的感官刺激的影响。随着婴幼儿认知能力的发展，特别是语言和符号理解能力的发展，操作条件作用逐渐成为婴幼儿调整行为的重要方式。

五、婴幼儿认知发展的总体特点

婴幼儿认知发展具有动态性和多样性的特点，了解婴幼儿认知发展的总体特点有助于照护者更好地理解婴幼儿的认知发展过程，并提供适当的支持和刺激，从而促进婴幼儿认知能力的全面发展。

1. 认知处于形成过程中

到2岁时，婴幼儿才有完整的认知。新生儿最初只有感知觉和简单的记忆力与注意力。到1.5岁左右，婴幼儿才具备想象力和最初的思维能力。

婴幼儿的注意力一般是在出生后2~3周形成的，即在感知觉发展的基础上，视觉系统和听觉系统能集中的时候。此时婴幼儿会盯着眼前的人脸片刻，也会停止一切活动倾听某种声音。最初的记忆力表现为新生儿能够区分熟悉的声音和不熟悉的声音。在1.5~2岁，婴幼儿的想象力开始发展。这时婴幼儿出现最初的游戏行为，比如，他会抱着玩具娃娃模仿照护者的动作。与此同时，思维能力开始发展。思维是人类特有的认知活动。这时婴幼儿有了最简单的概括和推理能力。

2. 认知与动作不可分离

人的基本活动可以分为认知活动和操作活动（即动作）。婴幼儿的基本活动并没有完全分化，他的认知活动和操作活动紧密相连。一方面，认知活动必须依靠外在的操作活动。婴幼儿的坐、爬、站、走等操作活动每进入一个新阶段，就会使他的认知活动得到新的发展。另一方面，婴幼儿的认知活动要通过操作活动来表现。人掌握了语言，就可以用语言来表现自己的认知活动。但是，婴幼儿的语言能力还没有发展起来，他需要借助操作活动来和别人沟通信息。

3. 以无意认知发展为主

婴幼儿的认知发展主要属于无意认知发展，1岁以上婴幼儿开始出现简单的有意认知。婴幼儿的注意一般是无意注意，即被动地被外界事物所吸引，而不是主动注意某种事物。婴幼儿的记忆，主要表现为无意记忆。婴幼儿能够记住鲜明的、形象具体的东西。婴幼儿的想象行为也是无意发生的，一旦缺乏相应的情境，婴幼儿的想象行为就很难发生。婴幼儿的思维主要是自由联想式的，较少是为了解决某个问题。

4. 出现人生的第一个反抗期

1岁前，婴幼儿是比较顺从的。1岁以后，婴幼儿开始有了自己的主意。比如，你要他往东走，他偏要向西走。2岁左右，有时大人要抱他，他会挺着身体，挣扎着自己下地走路，这表明婴幼儿已经有了自我意识，他常常说"我自己（来）"，抢着做事，甚至要做一些力所不能及的事。

第二节 婴幼儿认知发展的影响因素

遗传因素、生长因素、环境因素、教育因素和它们之间的相互作用，共同影响着婴幼儿的认知发展，了解并关注这些因素有助于照护者为婴幼儿提供适当的支持和刺激，从而促进婴幼儿认知的全面发展。

一、遗传因素对婴幼儿认知发展的影响

遗传是指通过基因将某些特征和性状传递给后代的过程。英国遗传学家F.高尔顿（F.Galton）坚持以遗传学的观点来解释个体差异。他认为遗传因素在婴幼儿认知发展中起决定性作用，婴幼儿的心理与品性由基因决定，发展只是这些遗传因素的自然展开，环境和教育只起引发作用。他的典型论点是："一个人的能力是由遗传得来的，它受遗传决定的程度，正如一切有机体的形态及躯体组织受遗传决定的程度一样。"

1. 遗传潜能

婴幼儿在出生时就带有一定的遗传潜能，这是其构建认知能力的基础。某些基因可以影响脑的结构

和功能，从而影响婴幼儿的感知觉、注意力、记忆力等。

2. 学习速度和学习能力

遗传因素可以影响婴幼儿的学习速度和学习能力，比如有些婴幼儿可能更容易学习新的信息和技能，而另一些可能需要付出更多的时间和努力。

3. 认知风格

遗传因素还可以塑造婴幼儿的认知风格，比如一些婴幼儿可能更倾向于以视觉方式处理信息，而一些婴幼儿可能更倾向于以听觉方式或动作处理信息。

4. 神经发展

遗传因素可以影响婴幼儿脑神经的发展。某些基因变异可能会影响神经元连接的形成和功能，从而对婴幼儿的认知发展产生影响，比如阻碍婴幼儿的语言能力、空间认知能力、问题解决能力等的发展。

遗传因素只是婴幼儿认知发展影响因素的一部分，环境因素同样重要。婴幼儿的认知发展受遗传因素与环境因素的共同影响。早期教育和亲密关系等因素也会对婴幼儿认知发展产生重要影响。

二、生长因素对婴幼儿认知发展的影响

美国心理学家阿诺德·格塞尔提出的成熟论认为，婴幼儿的生理成熟是决定其心理发展的关键因素。根据成熟论，婴幼儿的心理发展是一种自然而然的过程，随着年龄的增长和生理的成熟而发生。格塞尔的成熟论认为，婴幼儿的心理发展是内在的、自动的过程，与外界的干预或教育无关。他认为，婴幼儿的心理会在特定的时间内自然地达到特定的发展阶段，并且无须外界干预。因此，他提倡为婴幼儿提供有利于他们自然发展的支持和环境。

1. 脑发育

适宜的生长环境和营养摄入对婴幼儿的脑发育至关重要。充足的营养和健康的生活习惯有助于脑细胞的正常生长和连接，促进神经系统的发展。脑发育的健康程度与婴幼儿的学习能力、记忆力、思维能力和注意力等密切相关。

2. 神经递质

生长因素也可以影响婴幼儿神经系统中传递物质的生成和释放，如神经递质。这些神经递质在神经元之间传递信息，对于婴幼儿的学习、记忆和认知至关重要。充足的营养和生长因素的正常作用有助于维持神经递质的平衡，促进婴幼儿认知的正常发展。

3. 睡眠

充足的睡眠对婴幼儿的认知发展至关重要。睡眠是脑巩固所学内容的重要过程，有助于婴幼儿对新知识和经验进行整合和记忆。不足的睡眠可能会影响婴幼儿的注意力、学习能力和记忆力。

三、环境因素对婴幼儿认知发展的影响

环境决定论认为影响婴幼儿认知发展的因素为后天因素，人的心理发展差异的90%是由教育决定的。环境决定论最早的代表人物是美国心理学家约翰·B.沃森（John B. Watson），他说："给我一打健康的婴幼儿，如果让我在由我所控制的环境中培养他们，不论他们的父母的才能、爱好、倾向、职业如何，我保证能把其中任何一个人训练成我选定的任何一种身份：医生、律师、艺术家、富商。"这句话强调了环境塑造个体的力量。沃森相信个体的行为和能力主要是通过环境的塑造和训练而形成的，而遗传因素等先天条件的影响相对较小。他认为，只要给予适当的环境和训练，任何健康的婴幼儿都可以被塑造成任何一种身份。

1. 运动和各种感觉体验

婴幼儿通过运动和各种感觉体验来探索和认知世界。适宜的生长环境和机会可以为婴幼儿提供丰富的运动和感觉体验，从而促进婴幼儿感知觉、运动能力的发展。例如，爬行、抓握、探索物体等运动经验有助于婴幼儿的空间感知觉、手眼协调性的发展。

2. 亲子互动

亲子互动是影响婴幼儿认知发展的重要环境因素之一。良好的亲子互动可以为婴幼儿提供情感支持，增强婴幼儿的安全感和信任感，激发婴幼儿的好奇心和探索欲望。亲子互动过程中的对话、游戏和共同活动有助于婴幼儿的社会认知、注意力、问题解决和合作能力的发展。

3. 刺激和探索机会

婴幼儿需要接触丰富多样的刺激和探索机会，以促进认知发展。适宜的玩具、图书、艺术品和自然环境等可以激发婴幼儿的好奇心和想象力，培养他们的感知觉、观察能力、分类能力和比较能力。

4. 社会环境

社会环境对婴幼儿的认知发展有重要影响。与同龄婴幼儿的互动和交往可以培养婴幼儿的社会认知、情绪调节能力和合作能力。婴幼儿在家庭、托儿所、幼儿园等社会环境中的经历会对其认知发展产生深远影响。

四、教育因素对婴幼儿认知发展的影响

心理学家维果茨基把婴幼儿现有发展水平和其即将达到的发展水平之间的差异称为"最近发展区"。它表现为在有指导的情况下，婴幼儿凭借成人的帮助所达到的问题解决能力水平与在独立活动中所达到的问题解决能力水平之间的差异，这种差异可以看作认知发展的可能性与现实性的差异，也可以看作婴幼儿认知发展的空间。

1. 提供适宜的学习环境

教育因素包括提供适宜的学习环境，为婴幼儿创造积极、安全、刺激性的学习氛围。这可以通过提供合适的玩具、教具和学习材料，以及提供充足的探索和互动机会来实现。适宜的学习环境可以激发婴幼儿的好奇心、探索欲望和主动学习的动机。

2. 早期教育活动

早期教育活动对婴幼儿的认知发展有积极影响。这包括早教课程、早教游戏、绘本阅读等。这些活动可以为婴幼儿提供丰富的感官刺激、语言学习机会和认知挑战，促进婴幼儿的记忆力、注意力和问题解决能力的发展。

3. 语言学习机会

教育因素还包括语言学习机会。照护者通过与婴幼儿的交流互动，可以让他们扩展词汇量、理解语言规则和用语言表达自己的想法。照护者的语言输入和引导对婴幼儿的语言发展和认知能力提升至关重要。

4. 创造性思维和问题解决能力

教育因素可以培养婴幼儿的创造性思维和问题解决能力。这可以通过提供启发性的问题、推动婴幼儿思考和寻找解决方案来实现。培养婴幼儿的创造性思维和问题解决能力有助于婴幼儿认知灵活性和创新能力的发展。

5. 个体化的教育支持

教育因素还包括个体化的教育支持，即根据婴幼儿的个体差异和需求进行教育计划的制订和实施。这包括提供额外的学习支持、个别指导和适应性的学习资源等，可以满足婴幼儿的学习需求和促进其认知发展。

五、遗传、生长、环境和教育等因素的相互作用对婴幼儿认知发展的影响

遗传、生长、环境和教育等因素之间存在着动态的相互作用关系，能对婴幼儿的认知发展产生综合影响。这些因素相互作用，共同影响婴幼儿认知的形成和发展。

1. 遗传因素与环境因素的相互作用

遗传因素和环境因素相互作用，共同影响婴幼儿的认知发展。遗传因素会影响婴幼儿对环境因素的感受和处理方式，而环境因素可以影响遗传因素的表达。适宜的环境因素可以促进遗传因素的正常表达，从而有利于婴幼儿的认知发展。

2. 生长因素与环境因素的相互作用

良好的身体和充足的营养是认知发展的基础。营养不良或其他健康问题可能影响大脑发育，进而影响认知功能的形成和提升。温暖、稳定、充满爱的环境会促进婴幼儿的认知发展，而紧张、冷漠的环境会对婴幼儿认知产生负面影响。良好的生长因素和良好的环境因素相互配合，可以最大化地发挥婴幼儿的认知潜能。健康的身体条件能为婴幼儿接受和处理环境刺激提供基础；相反，如果环境贫乏、压力大或者身体健康存在问题，则可能阻碍婴幼儿的认知发展，即使有潜在的智力潜力也可能无法得到充分发展。

3. 环境因素与教育因素的相互作用

丰富多样的刺激性环境为婴幼儿提供了学习和探索的机会。例如早期教育课程、玩乐活动等，将促进婴幼儿认知能力的发展。安全稳定的环境能够为婴幼儿提供情绪支持和认知刺激，而高质量的早期教育则提供了系统化的学习体验。这两者相互结合有助于加强婴幼儿认知能力的发展。

4. 教育因素与遗传因素的相互作用

对不同遗传特征的婴幼儿采用合适的教育方法会更有效地促进他们的认知发展。例如，有些婴幼儿可能更倾向于视觉学习，而有些可能更喜欢听觉或动手学习。婴幼儿的家庭教育环境也会对遗传因素产生影响。

第三节　促进婴幼儿认知发展的基本策略

在婴幼儿的日常生活和亲子互动中，应用促进婴幼儿认知发展的基本策略，有助于促进婴幼儿认知的全面发展。

一、重视环境创设

无意感知是婴幼儿认知的主要特点，婴幼儿难以将注意力集中在某个物品或某种行为上，婴幼儿采用"自发随意"的学习方式，其行为易受周围环境的影响。所以照护者应创设促进婴幼儿全面发展的、游戏材料丰富的、情绪体验较佳的环境。

1. 创设容易诱发认知发展的有效刺激

（1）刺激的强度

强度越大的刺激越容易被婴幼儿注意。比如，有声响的玩具、教具更容易引起婴幼儿的注意，尺寸大的玩具、教具比尺寸小的更容易被婴幼儿看见。因此，照护者可以通过增大玩具、教具的声音或尺寸来吸引婴幼儿的注意力。

（2）刺激的对比度

刺激与周围环境差异越大，越容易被婴幼儿注意到。比如，在一群小孩中有个别大人，大人就比小孩更容易引起婴幼儿的注意。因此，照护者可以通过选择与周围环境对比较大的颜色鲜艳的玩具、教具，或在形状上与其他玩具、教具有较大差异的玩具、教具来吸引婴幼儿的注意力。

（3）刺激的新异度

婴幼儿没有见过的玩具、教具容易被婴幼儿注意到。因此婴幼儿的玩具、教具要经常更新和变换。照护者也可有意把玩具、教具藏一段时间后再拿出来使用，这样做通常会取得出乎意料的效果。

（4）刺激的变化度

运动的刺激比静止的刺激更容易引起婴幼儿的注意。因此，照护者可以通过增加抑扬顿挫的声音、丰富的肢体语言和夸张的语调来吸引婴幼儿的注意力。

同样，如果想尽量不让周围环境分散婴幼儿的注意力，就要降低周围环境中刺激的强度、对比度、新异度和变化度。

2. 中刺激量的促进作用最大

刺激量是指在特定环境中，信息的流动速度和呈现的数量。高刺激量表现为范围广、结构复杂、密集度高、新鲜事物的出现不确定、突发事件随时可能发生。低刺激量表现为范围小、结构简单、新异刺激少、事物出现具有确定性。中刺激量是介于这两者之间的刺激量。

对婴幼儿成长的环境而言，中刺激量是最佳的，在此种环境中熟悉物品与新奇物品、持续活动经验与临时变化游戏、稳定的空间布局与灵活设置的活动区等因素能有机结合。中刺激量可表现为投放新玩具、教具时保留部分旧玩具、教具，有规律地在墙面上添加新的图片，在大型玩具、教具四周搭配多样的可以随时更换的装饰物。

二、尊重婴幼儿认知发展的差异性

尊重婴幼儿认知发展的差异性是非常重要的，因为每个婴幼儿都是独特的个体，其认知能力和发展速度会有所不同。

1. 理解个体差异

婴幼儿的认知发展受到遗传、环境和其他个体因素的影响，每个婴幼儿都有自己独特的发展轨迹。照护者要尊重他们的差异，理解他们在认知能力和兴趣方面的个体差异。

2. 个体化的支持

照护者应根据婴幼儿的发展水平和兴趣，为每个婴幼儿提供个体化的支持和关注，并提供适当的学习和探索机会。这可以通过观察和了解婴幼儿的兴趣、偏好和能力来实现。

3. 尊重发展节奏

婴幼儿的认知发展需要时间和经验的积累。照护者要尊重他们的发展节奏，不要急于要求他们达到特定的里程碑或标准。每个婴幼儿都有自己的发展速度，促进他们认知发展的关键是为他们提供支持性的环境，鼓励他们积极参与和探索。

4. 保持关注和沟通

照护者应与婴幼儿的家长保持密切的沟通，了解婴幼儿的发展情况和需求。照护者和婴幼儿的家长可以建立支持婴幼儿认知发展的合作伙伴关系，共同关注和促进婴幼儿的成长。

尊重婴幼儿认知发展的差异性意味着要理解和接纳每个婴幼儿的独特性，并为他们提供个体化的支持和适宜的学习环境，以促进他们的认知发展。

三、提供感觉统合发展的机会

感觉统合是指个体的中枢神经将进入脑的各种感觉刺激有效组合的过程。照护者应采用专门的感觉统合器材或生活用品来帮助婴幼儿发展感觉器官、平衡能力、协调性，预防或矫正婴幼儿的感觉统合障碍。

感觉统合分为4个部分：平衡感、触觉感、前庭感、本体感。以下简单介绍感觉统合训练的一些方法，仅供参考。

1. 平衡感

照护者可利用专业器具，对婴幼儿进行跳、摇、旋转等训练。大陀螺、圆形旋转盘、大弹力球、平衡板、踩踏石、蹦床、踩踏跷跷板、平衡游戏板、万象组合等是训练平衡感的专用教具。

2. 触觉感

照护者不要过分制止婴幼儿的触摸行动，要鼓励婴幼儿多玩泥沙，用粗糙、清洁的毛巾擦拭婴幼儿的身体，并经常与其进行肌肤接触，经常为婴幼儿按摩，特别是按摩敏感部位，还要经常为婴幼儿梳头、淋浴等。一般可利用平衡触觉板、平衡步道、大龙球、按摩球、按摩梳、魔术环、毛刷、吹风机、万象组合等教具让婴幼儿发展其触觉感。

3. 前庭感

照护者要引导婴幼儿多做颈部运动，颈部运动有利于前庭神经的发育。促进前庭神经发育最重要的一个动作是爬行，照护者可利用滑板、圆形滑车摇滚圈、吊缆、太极平衡板、88轨道、沙袋、荧光颗粒球等教具对婴幼儿进行前庭感训练。

4. 本体感

照护者可在追、跑、赶、跳、碰等游戏中发展婴幼儿的本体感，培养婴幼儿对整件事的企划能力。

照护者可以根据婴幼儿的年龄和兴趣，灵活运用这些策略，为他们创造良好的学习和成长环境。

延伸思考

托育教师在日常
工作中促进婴幼儿
认知发展的策略

第四节 各阶段婴幼儿认知发展的特点与目标

照护者应给婴幼儿创造积极的学习环境，促进婴幼儿的认知发展。照护者要理解每个婴幼儿的发展进程是独特的，并根据他们的需求和兴趣进行个性化的指导。

一、0～1岁婴幼儿认知发展的特点与目标

0～1岁婴幼儿认知发展包含许多重要的里程碑。照护者可以通过提供丰富的感官刺激、亲密互动和有趣的游戏来促进婴幼儿的认知发展，也可以鼓励他们探索和观察，并为他们提供适当的挑战和支持，从而帮助他们发展认知能力和解决问题的能力。

（一）0～1岁婴幼儿认知发展的特点

1. 0～6个月婴幼儿认知发展的特点

（1）味觉发展

这个阶段的婴幼儿能分辨不同的味道，主要是对甜、咸、苦3种味道有不同的反应：尝到甜的味

道时婴幼儿会笑和手舞足蹈，尝到咸的味道时婴幼儿会皱眉撇嘴，尝到苦的味道时婴幼儿会摇头和哭泣。

（2）听觉发展

这个阶段的婴幼儿能对熟悉或新颖的听觉刺激有反应，能将头转向声源处。

（3）视听定向能力发展

这个阶段的婴幼儿能立刻注意到面前的大玩具，能跟随人的移动而移动目光，能注视红球并追随其移动目光，能注视自己的手。

（4）视觉发展

这个阶段的婴幼儿能感知色彩，如红色、黄色、蓝色等，对色彩对比强烈的图片有反应，能注视约75cm远的物体，能用较长的时间来审视物体和图形，喜欢色彩鲜艳的玩具。

（5）适应能力发展

这个阶段的婴幼儿开始将声音和形象联系起来，试图找出声音的来源，听到歌谣时会手舞足蹈，听到熟悉物品的名称时能注视物品，能寻找手中丢失的东西，听到自己的名字时会转头看向声源处，能根据不同的声音找不同的家人。

2. 7～12个月婴幼儿认知发展的特点

（1）用嘴探索世界

7～12个月是婴幼儿口腔探索活动的活跃期，照护者一方面需要鼓励婴幼儿用嘴探索世界，另一方面要注意婴幼儿嘴和手边物品的卫生和安全。毛线玩具或带有小饰品的玩具都不宜拿给7～12个月婴幼儿玩，玩具还要定期消毒。

（2）味觉、嗅觉发展迅速

7～12个月婴幼儿已经能够辨别多种味道。味觉经验丰富的婴幼儿的味觉适应能力更强。照护者可让婴幼儿尝试各种味道的食物，如尝尝柠檬的酸、香蕉的甜、蒜的辣、黄瓜的清香、榴莲的臭等，这对预防婴幼儿偏食有极大帮助。

嗅觉不仅可以帮助婴幼儿辨认父母，还可以增强其环境适应能力。照护者多让婴幼儿闻不同物体的气味，可培养其适应环境的能力（比如让婴幼儿闻各种调料的味道，洗澡时让婴幼儿闻肥皂的味道），但一定要保证婴幼儿闻到的气味是无害的。

（3）信息理解能力增强

照护者可以用语言将信息传达给婴幼儿，比如照护者向婴幼儿介绍家庭成员的名字、身份和特征，并引导婴幼儿摸摸这人的脸和身体，如"他是爸爸，叫某某某，他有大大的鼻子、短短的头发。这是他的耳朵……"听到声音，照护者可向婴幼儿解释声音的来源和特征，如"宝宝，听到了吗？这是水龙头流水的声音，这是爸爸开门的声音，这是奶奶在叫宝宝的名字……"洗澡时，照护者可以对婴幼儿说："水很滑、很温暖，会把宝宝身上的脏东西冲掉，这样宝宝就变干净了……"照护者的语言始终伴随婴幼儿的感知过程。感知语言化不仅能增强婴幼儿的内在安全感，而且对婴幼儿日后的语言发展和思维发展都有极大的促进作用。

（4）手眼协调性初步发展

皮亚杰认为伸手够物是婴幼儿对客观世界进行初次探索的重要方式，而灵活地伸手够物会使婴幼儿对事物的认识更全面和更深入。7～12个月婴幼儿的视觉与手的动作开始协调，到9个月时，其手眼协调性会变得很强。但此时婴幼儿多进行手眼协调活动，进行脚眼协调活动还很困难。

（5）双手配合能力初步发展

随着手眼协调性的发展，7～12个月婴幼儿的双手配合能力开始发展。5个月的婴幼儿还不知道把左手的东西移到右手或把右手的东西移到左手，但到8个月时，婴幼儿在视觉的引导下可以进行左右手东西的交换和简单的双手配合运动（如双手拉、双手抱、双手撕、双手拍等动作）。

（6）客体永久性概念萌发

7～12个月婴幼儿会萌发客体永久性概念，这说明感官刺激在婴幼儿脑内保存的时间延长了。7～12个月婴幼儿会跟照护者玩"藏猫猫""藏藏找找""寻找消失的玩具"等游戏。

（二）0～1岁婴幼儿认知发展的目标

0～1岁婴幼儿认知发展的目标主要是建立基本的感知觉和认知能力，以及发展思维能力和奠定学习基础。

1. 0～3个月婴幼儿认知发展的目标

（1）眼前（20～30cm）出现人脸时，会专注地看。

（2）会被移动中的物体吸引注意力。

（3）会因脸部受到刺激而微笑。

（4）会以自发式微笑回应照护者的疼爱。

（5）会模仿照护者伸舌头，或做出类似动作。

（6）喜欢看自己的手（照护者将婴幼儿的手在他眼前晃一晃，他会看自己的手，这可维持1～3s）。

（7）认得母亲。

2. 4～6个月婴幼儿认知发展的目标

（1）喜欢看自己手中抓的物品。

（2）喜欢看移动中的物体。

（3）到陌生地方时会好奇地四处张望。

（4）以注视、微笑、发声等回应他人的话语。

（5）认识家人及家中宠物，可从照片中认出母亲。

（6）会玩"藏猫猫"游戏。

（7）看不到人会哭；哭泣时，若感到有人靠近会立即停止哭泣，看到人会笑。

（8）对光谱的感受度已接近照护者的水平，能识别红、蓝、绿、黄4种颜色。

（9）用表情、动作等表达情绪；照镜子时会微笑，不一定知道镜中人是自己。

3. 7～9个月婴幼儿认知发展的目标

（1）寻找掉落的东西，喜欢玩"藏猫猫"游戏。

（2）了解母亲的角色。

（3）听到逐渐接近的熟悉的脚步声会兴奋。

（4）会对他人呼唤自己的名字有回应。

（5）照镜子时喜欢拍打镜子，表示对镜中人的喜欢。

（6）开始出现怕生、害羞等反应。

（7）喜欢同龄婴幼儿，试着以非语言方式跟对方互动。

（8）可记得简单的旋律。

（9）可随着照护者的视线或手势而注意到某人或某物。

（10）尝试学动物叫，如狗叫。

4. 10～12个月婴幼儿认知发展的目标

（1）熟悉生活作息，会以动作配合，如穿衣时低头。

（2）喜欢扔东西，观察它被扔到哪儿去了，并反复如此。

（3）面对陌生人会害羞、怕生。

（4）会一些肢体语言，如用手指要去的方向，摆手表示拒绝，挥手表示再见，用手推开不想要的东西。

（5）会找出藏在手帕下的玩具，会主动拿起手帕玩"藏猫猫"游戏。

（6）喜欢参与别人的活动，如与别人一起玩球等。

（7）会拉照护者的衣服，以引起照护者对自己的注意。

（8）喜欢在图画书中指出自己喜欢的事物。

（9）懂得"是""不是"的意思，会用点头、摇头表示。

（10）被人叫名字时会看向称呼者。

（11）喜欢把玩具展示给别人看。

（12）喜欢会发声的玩具，试图去控制它。

（13）能领悟一些简单的动作或手势而有所反应。

（14）看见某个东西被藏起来时，会去寻找。

（15）非常喜欢看图画书。

（16）懂得做假装拿杯子喝水的动作。

（17）知道更多家人的名字。

（18）了解"不可以""不行""不要"的意思。

（19）会依指令指出熟悉的东西。

（20）用多种方式表达情感，如轻拍小狗、亲吻妈妈、拥抱爸爸等。

课程案例　　0～1岁婴幼儿认知发展的托育课程

1. 0～3个月婴幼儿认知发展的托育课程——视觉追踪

（1）课程目的

① 给婴幼儿提供适当的视觉和听觉刺激。

② 培养婴幼儿视觉追踪的能力。

（2）课程准备

一个能发出响声的红色圆球、一条宽度为2cm的彩色丝带、地垫。

（3）课程实施方法

① 追红球。婴幼儿趴在地垫上，教师将红球放在婴幼儿眼前，在婴幼儿注意到红球后，让红球缓慢滚动，鼓励婴幼儿观察红球的滚动，锻炼婴幼儿的视觉追踪能力。

② 追彩色丝带。婴幼儿躺在地垫上，教师在婴幼儿眼前晃动彩色丝带，晃动的速度一定要慢，以锻炼婴幼儿的视觉追踪能力。

（4）课程要点

① 教师可通过晃动红球发出响声，引起婴幼儿的注意。

② 婴幼儿有追红球的能力后，再进行追彩带的游戏。

2. 4～6个月婴幼儿认知发展的托育课程——洗手擦脸

视频

洗手擦脸

（1）课程目的

① 通过婴幼儿与父母的友爱互动，改善亲子关系。

② 增强婴幼儿建立具体实物和抽象语言之间一一对应关系的能力。

（2）课程准备

儿歌《洗手擦脸》，歌词："小小手儿洗一洗，小小脸儿擦一擦，瞧瞧宝宝多干净，快让妈妈亲一亲。"

（3）课程实施方法

① 婴幼儿躺在地垫上，教师坐在婴幼儿脚下方，面对面微笑着注视婴幼儿或与婴幼儿说话。

② 教师根据歌词，与婴幼儿愉快地做相应的动作。

A．第一、二遍

"小小手儿洗一洗"，教师握住婴幼儿的一只手，从手掌往指尖稍稍用力推，将婴幼儿的手掌打开。

"小小脸儿擦一擦，瞧瞧宝宝多干净"，教师用双手给婴幼儿的面部做按摩，稍稍用力，促进婴幼儿面部神经末梢的发育。

"快让妈妈亲一亲"，教师充满爱意地亲吻婴幼儿，把满满的爱传递给婴幼儿。

B．第三、四遍

"小小手儿洗一洗"，教师握住婴幼儿的两只手，让婴幼儿的双手互搓，手心搓手心或一只手的手心搓另一只手的手背。

"小小脸儿擦一擦，瞧瞧宝宝多干净"，教师用双手给婴幼儿的面部做按摩，稍稍用力，促进婴幼儿面部神经末梢的发育。

"快让妈妈亲一亲"，教师充满爱意地亲吻婴幼儿，把满满的爱传递给婴幼儿。

3．7~9个月婴幼儿认知发展的托育课程——摇啊摇

（1）课程目的

① 发展婴幼儿的听觉。

② 锻炼婴幼儿将词语与动作一一对应的能力。

（2）课程准备

沙锤摇铃。

视频

摇啊摇

（3）课程实施方法

① 听声音。教师把沙锤摇铃放在婴幼儿耳朵边，让婴幼儿听到和感知沙锤摇铃的音色、音量和音质。

② 抓握。教师引导婴幼儿用单手和双手的全手掌抓握住沙锤摇铃。

③ 摇。在婴幼儿能抓握住沙锤摇铃后，教师示范如何摇晃沙锤摇铃，先是一只手摇，每只手都摇熟练后，引导婴幼儿两只手同时摇晃沙锤摇铃，摇晃的幅度越来越大。

（4）课程要点

① 游戏开始前，给沙锤摇铃做好消毒工作，毕竟这个阶段的婴幼儿很喜欢舔、咬、啃玩具。

② 游戏过程中，注意千万不要让沙锤摇铃击打到婴幼儿的头部。

4．10~12个月婴幼儿认知发展的托育课程——闻一闻

（1）课程目的

给婴幼儿发育嗅觉的机会，提升婴幼儿的嗅觉认知能力。

（2）课程准备

2个嗅觉瓶（不透明的瓶子）。嗅觉原料：迷迭香、肉桂。把两份嗅觉原料分别放到2个嗅觉瓶里。

（3）课程实施方法

① 教师把第一个嗅觉瓶打开放到婴幼儿的鼻下，在嗅觉瓶瓶口用手扇动，让嗅觉瓶里

的气味弥散在空气中，在婴幼儿闻5s后，盖住瓶口，让婴幼儿的鼻子休息5s，并告诉婴幼儿"这是迷迭香的味道"。按照闻味5s、休息5s和告知"这是迷迭香的味道"的流程，再操作2遍。

② 教师把第二个嗅觉瓶打开放到婴幼儿的鼻下，在嗅觉瓶瓶口用手扇动，让嗅觉瓶里的气味弥散在空气中，在婴幼儿闻5s后，盖住瓶口，让婴幼儿的鼻子休息5s，并告诉婴幼儿"这是肉桂的味道"。按照闻味5s、休息5s和告知"这是肉桂的味道"的流程，再操作2遍。

③ 教师让婴幼儿根据指令闻出对应的物品。

（4）课程要点

① 操作过程中，不要让婴幼儿看到嗅觉原料的样子，让其只通过嗅觉进行认知。

② 操作过程中，千万不要让婴幼儿吃到嗅觉原料。

二、1～2岁婴幼儿认知发展的特点与目标

1～2岁婴幼儿的认知得到进一步发展。照护者可以鼓励婴幼儿参与语言交流和互动游戏，以促进他们的语言和社交能力发展；还可以提供简单的问题和难题，鼓励婴幼儿进行思考和解决，从而培养他们的问题解决能力。

（一）1～2岁婴幼儿认知发展的特点

1. 13～15个月婴幼儿认知发展的特点

（1）感知觉发展

这个阶段婴幼儿的视觉、听觉要比触觉、味觉、嗅觉发展得更快。婴幼儿对环境中的各种声响极为敏感、好奇，对周围的细微响动都能轻易察觉并指出声源，喜欢并能够听辨和主动模仿不同的声音。

知觉的发展受早期教育的影响比较大。这个阶段的婴幼儿能够学习比较两个事物的大小、长短、高低、快慢、先后、上下、里外、前后等，但是容易遗忘，需要不断重复学习。在1岁前早期教育的基础上，13个月的婴幼儿通常能认识2～3种形状和颜色。婴幼儿学习平面形和立体形的难易度和顺序并没有明显的差别，并非先认识平面形，后认识立体形，婴幼儿可以同时认知线、面、体。

（2）观察能力和记忆能力的发展

这个阶段婴幼儿的细节观察能力和远距观察能力有很大的发展。婴幼儿能够指出远处的细小事物，能够在较复杂的画面中寻找到细小的目标，能够无重复、无遗漏地指出画面中全部相同的图形。

0～1岁婴幼儿的记忆以无意记忆为主。1岁后婴幼儿的有意记忆开始萌芽，但发展得较缓慢。婴幼儿的长时再认记忆与1岁前相比有了较大进步，婴幼儿能认出几天没见的物品和几首熟悉的音乐。

（3）思维发展

这个阶段婴幼儿思维训练的主要内容是分类、匹配、排序、分析、概括和推理。1.5岁以前的婴幼儿完全可以按事物外部典型的一维特征对事物进行分类，如按事物的颜色、大小、形状、图案、材质等进行分类，还能够按事物的类别属性进行分类，如对车、球、花、马进行分类。13～15个月婴幼儿不但知道周围事物的名称，还开始了解事物的简单功能，并且能够理解粗浅的对应关系，如动物与其食物的对应关系等。

这个阶段的婴幼儿能数出3个物体或图形，可以分辨出3个以下量的多少。

（4）艺术发展

在音乐方面，这个阶段的婴幼儿能随着音乐节拍进行乐器和声势伴奏，能够随着音乐舞动。受音乐本能的影响，多数情况下婴幼儿动作与音乐节拍比较相符，但其注意力集中时间比较短暂。有的婴幼儿还能哼唱一两句，甚至会将其中的歌词换成他会说的词语。

在美术方面，这个阶段的婴幼儿能听从照护者的引导进行有目的、有控制的涂鸦，如在一定区域里画点和线。婴幼儿会揉纸球以及双手操作胶棒以粘贴纸片。

2. 16～18个月婴幼儿认知发展的特点

（1）感知觉发展

这个阶段的婴幼儿能听出音量相差明显的大小音，能指出近处的两个声源。婴幼儿触觉方面的精细分辨能力发展起来，其能依靠触摸分辨出大小、软硬不同的实物。通过观察，婴幼儿能用尝试错误法把若干个大小逐渐变化的圆形嵌板放回嵌板洞里，能力强的婴幼儿能够独自放回经常玩的7～8块嵌板。

这个阶段的婴幼儿认识了更多的颜色和形状，能拼接分成两半的圆形和正方形。婴幼儿能够分辨白天和黑夜，在空间、时间和图像知觉方面都有了明显进步。

（2）观察能力和记忆能力的发展

这个阶段的婴幼儿在观察的目的性和精确性方面有所提高，能够找到更多连照护者也不易发现的细节；在观察的持续性方面进步比较明显，对感兴趣的活动，如拆解玩具和观察蚂蚁，能持续进行半小时左右。婴幼儿的记忆力慢慢增强，1.5岁时，婴幼儿能完整地表演一首儿歌，说话早的婴幼儿还能背诵部分甚至整首儿歌。

（3）思维发展

思维的发展使得这个阶段的婴幼儿看起来聪明了许多。婴幼儿开始能按功用，如吃的、穿的、看的、听的等对事物进行分类，也能按类别，如动物、植物等对事物进行分类，但是有一定的出错率。婴幼儿还能对同一事物从不同角度进行判断，这说明婴幼儿掌握了一定水平的概括能力。

这个阶段的婴幼儿一般能通过动作数至5。对他们而言，数动作要比数静止的实物和图形容易，数动作的常见形式有拍手数数、上台阶数数、拿东西数数等。经过反复识记，18个月的婴幼儿能够数到9，但还不能正确理解两个数的大小关系。

（4）艺术发展

在音乐方面，随着身体协调性的增强，这个阶段的婴幼儿能随着音乐走步，也能做一些很简单的模仿动作和舞蹈动作，如踮脚走圈、碎步跑等。让照护者欣喜的是，婴幼儿能主动跟着大人哼歌了，但对旋律和歌词还不是很清楚。在节奏活动中，婴幼儿通常打的是快速的小节拍，但有时也能模仿照护者打大节拍。在声音模仿活动中，有的婴幼儿会用大小不同的声音学动物叫。

在美术方面，由于手眼协调性的进一步发展，这个阶段的婴幼儿会画的内容日益多了起来，包括点、短线、长线、竖线、横线和线团等。在照护者的引导下，婴幼儿开始关注所画的内容，能在指定的位置精确地涂画，将很小的纸片粘贴在指定区域，这表明婴幼儿开始逐渐摆脱机械的、随意的涂鸦和美工活动。

3. 19～21个月婴幼儿认知发展的特点

这个阶段的婴幼儿的各种感知觉发展比较快，细节观察能力和整体性观察能力都有提升，思维发展、艺术发展也比较迅速。

（1）感知觉发展

这个阶段的婴幼儿的触觉发展比较快，其能够通过触摸来分辨不同的平面形和立体形，也能够隔着布通过触摸来分辨形状差异明显的物品。除了手，身体其他部位的触觉也渐渐发展起来，这让婴幼儿能够分辨不同质地的东西。婴幼儿的听觉继续发展，其可以确定2m外的声源，开始能分辨乐器的音色。

这个阶段的婴幼儿对形状的学习开始加快，对新图形也接受得更快，能认知12种甚至更多种形状。空间方位知觉和颜色知觉也发展得比较好，在经常巩固的情况下，婴幼儿能比较准确地理解上下、里外、正反、前后、左右、之间等空间概念，能认识8~9种常见的颜色，有的婴幼儿还能认识更多种颜色。婴幼儿对大小概念的理解进入敏感期，其能够分辨物体的大、中、小，喜欢主动判断周围的事物是大还是小。婴幼儿能正确理解现在、刚才、已经等时间概念。

（2）观察能力和记忆能力的发展

这个阶段的婴幼儿的细节观察能力和整体性观察能力都有提高，其能在稍有差异的图形中进行求异观察。21个月左右婴幼儿的记忆力开始出现明显的提升，如长时记忆力有所发展，婴幼儿能回忆起1~2个月前的事情；有意记忆也得到发展，婴幼儿能连续执行2~3个语言指令；其记忆容量也增加了，儿歌、古诗也比以前学得更快了。

（3）思维发展

这个阶段的婴幼儿的思维发展比较迅速，其能够根据局部特征、剪影特征、动作特征分辨事物，能够对更多的事物进行分类，可以玩拼图和看图猜谜等综合智力游戏。

这个阶段的婴幼儿的数学能力有较大提升，其对3以内的集合能手口一致地点数和目测，对5以内集合的多少能用目测和对应法进行判断。婴幼儿喜欢和照护者一起数数，会10以内数字的正数和倒数，部分能力强的婴幼儿还能数到两位数。

（4）艺术发展

在音乐方面，婴幼儿会模仿照护者为音乐打大节拍，做两个简单的联合动作，如随音乐摇摆身体和拍手。婴幼儿的音乐感受能力有了提升，其能在听到音乐变化时主动改变自己的动作。

在美术方面，除了热衷于每日的自由涂鸦外，在照护者的引导下，婴幼儿会画命名画和观察画，能说出自己画的是什么，会按实际情况选颜色并涂色。

4. 22~24个月婴幼儿认知发展的特点

（1）感知觉发展

这个阶段的婴幼儿结合触觉和视觉进行分辨的能力逐渐发展起来，其能够对更多材质、平面形、立体形和实物的轮廓进行分辨。触觉发展得更加敏感，婴幼儿能够在表面差异比较小的物体之间进行触觉分辨，在2岁时能同时在4~5个甚至更多的物体之间进行触觉分辨。

这个阶段的婴幼儿的听力发展非常迅速，其能确定3m远的声源，听辨10种甚至更多的乐器音色，分辨音量大小相差不大的两种声音。

这个阶段的婴幼儿的知觉发展到命名阶段，如婴幼儿往往能说出形状、颜色的名字。婴幼儿喜欢玩三巧板，能够在生活中寻找相似形状的实物。婴幼儿能独立玩10个套盒，能够通过语言、绘画等手段表达大和小的区别。

这个阶段的婴幼儿的空间方位知觉进一步发展，其能看懂简单的地图。婴幼儿能认知更多的时间概念，如上午、中午、半夜、昨天、今天等，但还不明白过一会儿、明天这些表示将来的词的概念。

（2）观察能力和记忆能力的发展

这个阶段的婴幼儿在观察的抗干扰性、目的性、精确性和持续性等方面都有提高，能自己有意识地进行较长时间的观察活动，还能进行差异较小的求异观察和寻找比较隐蔽的目标。

婴幼儿的记忆力也有增强，其能无序模仿3个动作，能在5个或更多的对象中至少记住2个。婴幼儿的长时记忆有进一步的发展，这个阶段的婴幼儿能指认出几个月甚至半年前见过的东西。

（3）思维发展

这个阶段的婴幼儿的认知能力处于快速发展期，其能够对比较复杂的剪影和动作特征做出判断，对一些事物的内在联系也会进行匹配。婴幼儿会拼平行切成3~4块的拼图，喜欢走迷宫和玩角色游戏。婴幼儿的分类能力进入发展的关键期，其开始喜欢主动比较事物之间的"一样"和"不一样"，能够进行一维求异分类和二维求同分类。

这个阶段的婴幼儿处于初级数学概念建立的关键期。婴幼儿的识数、唱数、比较多少、按数取物等数学方面的能力均有提高。婴幼儿能认识两位数，按序背诵20～40个甚至更多的数字，会点数并主动报出5以内的总数，但有时会出错。借助动作，婴幼儿能数更多的数。借助实物或图形，婴幼儿能目测出3以内的加减运算的结果，一个常见现象是婴幼儿取东西后会主动回答取了几个。

（4）艺术发展

在音乐方面，由于大运动能力的发展，这个阶段的婴幼儿能根据节奏快速地绕圈小跑，能感受比较复杂的律动，会踮脚原地转圈。婴幼儿在唱歌方面进步很大，已经会独立地唱几首甚至更多的儿歌。

在美术方面，这个阶段的婴幼儿会自己画人物的7～8个部位，在照护者的引导下能画一些有规律的线条或图案，会用蜡笔或油画棒涂色，且较少涂出界。

（二）1～2岁婴幼儿认知发展的目标

1～2岁婴幼儿认知发展的目标主要集中在语言发展、物体知识和符号性思维发展、空间和时间概念发展及记忆和回忆能力发展等方面。

1. 13～18个月婴幼儿认知发展的目标

（1）视觉对比的敏感度达到成人的水平。

（2）知道大部分物品的名称。

（3）能遵照口语指示拿玩具给照护者。

（4）遇到好笑的事，能会心而笑。

（5）必要时会找别人帮忙。

（6）外出散步时注意外界的人、事、物。

（7）言谈间能凭记忆提到非现场的东西或动作。

（8）能指认图片中的动物形象，可将动物声音和动物形象配对，如"汪汪"声配小狗。

（9）了解一般动作的意思，如"亲亲""抱抱"。

（10）至少能指出身体的3个部位。

（11）能用动作表达"要""不要""是""不是"。

（12）会主动拒绝执行别人的命令。

（13）看书时，拿书的方向大多是正确的。

2. 19～24个月婴幼儿认知发展的目标

（1）在照片中可指认熟识的人。

（2）能将东西分类（按颜色、形状等分类）。

（3）了解"丢球""亲亲娃娃"等词的意思。

（4）对简单问题能正确回答"是"或"不是"。

（5）能回答"这是什么"。

（6）能对弱势的人表示同情和安慰。

（7）能将积木按圆形、正方形、三角形归类。

（8）能将事物按颜色（红、黄、绿、蓝）归类。

（9）能帮忙做简单家务。

（10）了解人与物之间的关系，如"我的车车"。

（11）了解位置关系，如上下、内外。

（12）知道玩伴的名字。

（13）要大小便时会告知照护者。

（14）了解因果关系。

（15）能遵从连续的两个指示做事，如"先……再……"。

（16）知道在什么场合做什么事。

（17）会通过（玩具）电话与人交流。

课程案例 1～2岁婴幼儿认知发展的托育课程

1. 13～18个月婴幼儿认知发展的托育课程——吹吹吹

（1）课程目的

① 让婴幼儿模仿吹出大小不同的风。

② 增大婴幼儿的肺活量，锻炼婴幼儿的口腔肌肉力量。

（2）课程准备

一根纸条、一小段丝带。

（3）课程实施方法

① 教师演示对着一根纸条用不同的力度分别吹出无风、小风、大风和狂风4个等级的风。

② 教师引导婴幼儿模仿吹出无风、小风、大风和狂风4个等级的风。

③ 在婴幼儿能吹纸条的基础上，换成吹丝带。

④ 教师收起纸条和丝带，让婴幼儿直接对着自己吹。随着婴幼儿吹出的风越来越大，教师摇摆的幅度也越来越大，等吹到狂风的时候，教师可以表演出被狂风吹倒的状况，让婴幼儿更直观地感受到风的等级。

（4）课程要点

注意引导婴幼儿展示出4个等级的风的区别，区别越明显越好。

2. 19～24个月婴幼儿认知发展的托育课程——跟我做一做

（1）课程目的

发展婴幼儿的记忆再现能力。

（2）课程实施方法

① 教师每次连续做3个动作，比如手掌拍肩膀、食指指眼睛、吐舌头。教师做完后鼓励婴幼儿凭记忆模仿这些动作，从不要求婴幼儿按先后顺序模仿动作慢慢过渡到要求婴幼儿按先后顺序模仿动作。

② 教师先教婴幼儿模仿3种动物的动作，然后说出相应的3种动物的名称，让婴幼儿根据动物名称的顺序模仿3种动物的动作。

（3）课程要点

教师做动作时要慢，提醒婴幼儿注意看，以加深婴幼儿的有意记忆。婴幼儿在记忆再现方面存在个体差异，有的婴幼儿反应快，能模仿出两三个动作，有的婴幼儿由于缺乏记忆练习，只能模仿出两个动作，教师应通过指导慢慢增强婴幼儿的能力。

三、2～3岁婴幼儿认知发展的特点与目标

2～3岁婴幼儿的认知会经历许多重要的变化。照护者可以通过提供丰富多样的语言学习和沟通机会，鼓励婴幼儿参与角色扮演和想象游戏；提供观察和注意力训练活动以及解决问题的机会，以促进婴

幼儿社交认知和合作技能的发展。这些措施可以帮助婴幼儿在认知发展方面取得进步，并支持他们的综合发展。

（一）2～3岁婴幼儿认知发展的特点

1. 25～27个月婴幼儿认知发展的特点

（1）感知觉发展

这个阶段的婴幼儿的感知觉有了进一步发展。婴幼儿听力的灵敏性有所增强，其能听辨出大、中、小音量；婴幼儿的视觉排序能力也有提高，其基本上能把4～5个物品按粗细顺序排成横排，能认识更多的深浅色和一些复色，能说出物品的颜色搭配情况；婴幼儿的形状知觉也发展起来，其能够看着周围的实物或听着特征描述，从袋子里摸出相应形状的物品；婴幼儿的空间知觉也有发展，其能听着方位描述找到对应的目标。

（2）观察能力和记忆能力的发展

这个阶段的婴幼儿在观察的持续性、主动性和概括性等方面都有明显进步，能主动比较事物的相同和不同之处，能看出事物的大致特征并将事物非常粗略地勾画出来或用积木构建出来。25～27个月是婴幼儿记忆发展的飞跃期，25～27个月的婴幼儿具有较长时间的再认和再现记忆，具有比较准确的细节记忆，记忆速度和记忆容量都有较大的提升，如婴幼儿能认出6～10个月前曾见过的人物、物品，能复述较长的童话故事，等等。

（3）思维发展

这个阶段的婴幼儿非常好问，能够主动比较事物之间的异同，知道更多事物的特征和用途，并能根据事物的特征和用途来解决简单的问题。分类能力也有进一步发展，婴幼儿能进行二级分类、双重否定分类，能按自己的分类标准对事物进行分类。

这个阶段的婴幼儿对数的概括能力有所发展，其能进一步理解3以内的基数和序数的概念。婴幼儿的点数能力有进一步的发展，其能够手口一致地点数至5并报出总数，还可以脱离物体的表面，手指隔空进行点数，显示出点数能力的内化趋势。

（4）艺术发展

在音乐方面，经过之前的节奏训练，这个阶段的婴幼儿的节拍感有较大的增强，有时能完整地跟随音乐打强弱拍，也能在照护者的带领下玩节奏朗诵的游戏。婴幼儿还能随音乐做出更复杂的动作，喜欢自己随意编调哼唱，也喜欢把自己想象成小演员或小歌手在人前表演。

在美术方面，由于2岁左右想象力开始萌芽，这个阶段的婴幼儿会画出大量现实和想象混合的内容，并会讲明自己所画的内容。婴幼儿在涂色、玩印章、印手印、粘贴等方面也都有进步。2岁后，婴幼儿具备了初级的审美意识，会对简单的形式美发表意见。

2. 28～30个月婴幼儿认知发展的特点

（1）感知觉发展

这个阶段的婴幼儿的感知觉更加灵敏，其能比较准确地说出颜色的名称，包括一些复色的名称，能按深浅色排序，还能按大小顺序把5个球排成一排。婴幼儿的空间知觉呈现较快的发展趋势，其能还原均分成6～8块的圆，拼分成6块的拼图。

（2）观察能力和记忆能力的发展

这个阶段的婴幼儿对空间、颜色、形状等要素的观察更细致，还能进行一定的分析和推理，观察到更复杂、更隐蔽的目标。婴幼儿的记忆力仍平稳发展，短时记忆的准确性比以前有所提高。

（3）思维发展

这个阶段的婴幼儿在理解事物之间的关系时由注重表面向注重内在的方向发展，能发现一些排序规律，知道事物之间的关系，如职业与工具、昼夜与活动的对应关系等。婴幼儿具有更加灵活的思维，并有一定的发散思维和逆向思维能力，开始理解图谱和现实的对应关系，会看图谱做动作。

这个阶段的婴幼儿的数字认读能力发展得比较快，其能认读3位数、4位数，能数数至40或50，可以从任意数开始正数或倒数。婴幼儿使用对应法来比较多少的能力有较大发展，其能把在小集合中运用的比较方法迁移到大集合的比较中。

（4）艺术发展

在音乐方面，婴幼儿的身体灵活性增强，这大大促进了其对音乐的学习，这个阶段的婴幼儿能比较协调地同时做两个联合动作，也能够比较快速地转换组合动作。婴幼儿的音乐感受能力开始进入比较快的发展阶段，能听音乐画图谱，轮奏时知道什么时候该自己表演，什么时候该别人表演。婴幼儿的专注力也有增强，其能听一首稍长的歌曲，也能以比较标准的节奏唱歌。

在美术方面，这个阶段的婴幼儿的手部控制能力得到增强，其能对齐纸的边缘后折纸，用工具轻轻地按压印痕，不像以前那样用力。绘画内容也开始变得丰富起来，能画出太阳的放射光线，能用各种形状的图形代表不同的动物。绘画命名能力也有发展，由之前的先画再说画的是什么，发展到边画边说画的是什么，甚至会先说出要画什么再去画，这反映了这个阶段的婴幼儿的思维进一步发展成熟。

3. 31～33个月婴幼儿认知发展的特点

（1）感知觉发展

这个阶段的婴幼儿能分辨更加细致的量的变化，能从10个大小不等的圆形中挑出任意指定大小的一个圆形，能分辨有明度差别的几种同色系的颜色，能分辨几个不同轻重的物体，能依靠触觉对物体进行大小、粗细等的排序。婴幼儿在感知时间方面有进步，能认识整点时间，知道"时间快到了，需要抓紧时间"的含义。

（2）观察能力和记忆能力的发展

这个阶段的婴幼儿在观察的目的性、细致性、持续性、精确性、概括性、独立性、效率性、抗干扰性、灵敏性和主动性等方面都有提高。无论是机械记忆还是理解记忆都发展得比较快，婴幼儿能记忆大量的儿歌、古诗、汉字、词汇和一些常识，并能迁移运用。

（3）思维发展

这个阶段的婴幼儿的具象思维进一步发展，其能脱离眼前具体的形象，依据头脑中的想象进行猜谜、说出某类别的内容、听描述判断对错等。婴幼儿能考虑事物的3个方面进行三维分类，也能观察出事物的1～2个典型特征并用语言表述出来。

这个阶段的婴幼儿进入点数和取数的快速发展时期，手口一致地点数和按数取物的最大值都有增加，婴幼儿还会投骰子下棋，认整点时间。婴幼儿的唱数、排数、认多位数、记忆数字、比较数字大小等能力也有提升。婴幼儿开始进入书写数字的关键期，喜欢玩写数字的游戏，会徒手写出10个不规整的数字。

（4）艺术发展

这个阶段的婴幼儿的音乐感受能力进一步增强，其能听辨音乐的情绪，还能听出回旋曲式结构。律动表现水平也有提高，婴幼儿能和大人一起做更加复杂的有一定情节的律动游戏。这个阶段的婴幼儿在唱歌方面的进步比较大，其会唱的歌曲越来越多，喜欢改动歌词唱歌。

在美术方面，随着观察能力和绘画技能的进一步提升，这个阶段的婴幼儿能通过观察画出实物和实景的大致轮廓，其动作开始由粗放转向精细，其在照护者的引导下能粘贴比较细小的贴纸或捏塑较小的橡皮泥部件等。

4. 34～36个月婴幼儿认知发展的特点

（1）感知觉发展

这个阶段的婴幼儿的命名能力有较大提高，其说出颜色、形状、时间等的准确性均有提高。婴幼儿的感知觉更加细致敏感，其能在多个量之间进行视觉或触觉的排序，进行比较复杂的视觉追踪游戏，还能认半点钟、玩五巧板甚至七巧板。

（2）观察能力和记忆能力的发展

随着概括能力的形成，这个阶段的婴幼儿的观察从注重事物的表面向注重相对较深刻的方向发展，其能主动观察出事物的类别、排序规律、因果关系、整体与局部的关系等。由于空间知觉的发展，婴幼儿能够观察更加复杂的图形，记忆的速度、容量、准确性等都有显著提升，其记东西又快又牢，能复述较复杂的故事和口信，能回忆或再现更多的细节内容。

（3）思维发展

这个阶段的婴幼儿的抽象思维逐渐形成，其能进行一些简单的推理和概括，如理解一些较复杂的因果关系，说出几个事物的类别名称或者共同特征，看出事物排列的规律，等等。婴幼儿思维的自觉性和灵活性有所增强，其能说出自己为什么这么做，知道更多的反义词，能从别人的角度观察事物，等等。

这个阶段的婴幼儿的数学能力可用"5"和"10"来概括：婴幼儿基本能指认5个数字，复述5个数字，从任意数往上数5个；基本能理解5以内的基数概念，知道5以内数的组成，做5以内的加减法；基本懂得10以内的序数关系和数的大小关系，会点数10个物品并报总数（如果靠取放物品来数数，则能数更多），按数取物的值为10个左右，手写10个数字。

（4）艺术发展

在音乐方面，这个阶段的婴幼儿是一个"小音乐家"，在听辨、律动、创编和唱歌等方面都达到一定的水平：能和照护者一起做二声部、三声部的节奏朗诵，能更协调地用上下肢同时做两个联合动作，能跟上节奏快的音乐做动作，能创编1～2个简单的动作，能有表情地进行简单的唱歌表演，等等。

在美术方面，这个阶段的婴幼儿具有一定的涂鸦、涂色和粘贴水平，能画出更加丰富的线条，能识别具有明显轮廓特征的图画，如人物、汽车和树等。婴幼儿具有非常粗浅的审美感知能力，能评价一些事物是否美观并说出简单的理由。相比涂鸦、涂色和粘贴技能，婴幼儿的折纸、剪纸、撕纸和捏塑等技能的水平还比较低。

（二）2～3岁婴幼儿认知发展的目标

2～3岁婴幼儿认知发展的目标主要包括语言和沟通能力的发展、想象力和创造力的培养、观察力和注意力的提高、空间和时间概念的理解、问题解决能力和思维灵活性的发展及社交认知和合作技能的发展。

1. 25～30个月婴幼儿认知发展的目标

（1）知道自己的性别。

（2）护卫自己的东西。

（3）和其他同伴共处，进行互动游戏。

（4）知道"大""小"的意思。

（5）知道"现在"的意思。

（6）知道"明天"不是指现在。

（7）愿意保护更幼小的人。

（8）模仿别人的游戏方式。

（9）玩3个人以内的团体游戏。

（10）能区分物体的大小。

（11）能指认身体的6个部位。

（12）了解"2"的概念。

2. 31～36个月婴幼儿认知发展的目标

（1）能完成分成6块的拼图。

（2）会与同伴一起玩"过家家"游戏。

（3）能由1依序数到10。

（4）至少会使用两种颜色画图。

（5）知道"相同""不同"的意思。

（6）至少会用一组反义词。

（7）自己可设法避免危险。

（8）会找借口逃避责备。

（9）对一连串的指令能按顺序依次执行。

（10）记忆力更强，能说出过去的事，如"以前去动物园……"。

（11）能区分高、矮。

（12）能凭记忆画简单的图形。

（13）能区分一个及多个。

（14）可在一堆东西中挑出最大的。

（15）了解"早""晚"。

课程案例　2～3岁婴幼儿认知发展的托育课程

1. 25～30个月婴幼儿认知发展的托育课程——谁的尾巴

（1）课程目的

①让婴幼儿在帮小动物找尾巴的过程中，进一步感受动物尾巴的明显特征。

②在配对的过程中发展婴幼儿的观察、分析、比较能力。

（2）课程准备

一些常见动物的图片（动物的尾巴和头分离），如图4-2所示。

图4-2　动物的尾巴和头分离的图片

（3）课程实施方法

① 看一看，说一说

教师展示完整的动物图片，引导婴幼儿说出图片中都是什么动物，并引导婴幼儿模仿动物的叫声或动作。

教师引导婴幼儿观察这些动物的尾巴，说说它们尾巴的特征，例如，金鱼的尾巴薄薄的、老鼠的尾巴细细的，等等。

② 找一找，拼一拼

教师把所有动物的尾巴与头分离，引导婴幼儿帮各个动物找尾巴。

游戏中，当婴幼儿出错时，教师可以引导婴幼儿说一说、比一比，让婴幼儿通过分析比较，改正错误。

2. 31～36个月婴幼儿认知发展的托育课程——小动物坐火车

（1）课程目的

让婴幼儿认识方位——前和后。

（2）课程准备

玩具火车车头，小兔、小大熊猫、小狗、小鸭等手偶。

（3）课程实施方法

① 教师与婴幼儿玩火车游戏

教师出示一个玩具火车车头，请小兔、小狗、小大熊猫、小鸭上火车，然后问婴幼儿：
"谁坐在火车最前面？"（小兔）"谁坐在火车最后面？"（小鸭）"谁坐在小鸭前面？"
（小大熊猫）"谁坐在小大熊猫前面？"（小狗），如图4-3所示。

图4-3　小动物坐火车

火车到站了，请小动物们下车。游戏反复进行，婴幼儿就能不断强化对前后方位的认知。

② 教婴幼儿听指令站立

当教师说"请你站在我前面"时，婴幼儿能移动到教师前面；当教师说"请你站在我后面"时，婴幼儿能移动到教师后面。

③ 玩具摆放

教师准备婴幼儿平时喜欢玩的玩具，让婴幼儿按指令摆玩具，加深婴幼儿对前后方位的理解。

课后练习题

1. 简述婴幼儿认知发展理论。
2. 根据婴幼儿认知发展理论，编写促进婴幼儿认知发展的托育课程。
3. 结合婴幼儿认知发展的基本方式，编写促进婴幼儿认知发展的托育课程。
4. 简述婴幼儿认知发展的总体特点。
5. 简述影响婴幼儿认知发展的因素。
6. 结合促进婴幼儿认知发展的基本策略，编写促进婴幼儿认知发展的托育课程。

第五章
婴幼儿语言发展

本章学习目标

1. 了解语言与婴幼儿语言教育。
2. 了解婴幼儿语言发展的理论。
3. 掌握婴幼儿语言发展的意义。
4. 掌握婴幼儿语言发展的三大基石。
5. 掌握婴幼儿语言发展的阶段性。
6. 掌握婴幼儿语言发展的基础。
7. 掌握婴幼儿语言发展的总体特点。
8. 掌握婴幼儿语言发展的规律。
9. 学会运用婴幼儿语言发展的促进策略。
10. 掌握各阶段婴幼儿语言发展的特点与目标。
11. 学会运用促进婴幼儿语言发展的托育课程。

第一节 婴幼儿语言发展概述

每个婴幼儿的语言发展进程都是独特的，个体之间可能存在差异。语言发展不仅仅涉及口头表达能力的发展，还包括语言理解能力、非语言交流能力和语言的社会功能等的发展。

一、语言与婴幼儿语言教育

语言是人类传达信息的符号系统，它既是个体交际的工具，也是发展认知能力的工具。在早期教育中，语言是婴幼儿重要的学习内容。为了能和他人进行有效沟通，婴幼儿必须习得语言的5个要素：语音（语言声音的系统知识）、词法（语音构成单词的规则）、语义（对词素或单词以及句子意思的理解）、句法（组合单词以制造句子的规则）、语用（在不同的社交情境中使用语言的规则）。

在正确理解婴幼儿语言发展规律的基础上，将婴幼儿语言教育渗透到日常生活的方方面面，是照护者的主要任务之一。婴幼儿语言教育有狭义和广义之分。狭义的婴幼儿语言教育指的是以婴幼儿掌握母语的过程，特别是婴幼儿早期接受的关于母语的听说训练，旨在增强婴幼儿的母语听说能力。广义的婴幼儿语言教育指的是以婴幼儿的所有语言学习现象、规律以及训练与教育为主要研究对象，旨在增强婴幼儿的听、说、读、写能力。因此，婴幼儿语言教育的基本内容主要是培养婴幼儿倾听与理解的能力、口头表达与交流的能力和文学欣赏与早期阅读的能力，重点是培养婴幼儿的倾听能力和口语表达能力，使婴幼儿基本掌握口头语言，基本上能运用语言与人交流。

二、婴幼儿语言发展的理论

婴幼儿语言发展的理论主要有以下几个。

1. 行为主义理论

行为主义理论强调语言习得主要通过模仿和奖惩机制来实现。

根据行为主义理论，婴幼儿从周围环境中接收到的语言刺激和模仿成人的语言行为是语言习得的关键因素。他们通过模仿父母、兄弟姐妹和其他照护者的语音和动作来学习语言。例如，当婴幼儿模仿父母发出特定音节或说出特定词汇时，他们可能会得到照护者的正面反馈和奖励，这会增强他们继续学习语言的动机。

行为主义理论认为，语言的习得是一种被塑造和强化的行为。婴幼儿通过试错和反馈来逐渐调整他们的语言行为，从而掌握正确的发音、词汇和语法。他们会根据环境中的语言输入和奖惩机制来选择和使用语言。

然而，行为主义理论并没有完全解释语言习得的全部过程。它忽略了婴幼儿的创造性和主动性，以及他们在语言习得过程中的内在能力。其他理论如社会交互理论和内在主义理论更加强调婴幼儿的社会互动能力和内在能力。

需要注意的是，现代语言学研究已经认识到语言习得是一个综合性的过程，受多种因素的影响，包括生理、认知、社会和环境等。各种理论提供了不同的研究视角，能帮助成人理解和解释婴幼儿语言发展的方方面面。

2. 社会交互理论

社会交互理论强调了婴幼儿与他人的社会互动对语言习得的重要性。

根据社会交互理论，婴幼儿通过与成人的互动来学习语言。这种互动包括共享注意力、回应语言刺激和参与对话。婴幼儿在互动中通过观察和模仿成人的语音和动作，逐渐理解和使用语言。他们从互动中获得了关于语言的实际经验，并逐步掌握了语言的规则和结构。

社会交互理论强调了以下几个关键概念。

（1）共享注意力

婴幼儿在与成人互动时，会通过注视、指示或共同关注的对象来与成人共享注意力。这种共享注意力的经验有助于婴幼儿将语言与相关的对象和情境联系起来，促进其语言的习得。

（2）交互式对话

成人与婴幼儿之间的交互式对话是婴幼儿语言习得的重要途径。在对话中，成人会使用婴幼儿能理解的简化语言，并在婴幼儿运用语言时尝试给予他积极的反馈和回应。这种对话促进了婴幼儿的语言发展和沟通能力发展。

（3）扮演语言模型的角色

成人在与婴幼儿的互动中常常扮演语言模型的角色。他们为婴幼儿提供语言输入和正确的语言用法，并通过给予积极的反馈和鼓励来促进婴幼儿语言的习得。

社会交互理论强调了婴幼儿在社会互动中学习语言的过程，并强调了成人在婴幼儿语言习得过程中扮演的重要角色。它认为语言习得是一种社会化的过程，婴幼儿通过与成人的互动和交流来逐渐掌握语言的运用技能和规则。

3. 内在主义理论

内在主义理论强调婴幼儿天生具备语言能力和语言习得的内在机制。

根据内在主义理论，婴幼儿在出生时就掌握了语言的结构和规则。他们天生能够感知语音、词汇和语法，并通过暴露于语言环境中来自然而然地习得语言。内在主义理论认为，婴幼儿的语言习得能力是其固有的能力，与其他认知能力相互作用。

以下是内在主义理论的一些关键概念。

（1）语言习得设备

内在主义理论提出了语言习得设备的概念，即婴幼儿天生具备的一种认知机制。这个设备使得婴幼儿能够自动地分析和理解语言输入，掌握语言的规则和结构。

（2）通用语法

内在主义理论认为，婴幼儿天生掌握一种通用的语法结构，即普遍存在于不同语言中的基本语法原则。这些原则对于婴幼儿的语言习得起着重要的指导作用，帮助婴幼儿从语言输入中识别并学习语法规则。

（3）批判期

内在主义理论认为，婴幼儿在某个特定的发育阶段具备最强的语言习得能力。这个发育阶段被称为批判期，如果在批判期之后婴幼儿没有获得足够的语言输入，其语言习得能力将显著下降。

4. 认知发展理论

认知发展理论关注婴幼儿的认知能力和语言发展的相互关系。

根据认知发展理论，婴幼儿的语言发展与他们的认知发展密切相关。他们通过感知、思考和组织信息，逐渐理解和使用语言。

以下是认知发展理论的一些关键概念。

（1）意象与符号

婴幼儿在语言发展初期倾向于使用意象（图像）来表达概念。随着认知的发展，他们逐渐转向使用符号（语言）来表达和沟通。语言成为他们内在思维呈现和外部表达的工具。

（2）感知—动作循环

婴幼儿通过感知—动作循环来建立对世界的认知。他们通过观察、操作和与环境互动来掌握语言及其意义。这种循环促进了他们对语言的理解和运用。

（3）认知结构和概念发展

婴幼儿的认知结构和概念发展对其语言习得起着重要的作用。随着认知的发展，他们能够形成更复杂的思维结构和掌握更复杂的概念，从而提升语言能力。

（4）内部化和私语

认知发展理论认为，婴幼儿在语言发展过程中经历了内部化的阶段。在这个阶段，他们通过私语（自言自语）来思考和组织语言，这对于他们的语言习得和思维发展起着重要的作用。

认知发展理论强调了婴幼儿认知发展对语言发展的影响，并将语言习得视为婴幼儿认知发展的一部分。

以上这些理论并非相互排斥，而是从不同的角度解释婴幼儿的语言发展。实际上，婴幼儿语言发展是一个复杂的过程，受到多种因素的影响，包括生物学因素、环境因素和社会因素。这些理论提供了不同的视角，能帮助成人理解和研究婴幼儿的语言习得过程。

知识链接

看电视会妨碍婴幼儿的认知与语言发展吗？

婴幼儿的认知与语言发展主要依赖于他们与周围环境的互动和经验积累。虽然看电视可以使婴幼儿获得一些视觉和听觉刺激，但过多地看电视可能会对婴幼儿的认知与语言发展产生一定的负面影响。研究表明，婴幼儿在出生后两年内的生活中，主要通过亲密的人际互动来学习语言和发展认知。他们通过与父母、兄弟姐妹和其他照护者的互动，探索环境，听真实的语音来学习词汇、语法和语言规则。与观看电视相比，这种实际的互动更能激发婴幼儿学习语言的兴趣，帮助他们建立语言能力。

过多地看电视可能导致以下问题。

1. 亲密互动减少

看电视往往是单向的，婴幼儿无法与电视中的人物进行真实的互动。这可能导致他们减少在现实世界中的人际互动，错失与他人交流的机会。

2. 语言发展延迟

电视节目通常节奏较快，使用简化的语言结构和词汇。婴幼儿如果长时间接触这种语言，可能会影响自身逐渐学习复杂语言规则的能力，导致语言发展延迟。

3. 注意力分散

电视节目中的闪烁图像和音效虽然可能引起婴幼儿的兴趣，但也容易使他们的注意力分散。这可能导致他们无法集中注意力学习其他重要的技能和概念。

并不是说看电视一定对婴幼儿的认知与语言发展有害。适度看高质量的儿童节目也是有好处的，如获得丰富的视觉刺激、了解有趣的故事等。然而，照护者需要控制观看时间，并确保将观看电视与亲密互动和其他多样化的教育方式相结合，以促进婴幼儿的综合发展。

三、婴幼儿语言发展的意义

婴幼儿语言发展能促进婴幼儿整体素质的提高，对他们的全面发展和社交能力的建立起着关键作用，并能为他们的人生发展奠定坚实基础。

1. 发展沟通能力

语言是人类最主要的交流工具之一，通过语言，婴幼儿可以表达自己的需求、感受和想法，能够与家人、其他照护者和其他婴幼儿进行有效的沟通，从而获得关注、理解和支持。

2. 发展认知

语言发展与认知发展密切相关。通过学习和使用语言，婴幼儿能够扩展自己的思维，理解和表达更复杂的概念，发展注意力、记忆力和问题解决能力。语言能力的提升有助于促进婴幼儿的思维发展和学习能力的提升。

3. 发展社交能力

语言是社交的基础，通过运用语言，婴幼儿能够参与社交活动、建立人际关系，并融入社会。通过表达和理解语言，他们能够分享经验、理解他人的意图和情感，并与他人建立情感联系。

4. 为阅读和写作做准备

通过学习和使用语言，婴幼儿能够掌握语音、词汇和语法知识，为后续阅读和写作能力的培养打下坚实的基础。

5. 建立自我意识

语言能力的提升使婴幼儿能够更好地认识自己和他人，表达自己的想法和情感。通过运用语言，他们能够建立自我意识，增强自信心和自尊心。

延伸思考

语言对于人类的
重要性

第二节 婴幼儿语言发展的三大基石

婴幼儿语言发展的三大基石分别是语音、语法、语义和语用。

一、语音

语音是指语言使用中最基本的声音单位或因素，以及将音素组合起来的规则。语音在婴幼儿语言发展中涉及以下3个关键方面。

1. 语音感知

语音感知能力是婴幼儿语言发展中的重要能力，它指的是婴幼儿通过听觉系统感知和辨别语音的过程。婴幼儿在出生后的早期阶段开始感知语音。他们能够辨别和区分不同的语音单位，如音节。婴幼儿通过听觉来感知语音输入，以区分不同的语音特征，如音高、音量和音调。这种语音感知能力为他们后续的语音产生和语言习得奠定了基础。

（1）音素辨别

婴幼儿在早期阶段就能够辨别不同的语音单位，如音素。音素是构成语言的最小语音单位，例如"b"和"p"。婴幼儿能够辨别和区分不同的音素，即使他们还不理解它们的意义。

（2）音高、音量和音调

婴幼儿能够区分语音输入的音高（高低音）、音量（强弱音）和音调（声调变化）。

（3）学习母语

婴幼儿在早期就会对母语特别敏感。他们开始倾向于注意和辨别母语的语音差异，同时逐渐忽略非母语的语音差异。这是婴幼儿在语言环境中逐渐适应和习得母语的表现。

（4）学习声学特征

婴幼儿在语音感知的过程中会对声学特征进行学习和识别。声学特征包括声音的频率、时长、谐波结构等。通过感知这些声学特征，婴幼儿能够辨别和区分不同的语音。

语音感知能力对婴幼儿语言发展至关重要，有利于婴幼儿建立语言习得的基础。通过感知语音输入中的差异和特征，婴幼儿逐渐能够辨别和理解语音，并将其与特定的词汇和意义联系起来。

2. 语音产生

语音产生是婴幼儿语言发展中的重要过程，语音产生能力指的是婴幼儿通过嘴部和声带的运动来产生语音的能力。婴幼儿通过模仿和练习逐渐学会产生语音。他们从发出哭声、呼呀声等初期声音逐渐发展到能够模仿成人发出语音。语音产生包括婴幼儿尝试发出不同的音节、音素和音调，并不断调整嘴部和声带的运动，修正发音错误，以产生正确的语音的过程。

（1）发出初期声音

在早期，婴幼儿会发出一系列的初期声音，如哭声、呼呀声和吸气声等。发出这些初期声音是婴幼儿开始探索声音的表现，他们通过嘴部和声带的运动来发出这些初期声音。

（2）语音模仿

随着身体的发育，婴幼儿开始尝试通过模仿来发出语音。他们会试图重复成人或其他婴幼儿的语音，并通过反复练习来改进自己的语音产生能力。这是婴幼儿学习和掌握正确发音的重要过程。

（3）嘴部和声带运动

语音产生涉及婴幼儿嘴部和声带的协调运动。通过调整嘴部和声带的运动，婴幼儿可以发出特定的语音单位，如音节和音素。

（4）修正发音错误

婴幼儿在语音产生过程中可能会出现发音错误，这是正常的，婴幼儿需要通过不断尝试和修正来提高发音准确性。成人的反馈也对婴幼儿的发音修正起着重要的作用。

在语音产生的过程中，婴幼儿逐渐发出准确的语音，从最初的发出初期声音发展到模仿和发出更复杂的语音。这为他们后续的语言习得和沟通能力的发展打下基础。

3. 语音区分和识别

语音区分和识别能力是婴幼儿语言发展中的重要能力，它指的是婴幼儿区分和识别不同的语音的能力。婴幼儿逐渐学会区分和识别不同的语音，辨别母语中的语音差异，包括不同的音素和音节。随着语言的发展，婴幼儿开始注意和理解语音的意义，并将其与特定的词汇和概念联系起来。

（1）音素区分

婴幼儿在语言发展早期就能够区分和识别不同的音素。他们能够辨别母语中的不同音素，并逐渐区分和识别出其他语言中的不同音素。例如，婴幼儿能够区分"b"和"p"等不同的音素。

（2）音节区分

随着语言的发展，婴幼儿开始能够区分和识别不同的音节。音节是由一个或多个音素组成的语音单位。婴幼儿能够辨别语言输入中的不同音节，并逐渐学会将它们与特定的词汇和意义联系起来。

（3）对语音差异的敏感性

婴幼儿在语言发展的早期对语音差异特别敏感。他们能够注意到母语中的细微语音差异，并逐渐学会将这些差异与特定的词汇和概念联系起来。例如，他们能够区分不同的发音对于词义的影响，如区分"ba"和"ma"之间的音素和词义差异。

（4）音韵意识的发展

随着语言的发展，婴幼儿开始培养音韵意识，即对语音结构和组织的敏感性。他们能够意识到音节、音素和音韵模式的存在，并开始在语言中寻找和识别这些模式。

借助语音区分和识别能力，婴幼儿能够逐渐理解和识别语言输入中的不同语音单位，从而建立起对语音的敏感性。这为他们后续的词汇和句法学习奠定了基础，并支持了他们的听力和沟通能力的发展。

二、语法

语法涉及语言的结构和组织规则，包括句子结构、词汇组合以及语法关系。

1. 句子结构

句子结构是指在语言中，句子由不同成分（如主语、谓语、宾语、定语等）按照一定的语法规则和顺序组成的方式。句子结构决定了句子的语法正确性和意义表达。婴幼儿在语言发展早期开始注意和习得句子的基本结构，并逐渐理解和使用简单的句子。初期构建的句子可能是短小的、非完整的，但随着语言的发展，婴幼儿能够构建更复杂和完整的句子。

以下是一些常见的句子结构。

（1）简单句

简单句由一个主语和一个谓语组成，如"宝宝睡觉"。简单句常用于表达一个完整的观点或陈述一个事实。

（2）并列句

并列句由两个或多个简单句通过并列连词（如"和""或者""而"等）连接而成，如："爸爸喜欢读书，而妈妈喜欢打球。"并列句常用于表达两个或多个相互独立的观点。

（3）复合句

复合句由一个主句和一个或多个从句组成，如"她说她会来参加聚会"。从句可以是名词性从句、形容词性从句或副词性从句。复合句常用于表达更复杂的观点，包含主句和与之相关的附属信息。

（4）疑问句

疑问句用于提问，通常以疑问词开头，如"为什么要去公园？"。疑问句常用于获取信息或询问对方的观点。

（5）倒装句

倒装句的主谓语序颠倒，如"放心吧，爸爸妈妈"。倒装句常常用于强调句子中的某个成分。

上述内容只是一些基本的句子结构，实际上句子可以更加复杂和多样。通过学习句子结构，婴幼儿能够理解和使用不同类型的句子，从而构建更准确、内容丰富和具有表达力的语言。

2. 词汇组合

词汇组合是指将不同的词汇按照一定的规则和语法组合在一起形成有意义的短语、句子或篇章。词汇组合是语言表达的基本方式，使我们能够表达思想、描述事物。婴幼儿逐渐学会使用不同的词汇，将它们放置在正确的位置，以构建有意义的句子。婴幼儿也将学习如何使用词汇的屈折形式、时态、格位等语法要素，以使句子具有正确的语法结构。

（1）名词短语

名词短语由一个或多个名词及其修饰语组成，用于描述人、物、地点或概念，如"一辆红色的汽车""美丽的落日"。名词短语可以用来指代具体的事物或抽象的概念。

（2）动词短语

动词短语由一个动词及其修饰语或补语组成，用于描述动作、状态或事件，如"快速奔跑""学习英语"。动词短语可以表达动作的方式、时间、频率等。

（3）形容词短语

形容词短语由一个形容词及其修饰语组成，用于描述人或事物的特征、品质或状态，如"一座高大的""一顿美味的"。形容词短语可以为名词提供更多的描述性信息。

（4）副词短语

副词短语由一个副词及其修饰语组成，用于修饰动词、形容词或其他副词，表示时间、地点、方式、程度等，如"非常缓慢地""相当频繁地"。副词短语可以提供更多关于动作、状态或程度的信息。

（5）介词短语

介词短语由一个介词及其宾语组成，用于表示位置、方向、时间、关系等，如"在公园里""在九点钟方向"。介词短语可以描述事物的位置、时间或事物与其他事物之间的关系。

通过学习和掌握词汇组合的规则和用法，婴幼儿能够构建准确、流畅和具有表达力的语言。词汇组合使他们能够更好地描述和表达自己的思想，与他人进行有效的交流。

3. 语法关系

语法关系指的是词语在句子中的语法连接和关联，决定了词语在句子中的角色和功能。婴幼儿在语言发展的过程中会逐渐使用不同的词语、词序和语法结构来表达不同的语法关系，如主动与被动关系、单数与复数关系等，从而构建更复杂的句子。

（1）主谓关系

主谓关系指主语和谓语之间的关系。主语是在句子中执行动作或承受动作的人、物或概念，而谓语表示动作或状态。例如，在句子"她唱得很美"中，"她"是主语，"唱"是谓语。

（2）主语补足语关系

主语补足语关系是指用于补充描述或限定主语的词语或短语与主语的关系。补足语通常用来描述主语的特征、状态或身份。例如，在句子"他是一名教师"中，"一名教师"是补足语，进一步说明主语"他"的身份。

（3）动宾关系

动宾关系指动词和直接宾语之间的关系。动词表示动作或行为，而直接宾语是动作的承受者或受益者。例如，在句子"她买了一本书"中，"买"是动词，"一本书"是直接宾语。

（4）主谓宾关系

主谓宾关系指主语、谓语和宾语之间的关系。主语执行动作，谓语表示动作，而宾语是动作的承受者或受益者。例如，在句子"他们吃苹果"中，"他们"是主语，"吃"是谓语，"苹果"是宾语。

（5）定语关系

定语关系指用来修饰名词或代词的词语或短语与名词或代词的关系。定语提供额外的描述性信息，帮助我们更好地理解名词或代词的特征或特性。例如，在句子"那辆蓝色的汽车是我的"中，"蓝色的"是定语，修饰名词"汽车"。

理解和运用这些语法关系能够帮助婴幼儿构建正确的句子结构，清晰表达语言意义。通过学习和掌握语法关系，他们能够更好地理解和使用语言，进行有效的交流和表达。

通过学习句子结构、词汇组合和语法关系，婴幼儿能够构建更具表达力和更准确的语言，从而实现更有效的沟通。

三、语义和语用

语义和语用是语言学中两个重要的概念，它们涉及语言的不同层面和功能。

语义是指词语、短语或句子的字面意义，关注的是语言单位与其所表示的概念或事物之间的关系。语义研究语言单位的意义、词汇的定义、句子的真值条件等。例如，在句子"猫在垫子上"中，每个词和整个句子都有确定的语义。婴幼儿要能够听懂别人所说的话，就必须掌握单个词语的意思，以及将这些词语组合起来构成的句子的意思。理解语义是婴幼儿说出完整准确的句子的基础。

语用是指语言在特定语境中的使用和交际功能，关注的是语言用于实际交流的目的、意图和效果。语用研究说话人的意图、听话人的理解、语言行为的目的和隐含意义、语境的影响等。例如，句子"你能递给我杯子吗？"从字面意义上看是一个请求，从语用意义上看是一个委婉的请求。婴幼儿语言学习成熟的标志是能够利用语言自由表达自己的观点，进行有效的社会交往。随着语言运用能力的发展，婴幼儿开始熟练地运用语言进行沟通。

语义是语用的基础，语用意义建立在字面意义的基础之上。理解语义和语用的概念有助于照护者引导婴幼儿有效地运用语言进行交流和沟通。

延伸思考

托育教师学习
婴幼儿学习语言
所必需的 3 种
基本知识（语音、
语法、语义和语用）
的意义和实用性

第三节 婴幼儿语言发展的阶段性

婴幼儿语言发展是动态的、有次序的、有规律的过程，也是由量变到质变的过程。

一、语言发展的准备期

0～1岁是婴幼儿语言发展的准备期，又称前语言期。

1. 单音节阶段（0～3个月）

这个阶段是婴幼儿语言发展的早期阶段，婴幼儿主要通过感知和互动来建立对语言的基础认知。照护者需要为婴幼儿提供丰富的语言刺激，与他们进行情感上的互动，并倾听和回应他们。这有助于建立安全的语言环境，为婴幼儿的语言发展奠定基础。

（1）听觉注意力

婴幼儿通过听觉来感知周围的声音和语言刺激，对声音的注意力逐渐增强。

（2）音素感知

婴幼儿开始能够区分语言中的一些基本音素，如元音和辅音，并对含有这些音素的声音产生兴趣。

（3）互动

婴幼儿通过面部表情、眼神接触和身体接触等方式与照护者进行互动，这为婴幼儿日后的语言交流奠定基础。

（4）语音回应

婴幼儿开始通过发出哭声、笑声和其他声音来表达自己的需求和情绪。

（5）语言联系

尽管婴幼儿还无法真正模仿语言行为，但他们会通过听觉刺激和观察照护者的口型和肢体语言来建立语言联系。

2. 多音节阶段（4～8个月）

4个月以后，婴幼儿进入咿呀学语阶段，从这个时候到1岁，婴幼儿常对着玩具或者镜子中的自己发音，表现出交往意愿。这个阶段婴幼儿发音量大增，发音内容以辅音和元音相结合的音节为主，并且有从单音节发音过渡到重叠多音节发音的过程，如"ou-ma""ba-wa"等，而且发音多是对社会性刺激的反应；婴幼儿开始建立对语言的兴趣，并通过与他人的交互来逐渐发展语音感知、音节模仿和社交等能力。

（1）语音感知

婴幼儿开始能够感知和区分语言中的不同声音，如区分语音的音高、音调等。

（2）尝试说出音节

在这个阶段，婴幼儿通过尝试说出一些简单的音节来探索发音的可能性。

（3）互动

婴幼儿通过眼神接触、面部表情、手势和声音来与他人进行交流和沟通。

（4）增强记忆力

婴幼儿开始通过重复听到和经历的语言刺激来增强记忆力，并建立语言与特定情境的关联。

（5）听觉注意力

婴幼儿开始展示对语言的兴趣，能够关注和倾听语言，并通过视觉和听觉刺激来识别和理解语言。

为了支持婴幼儿的语言发展，照护者应与他们进行有意义的互动和交流，使用重复、模仿和肢体语言等方式来促进他们对语言的探索和理解。同时，照护者应提供丰富的语言刺激和鼓励婴幼儿积极进入语言环境。

3. 萌芽阶段（9～12个月）

萌芽阶段（9～12个月）是婴幼儿语言发展的准备期中的重要阶段。在这个阶段，婴幼儿通过各种方式为将来的语言发展做准备。

（1）注意语音和其他声音

在萌芽阶段，婴幼儿有意注意到周围的语音和其他声音。他们会转向声源方向，对环境中的语音刺激表现出兴奋或关注。

（2）增强音节感知能力

婴幼儿对不同音节的感知能力增强。他们会通过说出一些简单的音节组合来尝试与他人进行交流。

（3）探索语音和发音

在这个阶段，婴幼儿开始尝试使用他们的发音器官来产生各种不同的声音，如他们会发出咿呀声、咯咯声、爆破音等，从而探索语音和发音。

（4）理解简单指令

在萌芽阶段，婴幼儿开始理解一些简单的指令和词语的含义。他们能够通过视觉和语言的指示来执行简单的动作，如挥手、拍手等。

（5）增强交流意愿

在这个阶段，婴幼儿表现出更强的交流意愿。他们会使用各种声音、手势和面部表情来吸引他人的注意，并试图与他人进行互动和交流。

在萌芽阶段，婴幼儿对语言的兴趣和探索为他们未来的语言发展奠定了基础。在这个阶段，照护者应提供丰富的语言刺激，与婴幼儿进行互动，回应他们的声音和行为，并鼓励他们进行语言探索和尝试。这将有助于婴幼儿进一步发展语音感知能力、理解语言意义和掌握交流技巧，为他们未来的语言表达和理解能力的发展打下坚实的基础。

二、语言发生发展阶段

进行了近一年的语言准备，婴幼儿开始进入学习口语的黄金时期（1～3岁），这又称语言发生发展阶段，可进一步细分为4个阶段。

1. 单词句阶段（13～18个月）

在这个阶段，婴幼儿开始使用单个词语来表达意思，并逐渐能使用简单句。

（1）词语使用量增多

婴幼儿开始学会使用更多的词语来命名物体、人物、动作。他们会尝试模仿照护者的发音，并逐渐扩展他们的词汇量。

（2）词语多样化

婴幼儿开始使用不同类型的词语，包括名词、动词和形容词等。他们会尝试用词语来描述事物特征、动作过程和情感状态等。

（3）语音发展

婴幼儿能够发出更清晰和准确的语音，但可能存在一些发音错误。

（4）语言理解能力增强

婴幼儿能够通过肢体语言、面部表情等来理解更复杂的语言。

（5）运用简单句

婴幼儿开始运用简单句来表达他们的需求等，如"妈妈来""宝宝喝水"。

（6）使用简单的句子结构和扩展句子

婴幼儿开始尝试使用简单的句子结构，并逐渐扩展句子，使句子更复杂。

2. 双词句阶段（19～24个月）

在这个阶段，婴幼儿开始能够组合两个词语，形成简单的双词句。

（1）词汇量增加

婴幼儿的词汇量继续增加，除了名词和动词，他们还开始使用形容词、副词和代词等。

（2）句子结构复杂化

婴幼儿的句子结构逐渐复杂化，他们开始应用更多的语法关系，如主谓关系、主语补足语关系等。

（3）回答简单的问题

婴幼儿能够回答简单的问题，例如回答"谁在做什么？"或"在哪里？"，他们开始参与更有意义的对话。

（4）运用双词句

婴幼儿能够用双词句来表达他们的意愿、需求和感受。

（5）犯语法错误

在这个阶段，婴幼儿可能会犯一些语法错误，例如错用时态、名词和动词等。这是正常的现象，照护者不必过分担心。

3. 初步掌握口语阶段（25～30个月）

在这个阶段，婴幼儿开始能够使用更复杂的句子结构和更多的词语来表达自己的想法和需求。

（1）句子长度增加

婴幼儿能够用更长的句子来传达更复杂的信息。

（2）掌握更多语法规则和句子结构

婴幼儿开始掌握更多的语法规则和句子结构，例如使用动词的不同时态等。

（3）描述和解释能力增强

婴幼儿能够用语言描述和解释事物的特征、位置和关系，以及回答更复杂的问题。

（4）对故事和角色扮演的兴趣增强

婴幼儿对故事和角色扮演的兴趣增强。他们能够用语言讲述简单的故事，并通过角色扮演展现自己的想象力和创造力。

（5）语言理解能力增强

婴幼儿能够理解更复杂的语言，包括故事情节等。

（6）语音发展进一步完善

婴幼儿的语音发展进一步完善，其能够更准确地发出语音并模仿照护者说出更复杂的词语和句子。

4. 语言规则初步发展阶段（31～36个月）

在这个阶段，婴幼儿语言表达更加准确和复杂。

（1）句子结构的准确性和复杂性增强

婴幼儿开始更准确地使用语法规则，包括主谓一致、时态和代词的正确使用等，也能够构建更复杂的句子。

（2）语言的灵活运用

婴幼儿能够根据语言环境和需求进行语言的灵活运用，如使用不同的句子结构和表达方式。

（3）句子更连贯

婴幼儿说出的句子逐渐变得连贯，他们能够使用连词和词组来构建句子，使语言表达更加流畅。

（4）对故事和角色扮演的兴趣进一步增强

婴幼儿对故事和角色扮演的兴趣进一步增强，能够使用语言讲述更复杂的故事和进行更具角色性质的对话。

知识链接

家里有人会讲英文，什么时候开始教婴幼儿说英文比较好？

如果家里有人会讲两种语言，不用担心婴幼儿会被两种语言扰乱。国外有研究发现，如果婴幼儿从很小就开始接触两种（甚至更多种）语言，特别是经常听到某两种语言，他们可以同时学会两种语言。很早就学习第二种语言的婴幼儿，其母语和第二种语言的学习中心几乎位于大脑的同一个位置，婴幼儿如果能用学母语的机制去学第二种语言，就会使第二种语言的学习变得更加容易。学习母语和第二种语言的时间越相近，大脑中处理这两种语言的区域就越靠近，甚至部分重叠。越早让婴幼儿接触双语，婴幼儿内在的语言习得机制就会越早地接受两种不同语言的刺激。婴幼儿学习第二种语言的经历会根深蒂固地保存在大脑语言中枢的某个角落，婴幼儿长大以后一旦再次接触此种语言，记忆就会被唤醒，婴幼儿在学习时就会有事半功倍的效果。

家长应该鼓励婴幼儿讲双语，这将使婴幼儿受益一生。通常来说，婴幼儿同时接触两种语言的年龄越小，他就会学得越熟练；如果婴幼儿在学龄前完全学会并掌握母语后才开始接触第二种语言，学起来就会困难一些。

第四节 婴幼儿语言发展的基础

本书讨论的婴幼儿语言发展的基础主要包括生理基础和社会基础。

一、婴幼儿语言发展的生理基础

婴幼儿语言发展的生理基础涉及大脑发育、听觉系统和口语系统等方面。

1. 大脑发育

婴幼儿语言发展与大脑发育息息相关。认知神经科学的研究可以解释婴幼儿语言学习的大脑机制。

（1）大脑中与语言学习相关的区域

在人类大脑中，有一个被称为布罗卡区的区域，它位于大脑左侧额叶前部。这个区域在语言产生和语法处理中起重要的作用。还有一个被称为温克尔斯区的区域，它位于大脑左侧颞叶后部，主要负责语言理解。这两个区域的协同工作是婴幼儿语言学习的基础。

在语言学习的过程中，婴幼儿首先需要接收到外界的语言刺激。当听到一段语言时，声音首先通过耳蜗传入听觉皮层。在听觉皮层中，声音被分解成不同的音素，然后传送到布罗卡区和温克尔斯区进行进一步的处理。

在布罗卡区，语言学习的神经机制主要涉及语音的产生和语法的处理。当婴幼儿试图说出一段话时，布罗卡区负责将婴幼儿的意图转化为语音信号，并控制相关肌肉的运动。同时，布罗卡区还参与了语法处理，能帮助婴幼儿理解句子的结构和语法规则。

与此同时，温克尔斯区负责语言理解。当婴幼儿听到一段语言时，温克尔斯区会将声音转化为意义，并将其与婴幼儿记忆中的知识进行匹配。这个过程需要温克尔斯区与其他大脑区域进行广泛的信息交流，以便将语言刺激转化为有意义的信息。

除了布罗卡区和温克尔斯区，还有其他与语言学习相关的大脑区域。例如，海马体在语言学习中起着重要的作用。海马体是大脑中负责记忆的区域之一，它帮助婴幼儿将学习到的语言、知识存储在长期记忆中，并在需要时进行检索。另外，大脑中的杏仁核和扣带回等区域也参与了情感和语言的关联，它们帮助婴幼儿将语言与情感和记忆联系在一起。

（2）大脑中的神经可塑性

大脑中的神经可塑性也是语言学习的重要机制之一。婴幼儿的大脑在语言发展过程中形成神经连接，这些连接会因语言输入和经验的影响而加强。这种现象被称为神经可塑性，它是大脑在学习和适应过程中的重要特征。

婴幼儿在日常生活中通过听、说、观察和互动不断接收语言输入。这些输入帮助大脑建立语音辨识能力，词汇记忆和理解能力，以及对语法规则的掌握。当婴幼儿重复接触到特定的语言刺激时，相关的神经回路会不断强化，使得婴幼儿在这方面的能力逐渐提高。这些神经连接的加强和巩固在婴幼儿语言发展中扮演着重要角色。早期的语言环境和丰富的语言输入有助于促进婴幼儿的语言能力发展，而神经可塑性使得婴幼儿大脑能够根据不同的语言输入做出调整和适应，从而形成更为有效的语言处理能力。在语言学习过程中，大脑中的神经元和突触连接会随着学习的进行而发生变化。这种可塑性使得婴幼儿能够适应不同的语言环境，并不断提升婴幼儿的语言能力。

2. 听觉系统

婴幼儿通过听觉系统接收语言输入，这些声音经过耳朵传输到大脑中的听觉皮层。听觉皮层位于大脑颞叶，负责接收、解析和处理声音。通过听觉皮层的工作，婴幼儿能够分辨语音中的不同元素，比如音素、音调等。他们会逐渐学会辨别不同的语音，并且通过与所听到的声音相关联的经验逐渐理解语言的含义。这个过程也受到婴幼儿周围语言环境的影响。通过不断地接收语言输入，听觉皮层不断加强神经连接，从而帮助婴幼儿更好地理解和处理所接收到的语言信息。

3. 口语系统

从出生开始，婴幼儿就通过口语系统学习语言表达。婴幼儿在出生后就开始模仿周围的声音和语调。通过尝试不同的发声方式，他们逐渐学会控制口腔、舌头和声带，发出不同的声音。在这个过程中，他们会试图模仿成人说话的样子和声音，从而逐渐形成自己的语音。随着成长，婴幼儿开始模仿和学习周围人说的词语。通过重复听到并尝试说出这些词语，他们逐渐建立起自己的词语库，并且学会了如何使用这些词语来表达自己的意思。

拓展链接

婴幼儿的听觉系统

二、婴幼儿语言发展的社会基础

婴幼儿语言发展的社会基础指家庭和社会环境中对婴幼儿语言能力的发展产生影响的因素。这些因素包括家庭环境、语言刺激、情感支持、模仿和互动、多语言环境、社会互动、媒体和技术以及文化背景等。

1. 家庭环境

家庭环境是婴幼儿最早的语言学习场所，家庭成员的语言使用和互动方式对婴幼儿语言发展有重要影响。家庭中的故事讲述和日常交流有助于婴幼儿的语言能力培养。

2. 语言刺激

婴幼儿需要在日常生活中接触到丰富的语言刺激，包括听到各种语音、词汇和句子。丰富的语言刺激可以促进婴幼儿的语言学习，提高他们的语言表达能力。

3. 情感支持

家庭成员的情感支持和亲密互动可以促进婴幼儿的语言掌握和表达，帮助他们建立自信和获得愉快的语言学习体验。

4. 模仿和互动

婴幼儿通过模仿家庭成员的语言行为来学习语言。亲密的互动和对话有助于婴幼儿掌握语音、词汇和语法规则。

5. 多语言环境

在一些家庭中，婴幼儿可能会暴露于多语言环境中。多语言环境有助于培养婴幼儿的多语言能力，但也需要适当的支持和刺激来确保他们在各种语言中都能发展良好的能力。

6. 社会互动

婴幼儿的社会互动有助于他们理解和使用语言。与其他婴幼儿、成人互动，可以为婴幼儿提供丰富的语言输入和交流机会。

7. 媒体和技术

在今天的社会中，婴幼儿可能通过媒体和技术接触到语言刺激，如音频、视频、互动应用等。这些媒体和技术可以成为辅助的语言学习资源，但需要适度使用，保持与现实互动的平衡。

8. 文化背景

婴幼儿所处的文化背景影响着他们的语言学习方式和内容。文化背景影响了语言的用法、社会交往方式以及表达情感的方式。

婴幼儿语言发展的社会基础涵盖了家庭环境、社会互动和文化背景等多个方面。这些因素共同作用，对于婴幼儿的语言学习和交流能力的发展具有深远影响。家庭、社会和文化环境的支持和创造对于奠定婴幼儿良好的语言发展基础至关重要。

第五节 婴幼儿语言发展的总体特点、规律与促进策略

婴幼儿语言发展是一个动态的、渐进的过程，受到环境和个体因素的影响。了解婴幼儿语言发展的总体特点、规律与促进策略，有助于照护者更好地支持婴幼儿的语言发展。

一、婴幼儿语言发展的总体特点

1. 语言接受先于语言表达

语言活动是双向的活动，主要包括语言接受（包含语言感知、语言理解）和语言表达两个过程。在婴幼儿语言活动发生发展的过程中，两个过程并不完全同步，语言接受先于语言表达发生发展。例如，语音知觉发生发展在先，正确发出语音在后；词语理解在先，说出词语在后；对语句意义的理解在先，运用语句表达在后。

2. 语言发展经历"非语言交流—口语交际"2个阶段

语言是人际交流的重要手段。在语言产生以前，0～1岁婴儿主要利用声音、身体姿势及动作来进行交流，属于非语言交流阶段（如点头表示"是"，摇头表示"不是"）；1～3岁幼儿主要以口语交际（听、说）来交流。

3. 婴幼儿的语言经历从情境性语言到连贯性语言的发展过程

情境性语言是指婴幼儿使用不连贯的语言，并辅以动作和表情进行补充表达，听者必须结合具体情境才能理解其想表达的意思。连贯性语言是指婴幼儿使用的语言，句子往往很完整，语义也前后连贯，听者仅从语言本身就能理解其想表达的意思。

4. 婴幼儿的语言经历"外部语言—自言自语—内部语言"的发展过程

语言分为外部语言和内部语言两大类。婴幼儿的语言经历了从"外部语言"到"自言自语"再到"内部语言"的发展过程。

（1）外部语言是用来与别人进行交流的语言，包括口头语言（听、说）和书面语言（读、写）两种。口头语言是人通过发音器官发出声音，用以表达思想和情感的语言。书面语言是用文字来表达思想、情感的语言，一般婴幼儿在3岁以后才会使用书面语言。

（2）自言自语。2～3岁婴幼儿常常会边玩边嘀咕，自言自语，不知在说些什么。婴幼儿的自言自语是有声的思维活动，并不是用来与他人沟通的，而是用来自我规范和自我沟通的，进而引导自己的思考过程及行动。

（3）内部语言是一种无声的、对自己讲的语言，它与抽象思维和有计划的行为有密切联系。较小的婴幼儿还不会使用内部语言，一般3岁婴幼儿才开始使用内部语言。

二、婴幼儿语言发展的规律

（一）0～1岁婴幼儿语音感知的发展规律

0～1岁是婴幼儿语言发展的准备期，也称前语言期或语音感知期。婴幼儿语音感知能力的发展先于发音能力，语音感知期作为语言学习的最初阶段，对婴幼儿日后的语言发展有着重要的影响。

1. 0～3个月：感知分辨语音

0～1个月婴幼儿的语言发展以感知和分辨语音为主，他们会在生活环境中感知各种声音，尤其是

家人的说话声，不断积累对声音感知的经验。婴幼儿偶尔会自然发出一些单音节。因舌部、唇部等不发达，他们无法发出需要舌部、唇部进行更多运动的音，同时因为没有牙齿，他们也发不出齿音。婴幼儿在2～3个月时进入自发声阶段。2个月婴幼儿能分辨两音之间的差异及节奏，并能对照护者的逗引、说话、表情发出声音、做出反应。3个月时，婴幼儿开始学会辨认妈妈的声音，并会在听到新奇的声音时转头注视声源方向。随着时间的推移，此阶段婴幼儿对声音的敏感性增强，转头注视声源方向的速度会越来越快。

2. 4～6个月：寻找声源和进行语音交往

4～6个月时，婴幼儿能较准确地寻找声音的来源，并懂得和成人进行语音交往。当照护者和他们说话时，他们有明显的发音愿望，会发出咿呀声以应和，能和成人一起"啊啊""呜呜"地"聊天"。

3. 7～9个月：发出连续音节

7～9个月婴幼儿已经能发出连续的音节，发音的频率越来越高。他们喜欢重复发出相同的音节，并开始发近似词的音。他们也会有意识地发出"ma–ma""ba–ba"等音节，能重复发出某些元音和辅音，能听懂成人对自己的召唤，并会通过发出声音来表达不同的情绪。他们的发音内容越来越像真正的语言，他们懂得一些常用词语的意思，并会用简单的动作、语调和表情等表示。他们的发音与实际事物的联系更为密切，发音的指向性越来越明确，使照护者能够较快地理解他们所表达的意思，能够更好地回应他们的需求。

4. 10～12个月：发出不同语调

10～12个月婴幼儿处于学说话的萌芽期，随着发音器官的不断发育与成熟，他们能发出更多、更复杂的音节，并将不同的音节连起来发，同时他们的发音变得抑扬顿挫，形成了语调，听起来更接近成人的发音。他们慢慢建立起语音、具体事物和语义之间的单一联系，虽然还不会说话，但已能初步理解许多话语的含义，开始主动参与语言交际活动，会把语言、动作、表情结合在一起来表达自己的意见。

（二）1～2岁婴幼儿口语交谈的发展规律

当1岁左右的婴幼儿说出第一批能被成人理解的词时，他们就进入语言的发生期，已具备学习语言的生理基础。他们的听力愈加好，发音器官愈加成熟，他们能辨认、理解、记忆及模仿周围成人的语音和语调。1岁时，婴幼儿开始有意识地说名词；18个月时，婴幼儿会说动词；2岁左右时，婴幼儿会说短语。当婴幼儿可以自发地说出一些有意义的词时，代表其迈入了口语交谈的发展期。

1. 13～18个月：以词代句

这一阶段的婴幼儿开始表现出明显的语言学习行为，这主要表现为以词代句，即用同一个词表示许多不同的含义。这时婴幼儿的语言具有较强的情境性，其对词义的表示不够准确，成人需要根据实际的情境加以判断，才能了解婴幼儿语言的真正含义。1岁以后，婴幼儿模仿发音的能力达到最高水平；14个月左右时，婴幼儿的主动发音日渐增多。13～18个月婴幼儿对词的发音不够清晰和准确，这是一种自然现象。有时13～18个月婴幼儿会在发音时出现漏音、丢音或替代发音的现象，比如把"姑姑"说成"嘟嘟"，把"哥哥"说成"得得"，等等。

2. 19～24个月：说简单句

这一阶段的婴幼儿说话的积极性与主动性增强，他们喜欢模仿成人，对成人所说的语言极感兴趣。他们在与人交谈时，以说简单句为主，句子较短，多数在5个字以内，因此这个阶段也称电报语阶段。他们常用简单、具有高度情境性的词汇组合成简单句，并夹带动作、声音与人沟通，经常出现语法错误，比如常常使主谓结构颠倒等。

2岁左右是婴幼儿积累词汇的关键期。他们最初掌握的是具体常见的名词和动词，以及代词"我"。18个月左右的婴幼儿开始正确使用主格和所有格的"我"，2岁左右的婴幼儿开始正确使用"我"和

"你"。19～24个月婴幼儿的语言感知能力的发展早于语言理解能力，比如他们还不识字，却能完整流畅地背诵整首古诗。

（三）2～3岁婴幼儿口语表达的发展规律

2～3岁是婴幼儿口语发展的关键期。此时期婴幼儿语言发展的主要特点表现为词汇量的增加和语法的形成。他们喜欢与人进行语言交流，听与说的积极性很高。他们爱念儿歌、听故事，并能记忆一些主要的故事情节，还能背诵一些诗歌。3岁时，婴幼儿的词汇量可以达1000个左右，几乎是18个月时的4～5倍。婴幼儿的口语表达中出现了形容词、代词、副词，他们说的简单句也比较合乎语法规则，他们对复合句的运用也在不断增加。

1. 25～30个月：语言爆发期

这个阶段的婴幼儿已经掌握了一些常用的基本词汇，同时也不断说出新词汇、新奇的句子，婴幼儿进入语言爆发期。这个阶段的婴幼儿热衷于使用语言与人交谈，喜欢用照护者的话来表达自己的想法，并在与成人的沟通交流中切实了解词语的意义，准确建立物与人之间的联系。他们开始对图书感兴趣，喜欢缠着照护者讲故事，特别喜欢听到自己熟悉的事或与自己有关的事。这个阶段的婴幼儿还有特别强烈的好奇心，疑问句的使用频率非常高，"为什么""这是什么"等成为他们的口头语。他们除了想知道各种事物是什么，也能理解并正确回答关于"谁""在哪儿""为什么"等的各种问题。这个阶段的婴幼儿因为发音器官尚未完全发育成熟，无法进行许多复杂的发音，但他们自己能有意识地避免说容易发错音的词，并能自觉模仿正确的发音，纠正错误的发音。

2. 31～36个月：较好运用复合句

这个阶段的婴幼儿的造句能力增强，他们能较好运用更多合乎语法规则的简单句来表述自己的想法，讲述自己的见闻，他们使用复合句的频率迅速提高。他们更喜欢与成人交谈，能通过自言自语调节自己的行为。由于语言表达能力较弱，他们还不能独立完整地表达感情和叙述见闻，他们说的句子往往结构不完整、次序颠倒。这个阶段的婴幼儿在发音和与成人交流方面基本不存在障碍，但发音的流畅性和对语法运用的熟练度有待提升。3岁左右的婴幼儿在交流中使用的词汇仍以名词和动词为主，但名词和动词的使用比例开始减小，比较抽象的形容词、副词、代词的使用比例显著增大，数词、连词的使用比例也有所增大。婴幼儿在使用关联词的过程中常会出现前后不对应的现象。

三、婴幼儿语言发展的促进策略

良好的语言环境、必要的语言交流，以及照护者对婴幼儿语言学习的有效指导是促进婴幼儿语言发展的基本策略。

1. 创设良好的语言环境，提供语言模仿与学习的机会

在日常生活中，照护者与婴幼儿有大量的时间和机会运用语言，而且这些语言都是经常使用的，创设良好的语言环境有利于促进婴幼儿的语言发展。照护者应抓住日常生活中的各种机会对婴幼儿进行语言能力的培养。

（1）提供丰富的刺激

① 提供不同种类的声音刺激，如各种动物的叫声、人类活动的声音，以及玩具和教具发出的声音，可以帮助婴幼儿发展听力，但切忌产生噪声。

② 经常给婴幼儿听节奏舒缓、旋律优美的古典音乐，可以增强婴幼儿的听力，培养婴幼儿的乐感和注意力。

③ 坚持每天与婴幼儿交谈，提供丰富的语音刺激。婴幼儿的许多发音，特别是长时间的连续发音，往往都是在照护者的逗引下发生的。照护者应多与婴幼儿交谈，无论是给婴幼儿喂奶、洗澡，还是换尿布时，都要用温柔亲切、富于变化的语调反复与之交谈，如告诉他你正在做什么。

④ 创设丰富的文字环境。创设丰富的文字环境有利于培养婴幼儿对书面语言的兴趣及其读写能力。

阅读是婴幼儿早期获取文字经验的重要途径之一，照护者应坚持每天跟婴幼儿一起阅读绘本，从而丰富婴幼儿的文字经验。

（2）丰富婴幼儿的生活内容与感性经验

生活是语言的源泉，丰富的社会活动与生活内容可以为语言发展营造良好的环境。在日常生活中，照护者可以引导婴幼儿通过视、听、触、闻等多种方式参与活动，让其获得对周围环境中各种事物的认知，积累丰富的感性经验，从而使其有话想说、有话可说。

2. 在丰富的人际交往活动中提供语言交流实践的机会

语言是交往的工具，婴幼儿的语言能力是在与照护者、同伴及其他人的交往中发展的。

（1）照护者要经常与婴幼儿进行交谈

研究表明，婴幼儿所掌握的词汇中，约有2/3是在日常生活中与照护者的交谈中获得的。照护者在与婴幼儿进行语言交流时要注意以下几点。

① 照护者要有良好的语言素养。婴幼儿最初所掌握的语言主要是通过模仿照护者获得的。照护者应通过丰富的面部表情、富有变化的语调、规范正确的发音、丰富而又准确的词句和文明礼貌的语言，为婴幼儿提供良好的语言示范。

② 注意语音与实物、图片、动作的结合，建立语音与实物的联系。照护者在与婴幼儿进行日常交谈时，要配合一定的动作（如抱一抱、亲一亲），这有利于婴幼儿较快地结合动作发出相应的语音。

③ 重视与婴幼儿的非语言交流，如动作、面部表情等。在与婴幼儿交流的过程中，照护者除了有意识地用语言与婴幼儿交往，还可以通过丰富的面部表情、目光接触、身体姿态变化和手势等非语言行为与婴幼儿交往。照护者的非语言行为不仅可以补充、加强语言的沟通效果，帮助婴幼儿更好地理解语言内容，让婴幼儿模仿和学习各种非语言行为，还可以增强婴幼儿语言表达的感染力，促进婴幼儿的语言能力发展。

④ 不可重复或模仿婴幼儿的错误发音。由于婴幼儿的发音器官不够完善，以及听觉分辨能力和发音器官的调节能力较弱，婴幼儿不能正确发出某些语音是很正常的。照护者千万不要重复或模仿婴幼儿的错误发音，而应用多种方式示范正确的发音，帮助婴幼儿尽快掌握正确的发音。

⑤ 在婴幼儿学习语言的过程中，照护者切忌包办，应引导婴幼儿用语言表达自己的需求。例如，婴幼儿想吃苹果，用手指苹果后，照护者立马就把苹果拿给婴幼儿，这种及时满足会阻碍婴幼儿的语言发展，让婴幼儿失去很多练习说话的机会。

（2）鼓励和支持婴幼儿与同伴交往

照护者平时要多带婴幼儿去小区、公园、超市或朋友家走动，多为婴幼儿创造与同伴交往的机会，让婴幼儿学习各种称呼及礼貌用语。照护者带婴幼儿参加早教乐园的集体早教活动，可以使他们接受专门的语言教育。为婴幼儿提供与同伴群体交往和与教师及其他照护者交往的机会，更有利于其语言能力和社会交往能力的发展。

3. 在游戏中进行语言练习

游戏是婴幼儿进行的最早、最基本的交往活动之一，作为思维和交际工具的语言自始至终与游戏相伴，游戏为婴幼儿提供了语言交流的良好机会和途径。游戏既包括专门用于语言练习的听说游戏、识字游戏，也包括各种角色扮演游戏和社会交往游戏等。

4. 在早期阅读中接受文学语言的熏陶

阅读文学作品是促进婴幼儿语言发展的重要手段。儿歌、小故事等儿童文学作品的语言具有生动、形象、富有节奏感等特点，易于被婴幼儿理解和接受。早期阅读不仅有助于婴幼儿语言从口头语言向书面语言过渡，而且为婴幼儿扩展词汇量、丰富语言内容奠定了基础。照护者每天坚持开展阅读活动是促进婴幼儿语言发展的有效途径。

延伸思考

托育教师如何通过创设良好的语言环境促进婴幼儿的语言发展

第六节 各阶段婴幼儿语言发展的特点与目标

每个婴幼儿的语言发展进程都是独特的，发展速度和方式可能存在差异。有些婴幼儿可能在语言发展上超前，而有些则可能稍微滞后。

一、0～1岁婴幼儿语言发展的特点与目标

（一）0～1岁婴幼儿语言发展的特点

0～1岁婴幼儿的语言发展经历了许多重要的里程碑。

1. 0～6个月婴幼儿语言发展的特点

（1）能够发出一些单音节

这个阶段的婴幼儿在吃饱、穿暖、睡醒后，通常会发出一些单音节，其中能发出韵母较早，能发出声母较晚，婴幼儿主要是发"h"音，有时会发"m"音。婴幼儿在焦急或不舒服时，常发出"i"和"e"等音，而在愉快状态下则较多地发出"a""o""u"等音。

（2）与照护者面对面"交谈"

这个阶段的婴幼儿在生理需要得到满足之后，对于照护者的逗弄和语言刺激能用微笑、声音或者身体动作给予回应，这好像婴幼儿在和照护者"交谈"一样。

（3）形成对话的雏形

在与照护者"交谈"时，这个阶段的婴幼儿会出现与照护者轮流"说"的倾向，即照护者说一句，婴幼儿发几个音，照护者再说一句，婴幼儿再发几个音。当照护者和婴幼儿之间的一段"对话"结束后，婴幼儿会用发一个或几个音的方式来主动地引起另一段"对话"，从而使这种交流延续下去，这表明婴幼儿开始敏锐地感知到语言交往的基本要求。

（4）使用不同的语调表达自己的态度

这个阶段的婴幼儿会用尖叫声或急促上扬的语调，伴以蹬脚、摆手的动作，表明自己不愿意的态度。当目的达到、要求得到满足后，婴幼儿会用平静温和的语调或表情来表示自己高兴的态度。

（5）根据照护者的语气、语调辨别照护者的态度

这个阶段的婴幼儿能根据照护者的语气、语调判断出照护者的态度。当照护者用愉快的语气与婴幼儿说话时，语调上扬，婴幼儿会用微笑回应；当照护者用生气的语气与婴幼儿说话时，语调下降，婴幼儿会通过睁大眼睛和哭泣回应。

2. 7～12个月婴幼儿语言发展的特点

（1）懂得简单的词、手势和命令

这个阶段的婴幼儿能听懂日常生活中的很多常用话语，能辨别家人的称谓，会指认一些日常物品。但婴幼儿的理解具有很大的情境性，他们并不是真正懂得照护者所说的话的含义，而是根据照护者说这些词时的不同语调和手势判断其含义。

（2）出现"婴幼儿语"

这个阶段的婴幼儿的语言变成一种复杂又独特，令照护者难以听懂的"婴幼儿语"。而这些"婴幼儿语"听起来似乎含有提出问题、发出命令和表达愿望等不同意思，但具体是什么照护者无法确定。

（3）不同的连续音节和近似的发音增加

这个阶段的婴幼儿能够发出一连串不同的辅音加元音的音节，还能模仿照护者的一些非语言行为或照护者发出的语音。这个阶段的婴幼儿的发音更加接近母语的口语表达，有重叠音和升调。婴幼儿的发音是一种固定情境下的模仿活动，婴幼儿竭力模仿照护者的发音，使自己的发音接近照护者发出的某些词语的

声音，之前没有出现过的辅音，如汉语声母中的"x""j""q""s""z"在这个阶段开始出现。

（4）开始真正理解照护者的语言

大约从9个月开始，婴幼儿才真正理解照护者的语言。照护者一般可采用话语反应判定法来判定婴幼儿是否真正理解自己的话语。话语反应判定法即在自然语境中，如果婴幼儿对语言刺激能做出合适的反应，则可判定婴幼儿已经理解该话语。如被问"妈妈在哪里？"时，婴幼儿能看向妈妈或用手指向妈妈，这就是婴幼儿理解了话语的表现。婴幼儿在6个月时，话语理解能力已经萌芽，其在8个月时能理解36个词左右，在10个月时能理解67个词左右，在1岁时能理解10多个祈使句和疑问句。

（5）扩展语言交际功能

这个阶段的婴幼儿的语言开始具有交际功能。虽然他们还不会正确用说的方式清楚表达自己的想法，但能够通过一定的动作和表情的辅助，使语音产生具体的意义，具体表现如下。

① 能理解照护者简单的命令，并建立相应的动作联系。如照护者说"跟阿姨再见！"，婴幼儿就会挥挥小手，或当婴幼儿听到照护者说"我们已经会说再见了"时，他们会立即挥挥小手做"再见"的动作。

② 能将一定的语音和实体相联系，但缺少概括性。如照护者说"灯"时，婴幼儿会用手指自己家的灯，但对于其他地方的灯，婴幼儿则不能将其与照护者说的"灯"建立联系。

这个阶段的婴幼儿逐步会用语音、语调、动作和表情来达到各种交际目的。他们的语音、动作、表情能表示陈述、否定、疑问、感叹、祈使等各种意义。婴幼儿就是在这样的交往过程中，逐步发展起真正的语言能力的。

（6）开口说第一个有意义的词

大约从10个月开始，婴幼儿会说出第一个有意义的词。说出能够被理解、有目的的词，而不是随意发出语音，是婴幼儿语言发展过程中重要的里程碑之一。而婴幼儿最初掌握的词，都与某一特定的对象相联系，也与他们每日所感知的语言有必然的联系，具有专指的性质。如"狗"可能专指他们熟悉的玩具狗。一般在1岁时，婴幼儿可说出20多个词，这些词多为名词和动词。

（二）0～1岁婴幼儿语言发展的目标

0～1岁婴幼儿语言发展的目标主要包括建立听觉和语音感知能力、发出声音和音节、用语言进行意图表达和社会交流、能理解简单指令和适应语言环境、发展注意力和记忆及建立词汇库。

1. 1个月婴幼儿语言发展的目标

（1）听到突发的大声响时会产生惊吓反射，双臂会快速向外伸展。

（2）听到感兴趣的声音时会停止原有动作，耳朵朝向声源方向并专注倾听。

（3）能辨认母亲的声音。

（4）被人对着说话时，会嚅动嘴唇，好像要说话。

（5）饿或痛时会哭。

（6）发出的声音单调、没变化。

（7）被刺激脸部时会微笑。

2. 2个月婴幼儿语言发展的目标

被人用声音逗引时会发出不同的声音，如尖叫声。

3. 3个月婴幼儿语言发展的目标

会发出"a""ei""ou""u"等韵母的音。

4. 4个月婴幼儿语言发展的目标

（1）被人对着说话时，会发声回应。

（2）试着发"ga-ga""a-gu"等音。

5. 5个月婴幼儿语言发展的目标

（1）认识照护者的声音，能从其音调中感知其情绪。

（2）尝试发不同韵母、声母的音。

（3）会因高兴而尖叫。

6. 6个月婴幼儿语言发展的目标

（1）被呼唤名字时会有回应。

（2）可听出熟悉的音乐中的小变化。

（3）能发韵母与声母简单组合而成的音，如"ka""da""ma"等音。

（4）会喃喃自语，对着镜中人说话。

7. 7个月婴幼儿语言发展的目标

（1）尝试模仿成人发音，有主动沟通的需求。

（2）喜欢同龄婴幼儿，试着以非语言行为跟对方互动。

（3）会发"ba""ga""na"等音。

（4）开始发鼻音。

8. 8个月婴幼儿语言发展的目标

（1）会发"ba-ba-ba-ba""ma-ma-ma-ma"等叠音。

（2）尝试学动物叫声，如狗叫。

9. 9个月婴幼儿语言发展的目标

（1）能模仿别人发出简单熟悉的声音，如咳嗽声、滴答声。

（2）会把不同的音节组合起来发音，如发"ma-da""a-ma"等音。

10. 10个月婴幼儿语言发展的目标

喜欢会发声的玩具，试图模仿玩具发声。

11. 11个月婴幼儿语言发展的目标

（1）被人叫名字时会有回应。

（2）会连续发"da-da-da"等简单的音。

12. 12个月婴幼儿语言发展的目标

（1）知道大部分物品的名称。

（2）会说一些有意义的单字，如"抱""奶""爸""妈"。

（3）能并用语言与动作来表达自己的需求。

课程案例　**0～1岁婴幼儿语言发展的托育课程**

1. 0～6个月婴幼儿语言发展的托育课程——朗读和播放《我爱妈妈》

（1）课程目的

通过教师朗读和播放儿歌的方法，增强婴幼儿的记忆力和听觉理解力，延长婴幼儿的注意时间。

（2）课程准备

儿歌《我爱妈妈》，歌词："我有一个好妈妈，每天都在照顾我；我要做个乖宝宝，好好爱着好妈妈。"

（3）课程实施方法

教师和婴幼儿找一个最舒服的姿势，面对面地看着对方，教师面带微笑地给婴幼儿唱《我爱妈妈》，把儿歌中美好的含义通过语言、音调和表情，温柔地传递给婴幼儿（见视频资源：朗读和播放《我爱妈妈》）。每天最好选择早、中、晚3个时间段，在婴幼儿安静清醒的状态下，分别给婴幼儿唱1～3遍《我爱妈妈》。

（4）课程拓展

不唱的时候，教师可以从网上找来《我爱妈妈》的音频，或自己事先唱并录下来，把《我爱妈妈》放给婴幼儿听。这样做一是可以使同一首儿歌有不同的听觉输入方式，二是可以增加婴幼儿获取听觉输入的次数，让婴幼儿尽快熟悉儿歌的内容，为以后婴幼儿顺利接唱《我爱妈妈》做好准备。

> 视频
>
> 朗读和播放
> 《我爱妈妈》

2. 7～12个月婴幼儿语言发展的托育课程——动物的声音

（1）课程目标

促进婴幼儿的语言模仿能力。

（2）课程准备

适合该年龄的有关动物的图画书。

（3）课程实施方法

教师引导婴幼儿阅读有关动物的图画书，指出图画书中的动物，使用简单的语言描述图画书中的动物，例如："这是一只狗。"

教师使用玩具或声音播放器播放动物图画书中动物的声音，如狗叫声，鼓励婴幼儿模仿动物的声音。

（4）课程拓展

当婴幼儿能发出一种动物的声音后，教师再教婴幼儿模仿第二种动物的声音。

二、1～2岁婴幼儿语言发展的特点与目标

1～2岁婴幼儿的语言发展进程存在一定差异。有些婴幼儿可能会更早展示一些语言发展的迹象，而有些婴幼儿可能需要更长的时间才会展示这一迹象。

（一）1～2岁婴幼儿语言发展的特点

1～2岁婴幼儿语言发展具有以下特点。

1. 13～18个月婴幼儿语言发展的特点

（1）语言发展进入沉默期

这一阶段的婴幼儿似乎突然不会发出以前那种热情的咿呀声，就连以前已经会说的几个词，如"爸爸""妈妈""打打""拿拿"等，很多时候都不再说了。这是因为婴幼儿出现了发音紧缩现象，即婴幼儿在前一阶段所能发出的无意义的连续音节大大减少。他们往往只用动作示意，独处时也停止了自言自语，其语言发展进入一个短暂的沉默期。

沉默期对婴幼儿的语言发展是非常必要的。这个阶段的婴幼儿通过大量的"听"来提升语言能力。"听"是婴幼儿习得语言的重要途径，通过"听"，可以积累与记忆大量的语言材料并能从这些语言材料中总结出该语言的基本规律。经过一定量的"听"，婴幼儿的语言发展才会实现质的飞跃。

（2）语言理解能力增强

这个阶段的婴幼儿所能理解的语言大量增加，但是会说的词语相对较少，他们能听懂的话比能说出的话要多得多。贝内迪克特·H（Benedict. H）的研究指出，婴幼儿能说出10个词时，已经理解了不少于50个词。

这个阶段的婴幼儿的语言理解能力有以下3个特点。

① 名词、动词所占的比例大

国内外研究指出，名词、动词在婴幼儿能理解的词汇中所占的比例最大。

② 理解的范围由近及远

婴幼儿最先理解的是他们经常接触到的物品的名称、家人的称呼等，一些常用动词，照护者经常教他们的一些动作，或者照护者常叫他们做的事。

③ 词汇固定化

婴幼儿往往把词汇的含义和某种固定的人或物相联系，如"妈妈"就是指自己的妈妈。

（3）说出第一个真正意义上的字词

婴幼儿大约在1岁，会说出第一个真正意义上的字词。婴幼儿的第一个字词通常和他们最熟悉的人、物品或经验有关：最喜欢的人（爸爸、妈妈和自己）或东西（玩具或食物等）的名称、常听到的字词（如"不""要"）。一般婴幼儿在早期会说的字词都是比较容易发音的字词。

（4）以声音代物

以声音代物是18个月前婴幼儿语言的一个明显特点，即婴幼儿会用声音给日常生活中常见的物品命名，因为声音是物品或活动的鲜明特征，容易被记住。例如，婴幼儿把狗称作"汪汪"，把猫叫作"喵喵"，或者用某种声音来代表某种活动，如用"嘘嘘"代表小便，这与照护者常对婴幼儿以声音代物有关，同时也和婴幼儿生活范围逐步扩大、生活内容不断丰富、认知能力逐渐提升有关。

（5）词义使用错误

婴幼儿在命名和使用新词时常常会出现词义泛化、词义窄化、词义特化等现象。

① 词义泛化

这又称词语扩充，是指婴幼儿对词义的理解和使用超出了目标语言范围的现象，即一词多义。这种现象是婴幼儿对于词的含义、特征掌握过少造成的，如婴幼儿常用"毛毛"代表所有带皮毛的动物或用毛皮做的东西。

② 词义窄化

这是指婴幼儿对于词义的理解和使用达不到目标语言范围的现象。婴幼儿早期对于词义的理解和使用有缩小、窄化的特点，具有专指性。有些词义窄化现象是婴幼儿语言能力的限制所致，有些词义窄化现象则是婴幼儿的主动选择，如婴幼儿最早理解的"车车"，就是他自己的玩具车，而不是所有的交通和运输工具。

③ 词义特化

这是指婴幼儿的词语指称对象完全与目标语言不同，如婴幼儿尿裤子了，照护者给他换衣服时说了一声"哎哟"，以后婴幼儿每当要小便时都会说"哎哟"。

（6）发音不准

婴幼儿发音不准的问题主要有以下3种表现。

① 发音不全

这是婴幼儿的一种自然生理现象，主要表现为漏音或省略音，如婴幼儿把"xīngxīng"（星星）说成"xīxī"（西西），把"niú"（牛）说成"yóu"（油）。

② 替代音

用浊辅音替代清辅音，如把"gē ge"（哥哥）说成"dē de"（得得）。用擦音替代词首塞音，如把"chá"（茶）说成"tā"（他）。

③ 叠音

这种现象是婴幼儿早期语言发展中一种普遍存在的现象。2岁是婴幼儿使用叠音词的高峰期。一般来说，名词的叠音现象最多，延续时间最长，如婴幼儿会说"饭饭""水水""鞋鞋""猫猫""狗狗"等。

以前不少研究者把婴幼儿使用简化策略发出的声音称为"发音错误"，这是不合适的。因为此阶段的婴幼儿有一个特殊的语法系统，并具有一个和母语相似而又不完全相同的音位系统。他们发出的音值比照护者长、语速慢，而照护者发出的音值短、语速快。婴幼儿无法达到和照护者一样快的语速，经常要用叠音来拉长音值，以满足发音的需要。

2. 19～24个月婴幼儿语言发展的特点

（1）处于"词汇爆炸"阶段

这个阶段的婴幼儿能理解的词汇越来越多，婴幼儿每天都在学习新的词汇，对名词和动词的理解实现了飞跃。如18个月婴幼儿能说出20个左右的词，到21个月时能说出100个左右的词，到24个月时则能说出300多个词，并理解100个左右的词。婴幼儿了解的词中近70%都是名词，其他各类词，如动词、形容词、数词、代词、副词、感叹词等，虽占比尚小，但都开始出现在婴幼儿的语言中。

（2）词义理解能力不断增强

这个阶段的婴幼儿进入了真正理解词义的阶段，已经可以脱离具体情境，准确地把词与物体或动作联系起来，如照护者要求婴幼儿把玩具猫拿过来，他们就能把玩具猫从一堆玩具中挑出来，而不会再把任何毛茸茸的东西误认为是玩具猫。随着婴幼儿对词义理解的加深，其对词义的概括性理解能力也逐渐形成，如婴幼儿已经由只称穿红衣服的娃娃为娃娃，过渡到把穿不同颜色衣服的娃娃都叫娃娃。婴幼儿对词义的理解不再受物体的非本质特性干扰，变得更为准确、具有概括性。

婴幼儿逐渐能按照照护者的语言指示去支配和调节自己的行动，如照护者告知婴幼儿到什么地方去把什么东西拿来、什么东西不能动，以及要求婴幼儿动作快点或慢点等，婴幼儿都能正确完成。

（3）说双词句

双词句是指由两个词组成的句子，主要是由名词和动词组成的句子，如"妈妈抱抱""爸爸班班""宝宝吃""苹果削"。这些话听起来就像我们发电报时所采用的省略语句，因此又称电报语。大约从20个月开始，婴幼儿说双词句。大约从20个月起，婴幼儿每个月掌握双词句的数量是成倍增长的，如21个月婴幼儿掌握的双词句是50个，到22个月时是100个，到23个月时则增长到250～500个，到2岁时，婴幼儿掌握的双词句达到近1000个。

（4）使用代词"我"

这个阶段的婴幼儿理解了"我"是指自己，并学会用代词"我"来称呼自己。比如，婴幼儿开始由说"宝宝拿"变成说"我拿"。

（5）喜欢提问，语言上出现"反抗行为"

这个阶段的婴幼儿开始学会使用疑问句和否定句。使用疑问句表现在提问上，婴幼儿开始不断地向照护者提问，总是要求照护者告知他们各种事物的信息，如名称、特征、用途、构造等，这是婴幼儿语言学习的一个途径。他们多会提如"这是什么？""某某可以吃吗？"等问题。疑问句的使用及照护者的反馈能够帮助婴幼儿获取更多事物的信息，这有利于婴幼儿认知的发展，同时在语言交流中，婴幼儿发展出了语言交流能力。

使用否定句则表现在语言反抗上。由于自我意识的发展，婴幼儿在心理和行为上出现独立的倾向，进入人生的第一个反抗期，具体表现为使用否定句进行语言反抗。婴幼儿常常把"不"挂在嘴边以表示拒绝，这是婴幼儿使用否定句的第一阶段。如照护者说："宝宝，快过来吃饭了。"虽然婴幼儿嘴上说着"不"，但他们高高兴兴地跑到饭桌边，等待吃饭。

（6）通过阅读学习更多的字词

研究指出，阅读图画书是这个阶段的婴幼儿习得新字词的一个重要途径。阅读能力的基础在婴幼儿时期就已奠定，婴幼儿在学步期间学的字词会影响他们日后在学校的表现。阅读不但为婴幼儿提供了学习字词的机会，同时也为照护者和婴幼儿提供了语言交流的乐趣。

（二）1～2岁婴幼儿语言发展的目标

1～2岁婴幼儿语言发展的目标主要包括词汇量增加和表达能力增强、语言交流和对话能力增强、能理解复杂指令和问题、发音能力增强、能理解故事和绘本的内容、能扩展语言使用的场景和功能，以及注意力和听觉记忆力提高。

1. 13～15个月婴幼儿语言发展的目标

（1）至少会用10个单字。

（2）按要求正确地指出东西。

（3）用正确的说法表达需求。

（4）语言交流时凭记忆提到不在现场的东西或动作。

（5）开始与亲人对话。

2. 16～18个月婴幼儿语言发展的目标

（1）能从图中指出一些熟悉东西的名称。

（2）会依指示做一些简单的事。

（3）能模仿说单字。

（4）能用动作表达"要""不要""是""不是"。

（5）会将动物与其叫声配对。

（6）会说拒绝词"不""不要"。

（7）会用语言要求别人。

（8）会用语言询问消息。

（9）会用约50个字词。

（10）开始用2个字的词语。

（11）语言理解能力超过语言表达能力。

3. 19～21个月婴幼儿语言发展的目标

（1）了解"扔球""亲亲妹妹"等短语的意思。

（2）对简单问题能正确回答"是"或"不是"。

（3）会回答"这是什么"的问题。

（4）会说"谢谢"。

（5）会在他人耳边说悄悄话。

（6）会遵从指示。

（7）会说常见物品的名称。

（8）要大小便时会用语言表示。

4. 22～24个月婴幼儿语言发展的目标

（1）会说"请"。

（2）会通过（玩具）电话谈话。

（3）至少会用一个代词，如"你""我""他"。

（4）会说简单的句子，如"我要出去玩"。

（5）会问"什么""哪里"等。

课程案例　　1～2岁婴幼儿语言发展的托育课程

1. 13～18个月婴幼儿语言发展的托育课程——指令和动作游戏

（1）课程目的

① 帮助婴幼儿理解简单的语言指令。

② 鼓励婴幼儿按照指令做出相应的动作。

③ 提供互动和社交机会，培养婴幼儿合作和分享的意识。

④ 支持婴幼儿的身体运动发展，增强协调性和运动技能。

⑤ 培养婴幼儿的注意力集中和语言表达能力。

（2）课程准备

节奏欢快的音乐

（3）课程实施方法

① 热身活动

通过简单的音乐和歌唱，教师让婴幼儿跟随节奏摆动身体，做一些轻松的动作热身，为接下来的游戏做好准备。

② 认识指令

教师使用简单的词汇和动作，向婴幼儿介绍几种常见的指令，如"拍手""跳跃""摇摇头"等。每个指令都伴随着对应的动作示范。

③ 指令和动作游戏

A. 跳跃游戏：教师给婴幼儿提出"跳跃"的指令，示范跳跃动作，鼓励他们模仿。可以使用软垫确保安全。

B. 拍手游戏：教师给婴幼儿提出"拍手"的指令，示范拍手动作，鼓励他们模仿。

C. 转圈游戏：教师给出"转圈"的指令，示范转圈动作，引导婴幼儿转动身体，模仿动作。

D. 摇头游戏：教师给出"摇头"的指令，示范左右摇头的动作，鼓励婴幼儿模仿。

④ 冷静游戏

通过慢节奏的音乐，教师让婴幼儿放松身体，做一些缓慢的伸展运动，准备结束本次课程。

（4）课程拓展

教师鼓励照护者在日常生活中继续使用类似的指令和动作游戏，与婴幼儿互动。在室外，也可以进行一些更自由的活动，如追逐、踢球等，进一步促进婴幼儿的身体协调性和社交能力的发展。

2. 19～24个月婴幼儿语言发展的托育课程——"驾驾驾"

（1）课程目的

让婴幼儿理解儿歌，并跟着儿歌做出对应的骑马动作。

（2）课程准备

有关骑马的儿歌。

（3）课程实施方法

教师选择一首婴幼儿喜欢且熟悉的有关骑马的儿歌，引导婴幼儿随着儿歌的旋律和节奏模仿骑马的动作。在婴幼儿模仿骑马动作时，教师用语言强化婴幼儿模仿的动作，进一步促进婴幼儿厘清动作与语言的对应关系，并鼓励婴幼儿也说出强化词，如骑马时的"驾"。

（4）课程拓展

教师鼓励照护者在日常生活中引导婴幼儿学习各种动物的叫声，如狗的"汪汪汪"、猫的"喵喵喵"、牛的"哞哞哞"、羊的"咩咩咩"等。

视频

"驾驾驾"

三、2～3岁婴幼儿语言发展的特点与目标

2～3岁婴幼儿在语言方面取得了重要的进展和突破，具备更强的表达和理解语言的能力。

（一）2～3岁婴幼儿语言发展的特点

2～3岁婴幼儿语言发展的特点如下。

1. 25～30个月婴幼儿语言发展的特点

（1）基本上能理解照护者说的句子

这个阶段的婴幼儿词汇量大幅增加，同时他们对语言的理解能力也迅速提升。除了婴幼儿能理解的词汇达到900多个，婴幼儿的词义泛化、词义窄化、词义特化现象明显减少，婴幼儿对词义的理解也日益接近照护者的本来用意。婴幼儿对词义的概括性理解能力进一步提高，他们已能将有些词（如树、花等）理解为代表一类事物的词。除了能叫出自己家里及附近的树和花的名称，婴幼儿在其他地方也能主动说出他们熟悉的树和花的名字。但他们对某些词汇的理解还具有直接性和表面性。

（2）发音稳定规范，发不出的语音逐渐减少

由于这个阶段的婴幼儿的发音器官逐渐成熟，发唇音已基本没有困难，但发需要舌头参与的音（如舌尖音、舌面音、舌根音等）时还存在不同程度的困难，尤其是很难发舌尖音，如"z""ch""sh""r"等。极个别的婴幼儿发"g""k""h""u""e"等音也有困难。

（3）能运用多种简单句，对复合句的运用也开始出现

在婴幼儿所使用的句子中，简单句约占90%，复合句约占10%。这个阶段的婴幼儿使用的复合句大多是不完全复合句，是省略连词的简单句的组合。句子的含词量也在不断增多。婴幼儿在25～27个月开始使用三词句，在28～30个月使用四词句，有的婴幼儿还会使用五词句、六词句。

（4）疑问句逐渐增多

2岁左右是婴幼儿开始使用疑问句的阶段，30个月以后则是婴幼儿使用疑问句的急速发展期。婴幼儿使用疑问句的主要形式是"5W1H"：Who（谁，2岁出现），How（如何、怎么，26个月出现），Where（什么地点，27个月出现），What（什么，27个月出现），When（什么时候，28个月出现），Why（为什么，28个月出现）。

（5）喜欢自言自语

这个阶段的婴幼儿喜欢自言自语，常常嘟囔着什么，比如一边玩，一边嘟囔，但嘟囔的内容似乎与目前的情境没有什么关系。有时婴幼儿会大声地说自己想要做什么或把自己的玩具想象成对话对象，如可能对着自己的玩具说："××吃饭啦！""××是不是生病了？""××想睡觉啦！"照护者不必为婴幼儿的这种状态担心，这是其语言发展过程中的正常表现。随着婴幼儿知识、经验的丰富，思维能力不断发展，其语言概括能力逐渐增强，自言自语的现象就会逐渐消失。

2. 31～36个月婴幼儿语言发展的特点

（1）说话不流畅，常有"破句现象"

这个阶段的婴幼儿会出现说话不流畅的现象，有时结结巴巴，有时"破句现象"严重，这往往是因为婴幼儿在不应该换气的地方换气，显得气喘吁吁，并使人担心其是不是口吃。实际上，婴幼儿在这个阶段说话不流畅不一定是因为他们存在语言上的缺陷。他们虽然学会了很多新词，但把这些词有条理地组织成句子说出来，对他们来说仍有一定的困难。因为他们思考的速度往往快于他们说话的速度，加上想说的东西太多，一下子选不到恰当的词，他们又很心急地想要把自己所想的说出来，于是就变得说话不流畅，表现得犹豫不决或经常重复同一个单词或语句。这种情形看起来与口吃很像，但对3岁婴幼儿来说，说话不流畅、"破句现象"都是正常的。

（2）掌握的词汇数量、类型增加，对新词感兴趣

婴幼儿到了3岁左右，其好奇心、求知欲增强，变得好问，对新词表现出较大的兴趣。他们总喜欢问

"这是什么？""为什么？"这类的问题，从而从照护者给出的答案中学到很多新词。在3岁时，婴幼儿的词汇量是2岁时的3倍。

之前婴幼儿掌握的词汇以名词、动词为主，随着年龄增长，他们掌握的词汇范围扩大，开始使用形容词、副词、代词。各种词汇在婴幼儿语言中所占的比例明显变化，名词、动词所占比例减少，形容词、副词、代词所占比例增加，此外他们还会使用少量量词、连词。3岁婴幼儿开始更多地使用代词，其中最常用的是"我"和"我的"这两个代词，他们仍以自我为中心。

婴幼儿逐渐喜欢听故事和能理解故事的简单情节，对文学语言非常感兴趣，并且喜欢模仿。对于同一个故事，婴幼儿往往可以不厌其烦地听上数遍，他们也喜欢朗诵短小的儿歌。婴幼儿的这些新的兴趣和喜好，为他们学习知识、练习清楚地说话提供了极为有利的条件。

（3）表现出系统整合的语言内化能力

系统整合是指当一种新的语言现象出现后，婴幼儿总是尽力把它纳入原有的框架之中，尽力用原有的规则去解释它、同化它，用已知去把握未知，它是婴幼儿的一种重要认知惯性。例如，照护者对婴幼儿说："布娃娃有两只眼睛，两只耳朵……"话音未落，婴幼儿就接着说："两只鼻子，两只嘴巴……"婴幼儿的回答是通过归纳其已有的经验做出的。

（4）能说完整句子，使用多词句、复合句和附属句

婴幼儿能从照护者所说的词语中推断出语言的规则，掌握语法和句子结构的基本要点。3岁时，婴幼儿说话的方式基本上和照护者差不多，这初步奠定了他们日后说话的基础。在口语表达方面，婴幼儿开始能用完整的句子与人交往，表达个人的要求和愿望，句子能包含5～6个词。

当婴幼儿能够说出比较完整的简单句时，就开始尝试说复合句。但这个阶段的婴幼儿还不会把复合句用连词恰当地连接起来。婴幼儿运用复合句的能力是与其运用简单句的能力平行发展的。在不断完善简单句的同时，婴幼儿运用复合句的能力也在不断发展。在婴幼儿所说的句子中，陈述句占绝大多数，经常出现的复合句已占总数的1/3以上。

（5）口语表达能力增强

这一阶段的婴幼儿的语言已经具有回答、提问、问候、告知、命令、请示等功能，并呈现出功能越来越丰富的趋势。婴幼儿的某些语言功能常具有阶段性特点，即在某一阶段某一功能比较突出。2岁前婴幼儿的语言表达方式基本上是对话（即回答照护者的问题，或向照护者提出问题并获得解答，自己进行的独白少之又少），这一方面与他们掌握的词汇量较少有关，另一方面也与他们的语言运用能力较弱有关，但更重要的是他们刚刚开始独立活动，还没有积累足够的经验，也就是说，他们缺乏对世界的认识。2岁后，随着婴幼儿独立性的发展、认知世界的能力的增加，独立表达自己意愿的需求开始出现并日益强烈，他们说独白的能力也就随之不断提升。

拓展链接

婴幼儿说话时重复某个词很多次，尤其是在他兴奋的时候，他有口吃吗

（二）2～3岁婴幼儿语言发展的目标

2～3岁婴幼儿语言发展的目标主要是词汇量的增加、句子和语法运用能力的发展、沟通和交流能力的提升、理解能力的增强、表达感受的能力和想象力的发展、发音能力的提高，以及语言环境和社会交往范围的扩大。

1. 25～27个月婴幼儿语言发展的目标

（1）会听故事。

（2）会看图说出人物、动物的动作。

（3）会说"喜欢""不喜欢"等，以表达内心感受。

（4）用语言表达"轻""重"等感觉。

2. 28～30个月婴幼儿语言发展的目标

（1）会回答日常用品放在何处等问题。

（2）会使用"你"。

（3）会用"为什么"发问。

（4）会唱简单的歌曲。

（5）能参与谈话。

3. 31～33个月婴幼儿语言发展的目标

（1）至少会用一组反义词。

（2）会用"谁"发问。

（3）会辨别声音的大小。

（4）正确使用"快""慢"等字词。

（5）会用"如果""因为""可是"等连词。

（6）能说出过去的事。

4. 34～36个月婴幼儿语言发展的目标

（1）用语言表达的情绪更丰富，如高兴、难过、生气。

（2）会说实物的特征。

（3）会用"我们""你们""他们"等复数代词。

（4）会用"怎么办""什么时候"发问。

（5）会用连词"和"。

（6）会用否定祈使句，如"不要睡觉"。

（7）会复述3位数字。

（8）会接唱熟悉的歌曲或接叙故事。

（9）开始与其他婴幼儿对话。

（10）说的话照护者听得懂。

（11）会看图画书。

课程案例 | **2～3岁婴幼儿语言发展的托育课程**

1. 25～30个月婴幼儿语言发展的托育课程——背诵《声律启蒙·一东》（部分）

（1）课程目的

发展婴幼儿的背诵能力。

（2）课程准备

声律启蒙·一东（部分）

〔清〕车万育

云对雨，雪对风，晚照对晴空。

来鸿对去燕，宿鸟对鸣虫。

三尺剑，六钧弓，岭北对江东。

人间清暑殿，天上广寒宫。

两岸晓烟杨柳绿，一园春雨杏花红。

两鬓风霜，途次早行之客；

一蓑烟雨，溪边晚钓之翁。

（3）课程实施方法

教师引导婴幼儿熟悉《声律启蒙·一东》（部分）后，鼓励婴幼儿整首背诵。

（4）课程拓展

教师鼓励照护者在日常生活中引导婴幼儿背诵儿歌。

> 视频
>
> 背诵《声律启蒙·一东》（部分）

2. 31～36个月婴幼儿语言发展的托育课程——唱儿歌《走路》

（1）课程目的

① 让婴幼儿认知各种动物的行走方式。

② 培养婴幼儿的节奏感和乐感。

③ 培养婴幼儿的动作模仿能力，以及一边做动作一边唱儿歌的能力。

（2）课程准备

儿歌《走路》，歌词："小兔子走路跳呀跳呀跳，小鸭子走路摇呀摇呀摇，小乌龟走路爬呀爬呀爬，小花猫走路静悄悄。"

（3）课程实施方法

① 教师教婴幼儿4种动物的行走方式：小兔跳、小鸭摇摆走、小乌龟爬、小花猫四足共用爬。

② 教师引导婴幼儿模仿这4种动物的行走方式和行走速度，在婴幼儿能较熟练地模仿这4种动物的行走方式和行走速度后，演奏或播放音乐，让婴幼儿跟着音乐做出动作。

③ 教师带领婴幼儿熟悉儿歌的歌词和节奏，引导婴幼儿唱出儿歌，然后让婴幼儿一边做动作一边唱儿歌。

> 延伸思考
>
> 托育教师指导婴幼儿语言发展的注意事项

课后练习题

1. 简述婴幼儿语言发展的意义。
2. 简述婴幼儿语言发展的三大基石。
3. 根据婴幼儿语言发展的阶段性，编写促进0～1岁婴幼儿语言发展的托育课程。
4. 根据婴幼儿语言发展的总体特点、规律，编写指导家长促进婴幼儿语言发展的托育课程。

第六章

婴幼儿情绪发展

本章学习目标

1. 掌握情绪的定义、分类和机体表现。
2. 掌握马斯洛的需要层次理论。
3. 了解婴幼儿情绪发展的影响因素。
4. 了解各阶段婴幼儿情绪发展的表现。
5. 学会运用促进婴幼儿情绪发展的托育课程。

第一节 情绪概述

人的情绪是无时无处不在的，对于婴幼儿来说，情绪尤为重要。发展心理学家曾经指出，婴幼儿的世界充满情绪。

一、情绪的定义

情绪是一种个体内在的情感体验，通常通过主观感受、生理变化和行为表现体现出来。情绪涉及对外界刺激的情感反应，可以包括喜悦、愤怒、恐惧、悲伤、惊讶等多种感受。情绪在个体的心理和生理层面产生影响，可以影响思维、行为、生理反应以及社会互动。

情绪是人类基本的生理和心理反应之一，对于个体适应环境、应对压力以及与他人建立情感联系都具有重要作用。情绪可以是短暂的，可以是持续的，可以是积极的，也可以是消极的。人类通常通过面部表情、语言、声音、体态和行为来表达情绪，同时情绪还与神经系统的活动密切相关。

情绪的产生是复杂的心理过程，不仅受到个体的生理构成和基因的影响，还受到环境、文化、社会经验和个人经历等多种因素的影响。因此，情绪在不同人群中和不同文化背景下可能呈现出多样性和个体差异。

二、情绪的分类

人有各种各样的情绪，基本情绪共有4种：快乐、恐惧、愤怒和悲哀。

1. 快乐

快乐是一个人追求并达到所盼望的目的时产生的情绪。快乐的程度取决于愿望实现、目的达到的意外性（料想不到的程度）。由于需要得到满足，愿望得以实现，人心中的急迫感和紧张感消除，快乐随之而生。快乐有强度差异，从弱到强表现为愉快、兴奋、狂喜，这种差异和个人所追求的目的对自身的意义以及实现这一目的的难易程度有关。

2. 恐惧

恐惧是个体受到威胁而产生的并伴随着逃避愿望的情绪。婴幼儿感到恐惧时会对存在的威胁表现出高度的警觉。恐惧是企图摆脱和逃避某种危险情景而又无力应付时产生的情绪。所以，恐惧的产生不仅仅与危险情景的存在相关，还与个人排除危险的能力和应付危险的手段有关。婴幼儿表现出恐惧情绪的时间较晚，可能与他建立对恐惧情景的认知较晚有关。

3. 愤怒

愤怒是愿望不能实现或为达到目的的行为受挫时个体产生的一种紧张且不愉快的情绪。愤怒时个体紧张感增强，有时不能自我控制，甚至会出现攻击行为。愤怒也有强度差异，一般的愿望无法实现时，个体只会感到不快或生气，但当遇到不合理的阻碍或恶意的破坏时，愤怒强度会急剧增长。愤怒对人的身心的伤害是明显的。

4. 悲哀

悲哀是个体在失去自己心爱的人或物或在自己的理想或愿望破灭时所产生的情绪。悲哀的程度取决于所失去的人或物的重要性和价值。感到悲哀时个体可能释放紧张感，从而哭泣。但是悲哀并不总是消极的，它有时能够转化为个体前进的动力。

三、情绪的机体表现

个体产生喜怒哀乐等情绪的时候，不仅可以从他的外部表现看出，也可以凭借他的一些机体表现来判断。

1. 呼吸

人在平静和紧张时，呼吸的频率、深浅、快慢等都不同，因此呼吸情况可用于判断人的情绪状态。比如，在大多数情况下，人在平静时每分钟呼吸20次，在高兴时每分钟呼吸17次，在恐惧时每分钟呼吸64次，在消极悲痛时每分钟呼吸9次。

2. 血压变化

人在情绪激动时往往会满脸通红，这是因为此时他的血管舒张，血糖含量增加。人在吃惊或恐惧时，心率比平静时高，血压也会升高。

3. 脑电波

人的情绪也会反映在脑电波上。人若处在闭目养神的状态下，脑电波一般呈现为 α 波，如果此时人突然睁开眼睛，就会出现 α 波阻断，脑电波呈现为 β 波。人在积极思考以及紧张、焦虑状态下，脑电波也呈现为这种高频率、低振幅的 β 波。

4. 皮肤电反应

不同的情绪会引起不同的皮肤电反应，这可解释为不同的情绪会使皮肤血管容积及汗腺分泌活动发生变化，进而使皮肤的导电性发生改变。人在紧张时，副交感神经活跃，皮肤血管收缩、汗腺分泌活动加强，皮肤就能够更好地导电。有关研究表明，皮肤电反应从强到弱对应的情绪依次为：紧张、惧怕、期待、不安、不愉快和愉快。人在紧张时，皮肤的导电效果最好。

5. 内外腺体的反应

人体内有两种腺体：外分泌腺和内分泌腺。汗腺、泪腺、唾液腺和消化腺属于外分泌腺，甲状腺、肾上腺和脑垂体属于内分泌腺。人的不同情绪会引起内外腺体的不同变化。例如，人处于消极情绪时，如感到焦虑、紧张和恐惧时，会抑制唾液腺、消化腺的活动和胃肠的蠕动，此时人就会感到口渴和食欲不振；反之，人处于积极情绪时，人的唾液、胃液和胆汁的分泌量就会增加。

6. 外部表情的变化

人的情绪在发生变化的同时，还伴有外部表情的变化，主要表现为面部表情、身体姿态和语言声调等方面。

（1）面部表情

人会通过眉、眼、嘴以及面部肌肉的变化来表现各种情绪。例如，在惊奇时，人会眉眼上扬、眨眼；恐惧时，人的眼神呆滞、脸色苍白、面部肌肉抖动；悲伤时，人的嘴角下垂，眉头紧缩。

（2）身体姿态

人的某种情绪也可以体现在身体各部位的动作中。例如，恐惧时，人会缩紧脖子和双肩，身体僵直；紧张时，人的身体僵硬或双手、双脚战栗；狂喜时，在伴随夸张的面部表情的同时，人会出现双手握拳或蹦跳等明显的外显动作。

（3）语言声调

人的情绪同时也体现在说话时的声调、速度、节奏等方面。低沉、缓慢的声调多表示悲伤、惋惜的情绪，高亢、急促的声调多表示激动、兴奋的情绪。

知识链接

婴幼儿恋物

婴幼儿恋物是指婴幼儿对某个特定对象表现出特殊的依恋情感或兴趣。这种行为通常发生在6个月～3岁，这个特定对象也被称为"安慰物"或"安全物"。

1. 安全感和情感安慰

婴幼儿恋物通常与他们的安全感和情感安慰有关。这个特定对象能够给予婴幼儿安全感和情感安慰，帮助他们应对分离焦虑或不适应的情况。

2. 情感依恋和亲密感

恋物行为也与婴幼儿的情感依恋和亲密感有关。这个特定对象成为婴幼儿与世界建立情感联系的媒介，他们投入大量的情感在这个特定对象上，以满足自己的情感需求。

3. 自我安慰和情绪调节

恋物行为有时可以作为婴幼儿自我安慰和情绪调节的方式。当婴幼儿感到焦虑、紧张或不安时，他们可能会寻找这个特定对象来安抚自己。

4. 逐渐减弱

随着婴幼儿的成长和发展，他们逐渐与他人建立起更为丰富的互动关系，因而对这个特定对象的依恋或兴趣会逐渐减弱。

照护者要理解婴幼儿在正常范围内的恋物行为，并为其提供支持。这种恋物行为通常属于婴幼儿发展中的一个阶段，对他们的情感发展和自我安慰起着积极的作用。然而，如果恋物行为过于持久或影响了婴幼儿的日常生活，建议照护者咨询儿童发展专家或心理学家，以获取更多的支持和指导。

第二节 情绪发展的理论

心理学中有关情绪发展的理论主要有埃里克松的心理社会发展理论（见第一章）、马斯洛的需要层次理论，以及依恋理论。

一、马斯洛的需要层次理论

亚伯拉罕·马斯洛（Abraham Maslow）是美国的比较心理学家和社会心理学家及人本主义心理学的创始人。人本主义心理学强调的是自我实现，即个体在成长过程中，其身心各方面的潜能都要获得充分的发展。个体之所以存在，就是为了自我实现，自我实现是人生的最高追求，也是人生价值的完满体现。马斯洛最著名的一个理论是需要层次理论，他从生物进化论和比较心理学的角度探讨人的内在价值，强调人的需要具有人类本能的性质，而且是由人的潜能决定的。

马斯洛认为人都潜藏着7种不同层次的需要，这些需要在不同的时期表现出的迫切程度是不同的。人最迫切的需要才是激励人行动的主要原因和动力。

马斯洛需要层次理论中7个层次的需要分别为生理需要、安全需要、社交需要、尊重需要、认知需要、审美需要和自我实现的需要，如图6-1所示。

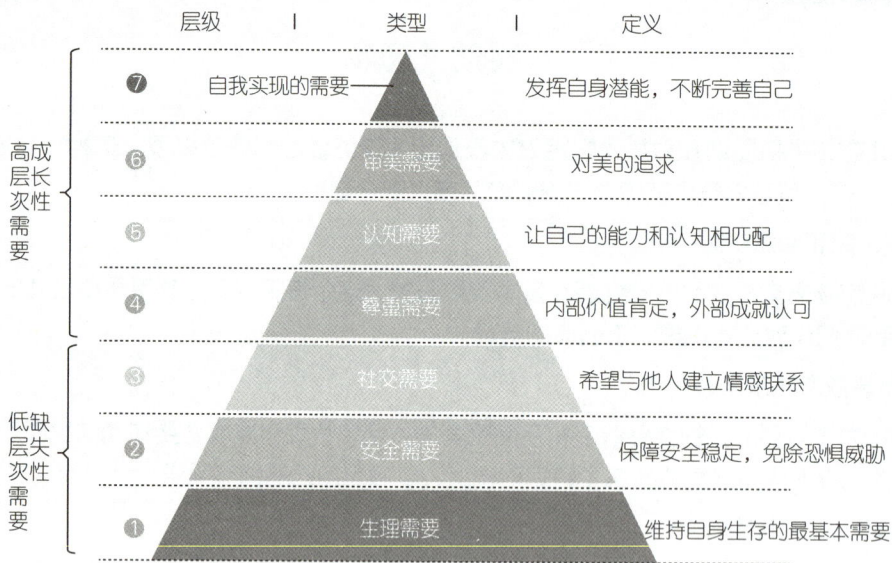

图6-1　马斯洛需要层次理论中7个层次的需要

1. 生理需要

生理需要是人们最原始、最基本的需要，如吃饭、穿衣等。若不满足生理需要，人就会有生命危险。这就是说，它是最强烈的、不可避免的、底层的需要，也是推动人们行动的强大动力。当一个人为生理需要所控制时，其他一切需要均退居次要地位。

2. 安全需要

安全需要是指对劳动安全、职业安全、生活稳定等的需要。安全需要比生理需要高一级，当生理需要得到满足以后，人们就要满足安全需要。每一个在现实中生活的人，都会产生安全需要。

3. 社交需要

社交需要也叫归属与爱的需要，是指个人渴望得到家庭、团体、朋友、同事的关怀、爱护、理解，也是对友情、爱情等的需要。社交需要比生理需要和安全需要更令人难以捉摸。它与一个人的性格、经历、生活区域、民族、生活习惯等都有关系，这种需要是难以察觉和度量的。

4. 尊重需要

尊重需要包括自尊需要和他人尊重需要。自尊需要是关于个体尊重自己的需要。它涉及渴望在社会中被他人认可、尊重和接受。满足自尊需要意味着个体能够培养自己的自信心、自尊心，并得到他人的赞扬、认可和肯定。除了渴望被他人尊重外，个体也渴望尊重和赞赏他人。这种他人尊重需要使个体关注社会中的人际关系，并展现对他人的尊重和理解。

5. 认知需要

认知需要又称认知与理解的需要，是指个体对自身和周围世界的探索、理解及解决疑难问题的需要。马斯洛将其看成克服阻碍的工具，当认知需要被满足时，其他需要的满足也会受到影响。

6. 审美需要

审美需要是指人们对美感、艺术、文化和美的体验的需要。这种需要包括欣赏美丽的事物、创造美的作品、参与艺术和文化活动以及追求个人创造力的欲望。审美需要不是生存所必需的，而是与文化、社会和个体发展有关的。审美需要与创造性和表现力密切相关，因为人们通过欣赏、创造和参与美的活动来实现这一层次的需要。

7. 自我实现的需要

自我实现的需要是最高等级的需要，是一种创造性的需要。有自我实现的需要的人，往往会竭尽所能，使自己趋于完美，实现自己的理想和目标，获得成就感。马斯洛认为，人在进行自我实现的过程中，会产生一种所谓的"高峰体验"的情感，这个时候的人处于最完美、最和谐的状态。

马斯洛认为7个层次的需要要由低层次一层一层向高层次递进，只有先满足低层次的需要，才能逐渐满足高层次的需要。

拓展链接

马斯洛的需要层次理论对婴幼儿情绪发展的指导

二、依恋理论

依恋理论是由约翰·鲍尔比（John Bowlby）和玛丽·安斯沃思（Mary Ainsworth）发展的心理学理论，它描述了婴幼儿与主要照护者之间依恋关系的形成和发展的过程，以及这种依恋关系对婴幼儿的影响。

1. 依恋行为系统

依恋理论认为，人们具有一种生物学上的依恋行为系统，该系统使人们寻求与主要照护者的亲密连接和保护。另外，依恋行为系统还会影响婴幼儿的情绪和欲望。

2. 安全依恋

安全依恋是一种健康的依恋模式，婴幼儿认为他们的主要照护者可靠可信，并且在他们需要时能给他们带来安全感和提供支持。婴幼儿不但会积极探索周围环境，而且会寻求主要照护者的亲近和安慰。

3. 不安全依恋

不安全依恋包括两种主要模式：回避型依恋和焦虑型依恋。回避型依恋的婴幼儿倾向于避免亲近和依赖，可能表现出冷漠的态度和独立的行为。焦虑型依恋的婴幼儿对主要照护者的可靠性和可信度感到不安，常常表现为焦虑、依赖和抗拒探索。

4. 依恋关系模型

依恋关系模型是婴幼儿在与主要照护者的互动中形成的内部工作模型，它会对婴幼儿日后的人际关系产生影响。安全依恋的婴幼儿往往形成积极的依恋关系模型，能够建立健康的亲密关系。

照护者可以通过创设充满温暖、支持和关爱的环境，与婴幼儿建立安全的依恋关系，满足婴幼儿的情感需求，促进他们的情绪发展和增强他们的社交能力。照护者应了解婴幼儿的依恋模式，以及与他们的互动方式，从而为他们提供个性化的照顾和支持。

知识链接

依恋理论在托育教师发展婴幼儿情绪方面的优点和缺点

依恋理论在托育教师发展婴幼儿情绪方面具有以下优点。

1. 奠定理论基础

依恋理论提供了一种深入理解婴幼儿情绪发展的理论框架。它强调早期亲子关系对婴幼儿情绪发展的重要性，使托育教师能够意识到亲密、安全的依恋关系对婴幼儿的积极影响。

2. 强调建立安全依恋关系的重要性

依恋理论强调建立安全依恋关系的重要性。托育教师可以通过创设充满温暖、支持和关爱的环境来与婴幼儿建立安全的依恋关系，从而促进他们的情绪发展和增强他们的自我调节能力。

3. 强调尊重个体差异的重要性

依恋理论强调尊重婴幼儿个体差异的重要性。托育教师可以根据婴幼儿的依恋模式和个体特点，提供个性化的照顾和支持，满足他们的情感需求，促进婴幼儿情绪的健康发展。

依恋理论在托育教师发展婴幼儿情绪方面具有以下缺点。

1. 理论复杂

依恋理论在某些方面较为复杂，涉及婴幼儿心理和情绪发展的多个方面。这可能对托育教师提出了一定的要求，托育教师需要深入学习和理解依恋理论的概念和原则。

2. 预测性有限

依恋理论并不总能完全准确地预测婴幼儿的情绪发展情况。每个婴幼儿都是独特的个体，其情绪发展受到多种因素的影响，如家庭环境、基因等。因此，托育教师需要综合考虑各种因素，而不仅依赖于依恋理论。

3. 主要关注早期阶段

依恋理论主要关注婴幼儿早期依恋关系的形成，对婴幼儿后续的情绪发展和人际关系建立可能缺乏全面的解释。托育教师需要结合其他理论和研究，以获得更全面的指导。

依恋理论对托育教师发展婴幼儿情绪具有重要的指导作用。它强调建立安全依恋关系和尊重个体差异的重要性，为托育工作的开展提供了一个基本框架。然而，托育教师需要综合考虑其他因素，并根据每个婴幼儿的独特需求和发展阶段，提供个性化的照顾和支持。

第三节 婴幼儿情绪发展的影响因素

早期亲子关系、照护者教养方式和家庭结构影响着婴幼儿情绪发展。

一、早期亲子关系

早期亲子关系指的是婴幼儿和其父母或主要照护者建立的亲密关系，这种关系对婴幼儿的身心发展和健康起着重要作用。

（1）情感联系

建立早期亲子关系的核心是建立情感联系。婴幼儿通过与父母或主要照护者的情感交流来建立安全感和信任感。

（2）亲密关注

父母或主要照护者的亲密关注对婴幼儿的情绪发展至关重要。这包括提供温暖、安全的环境。

（3）互动和交流

婴幼儿通过面部表情、眼神、声音和肢体语言等方式与父母或主要照护者进行互动和交流。父母或主要照护者的积极回应可以促进婴幼儿的语言、认知和情绪发展。

（4）共同体验

父母或主要照护者和婴幼儿之间的共同体验对早期亲子关系的发展至关重要。通过共同体验，父母或主要照护者和婴幼儿建立起情感连接和信任关系。

早期亲子关系对婴幼儿的发展有着深远的影响。稳定和温暖的早期亲子关系可以促进婴幼儿的社交能力、情绪调节能力、自我认知能力和语言能力的发展。此外，早期亲子关系还为婴幼儿建立安全基础，有利于他们树立自尊心和信任感。

在托育环境中，托育教师可以通过提供温暖和安全的环境、积极回应婴幼儿的需求、与婴幼儿进行互动和交流等方式，促进早期依恋关系的建立和发展。同时，托育教师还可以与家长合作，共同关注婴幼儿的发展需求，为婴幼儿提供支持和指导，以进一步促进早期亲子关系的健康发展。

1. 早期亲子关系对婴幼儿情绪认知能力的影响

早期亲子关系对婴幼儿的情绪认知能力具有重要的影响。情绪认知能力是指婴幼儿对自己和他人的情绪进行识别、理解的能力。

（1）情绪表达与理解

早期亲子关系中的互动和交流方式可以影响婴幼儿的情绪表达与理解能力的发展。父母或主要照护者的情绪表达方式和其对婴幼儿情绪的积极回应可以帮助婴幼儿学习表达情绪的方式，同时也能帮助他们理解他人的情绪。

（2）情绪调节能力与安全感建立

早期亲子关系中的情感支持和亲密关注可以帮助婴幼儿建立情绪调节能力和安全感。当婴幼儿遇到困难或产生负面情绪时，父母或主要照护者的情感支持和亲密关注可以帮助他们学会应对情绪，建立信任和依恋关系，从而提升他们的情绪认知能力。

（3）情绪共享和共情能力

早期亲子关系中的共同体验和情感共享可以增强婴幼儿的情绪共享和共情能力。通过与父母或主要照护者的互动，婴幼儿可以学习他人表达情绪的方式，并建立起情绪共享和共情能力。

（4）情绪认知的模仿者和指导者

早期亲子关系中，父母或主要照护者可以成为婴幼儿进行情绪认知的模仿者和指导者。他们可以通过语言和行为，帮助婴幼儿识别和理解情绪，教授婴幼儿情绪词汇，从而促进婴幼儿的情绪认知能力发展。

早期亲子关系对婴幼儿的情绪认知能力发展起着至关重要的作用。良好的早期亲子关系可以为婴幼儿提供安全的情感环境，促进婴幼儿的情绪认知能力发展。

2. 早期亲子关系对婴幼儿情绪自我调控能力的影响

早期亲子关系对婴幼儿情绪自我调控能力具有重要影响。情绪自我调控能力是指婴幼儿能够有效识别、理解和调节自己的情绪的能力。

（1）情绪共享和情感支持

早期亲子关系中的情绪共享和情感支持对婴幼儿情绪自我调控能力的发展至关重要。当父母或主要照护者积极回应婴幼儿的情绪需求，提供情感支持和安抚时，婴幼儿可以感受到情绪被接纳和获得安全感，从而更容易调节和管理自己的情绪。

（2）情绪调节方式的模仿和学习

在早期亲子关系中，父母或主要照护者作为婴幼儿情绪调节的模仿对象和学习对象，他们的情绪表达和调节方式可以被婴幼儿模仿和学习。通过观察父母或照护者的情绪调节策略，婴幼儿可以学会应对和调节自己的情绪。

（3）情绪标记和情绪识别

早期亲子关系中的互动和交流可以帮助婴幼儿学会情绪标记和情绪识别。当父母或主要照护者使用语言和非语言的方式表达自己的情绪，并与婴幼儿进行交流时，婴幼儿能逐渐学会将情绪与特定的情境和体验联系起来，从而更好地识别和理解自己的情绪。

（4）情绪调节策略的指导和教育

父母或主要照护者可以教授婴幼儿情绪调节的策略和技巧。通过使用适当的语言和行为模式，父母或主要照护者可以帮助婴幼儿学会情绪调节的方法，例如深呼吸、表达情绪、转移注意力等，从而促进婴幼儿情绪自我调控能力的发展。

早期亲子关系对婴幼儿情绪自我调控能力的发展具有长远的影响。良好的早期亲子关系可以为婴幼儿提供情绪调节的范例和支持，帮助他们发展情绪自我调控能力。

3. 早期亲子关系对婴幼儿人际交往的影响

早期亲子关系会对婴幼儿的人际交往能力和模式产生重要的影响。

（1）依恋关系的建立

早期亲子关系是婴幼儿建立依恋关系的基础。父母或主要照护者对婴幼儿的情感支持和关注可以促进婴幼儿建立安全的依恋关系，从而形成积极的人际交往模式。

（2）情绪共享和共情能力

早期亲子关系中的情绪共享和共情能力对婴幼儿的人际交往能力的发展起着重要作用。通过与父母或主要照护者的互动，婴幼儿能学会共享情绪和理解他人情绪，从而与他人共情并建立起情感联系。

（3）社交技巧的培养

早期亲子关系中，父母或主要照护者可以通过语言和行为，教授婴幼儿与他人进行分享、合作等的技巧，从而帮助婴幼儿建立积极的人际交往模式。

（4）亲子交往模式和沟通方式

早期亲子关系中形成的亲子交往模式和沟通方式对婴幼儿的人际交往产生了深远的影响。如果婴幼儿与父母或主要照护者有良好的沟通模式，婴幼儿更有可能在人际交往中展现积极的行为和与他人建立健康的关系。

早期亲子关系对婴幼儿人际交往的影响是综合而复杂的。良好的早期亲子关系可以为婴幼儿提供安全的情感环境，促进婴幼儿人际交往能力的健康发展和积极的人际交往模式的形成。

知识链接

孩子性格与亲子关系的联系

父母与孩子之间的亲子关系，是孩子在一生中建立的第一段人际关系，也是贯穿孩子一生的人际关系。很多父母往往忽视亲子关系的重要性。孩子在与父母的互动中，其实已经在逐渐形成自己独特的态度、行为，亲子关系则是影响孩子性格的重要因素。

有研究认为，一个人的态度、行为在婴幼儿期的亲子互动过程中早已奠定了基础，再经其后的儿童期、青年期等阶段的发展，逐渐形成独特的人格。亲子关系直接影响一个人的态度、行为、价值观、兴趣、理想等。

曾有研究机构对初中、高中、大学的学生进行调查研究，结果发现品学兼优且人际关系良好的学生中，有的家教好，有的自身勤奋聪慧，但在时常做出不良行为的学生中，95%的人都有着紧张的亲子关系、不良的家教。

因此，父母与孩子的亲子关系质量对孩子后天的性格发展起到至关重要的作用。和谐的亲子关系有助于发展孩子的人格，能够提高孩子的综合素质。在现代社会，父母都变得越来越重视对孩子的教育。但随着生活节奏加快，许多父母在忙碌的工作中日渐忽略与孩子进行良好互动的重要性，用简单的物质满足取而代之。因此，缺乏与父母之间的交流，感受不到父母身体力行的教导的孩子，将难以形成良好的人格。

父母应把自己关注的事情、正在做的事情，用最简单的语言与孩子分享，尝试多参与一些亲子活动。

二、照护者教养方式

黛安娜·鲍姆林德（Diana Baumrind）是美国加利福尼亚大学伯克利分校的发展心理学教授，她在20世纪60年代研究了100多个家庭，发现不同照护者教养方式的主要差别表现在爱和规矩两个维度上。她用满足需要和坚持要求来代表爱和规矩，通过不同维度的强弱结合得出4种照护者教养方式：专制型教养方式、放任型教养方式、忽视型教养方式和权威型教养方式。

1. 专制型教养方式

这是一种高限制型的教养方式。在这种教养方式下，照护者会给婴幼儿强加很多规则，并要求婴幼儿严格遵守。照护者还会随便使用权势，不鼓励婴幼儿对其制定的规则提出任何意见，但又很少对婴幼儿说明为什么他们要遵守这些规则，而且常用惩罚、强制的方式促使婴幼儿遵守规则。专制型教养方式下的婴幼儿更容易喜怒无常，不愿意与同伴合作，没有目标。

2. 放任型教养方式

这是一种宽松的教养方式。照护者几乎不会对婴幼儿提出要求，允许婴幼儿自由地表达自己的感受。这类婴幼儿受到照护者的约束和控制较少。放任型教养方式下的婴幼儿表现得更冲动并具有攻击性，他们往往以自我为中心，缺少行为规范，成就感都比较弱。

3. 忽视型教养方式

与放任型教养方式类似，忽视型教养方式是一种极度宽松且对婴幼儿没有任何要求的教养方式。忽视型的照护者对婴幼儿持冷漠态度，他们常常沉浸在自己的压力和问题中，对婴幼儿既不管束，也不回应，婴幼儿常常处于被忽视的状态。忽视型教养方式下的婴幼儿更容易出现反社会倾向。

4. 权威型教养方式

这是既强调控制又强调灵活性的教养方式。照护者会对婴幼儿提出合理的要求，而且会耐心地向婴幼儿解释为什么要遵守这些要求。权威型的照护者能理解婴幼儿的需求和观点，也常要求婴幼儿参与家庭决策，不过，他们期待婴幼儿能遵从他们所设定的规则，并在需要时使用权力和说理的方式（即诱导式的管教）来确保婴幼儿遵从规则。权威型的照护者是温暖的、慈爱的、支持婴幼儿的、诚心诚意的，与婴幼儿有良好的关系，同时，其对婴幼儿是有控制的，要求婴幼儿有成熟的行为。

鲍姆林德通过研究发现，婴幼儿的行为与照护者教养方式有密切的关联：专制型的照护者较易培养出冲动易怒型的婴幼儿，这些婴幼儿在大部分时间都是容易发脾气和不快乐的，他们易被干扰、无目标，也不喜欢被人围绕；权威型的照护者通常能培养出欢乐、自我信赖、有成就导向及乐于与他人合作的活力友善型的婴幼儿；放任型和忽视型的照护者常会培养出冲动攻击型的婴幼儿，这些婴幼儿通常很虚伪和以自我中心。

知识链接

有利于婴幼儿情绪发展的照护者教养方式

1. 给予温暖和关怀

给予婴幼儿温暖和关怀是促进婴幼儿情绪发展的关键。照护者应通过亲密的身体接触、温柔的语言和表情表达对婴幼儿的情感支持和关注。

2. 有情感反应和共鸣

照护者应对婴幼儿的情绪做出积极的反应，倾听婴幼儿的情感需求，并通过面部表情、声音和身体动作来回应。这种情感反应和共鸣有助于婴幼儿与照护者建立情感联系和发展情绪认知能力。

3. 提供规律和可预测的生活环境

为婴幼儿提供规律和可预测的生活环境对婴幼儿情绪发展非常重要。照护者应规划日常例行活动、规律的作息时间和安全的环境，以帮助婴幼儿建立安全感。

4. 建立安全的依恋关系

建立安全的依恋关系对婴幼儿情绪发展至关重要。照护者应为婴幼儿提供持续的情感支持，促使婴幼儿建立安全的依恋关系。安全的依恋关系可以帮助婴幼儿处理情绪，建立自信心和探索世界。

5. 情绪调节和共同经历

照护者可以通过情绪调节和共同经历来支持婴幼儿的情绪发展。照护者可以帮助婴幼儿认识、理解和管理自己的情绪，通过陪伴、安抚和指导来与婴幼儿共同经历不同的情境和挑战。

每个婴幼儿都是独特的，需要得到个体化的照护。照护者应根据婴幼儿的个性和需求，灵活地调整教养方式。照护者如果感到担忧或困惑，寻求专业的儿童发展专家或心理学家的建议和支持是非常有益的。

三、家庭结构

不同的家庭结构会对婴幼儿情绪发展产生不同的影响。

1. 离异家庭

离异家庭是指婚姻中的双方通过法律程序正式解除婚姻关系，从而使原本的夫妻关系结束的家庭。以下是离异家庭对婴幼儿情绪发展可能产生的一些影响。

（1）对情绪反应和调适能力产生影响

离异家庭可能会对婴幼儿的情绪反应和调适能力产生影响。婴幼儿可能面临父母分离带来的情感压力和不确定性，可能出现焦虑、沮丧等情绪反应。他们可能需要额外的支持和安抚来帮助他们适应变化和处理情绪。

（2）对依恋关系产生影响

离异家庭可能会对婴幼儿的依恋关系产生影响。婴幼儿通常与主要照护者建立安全的依恋关系，但在离异家庭中，他们可能需要适应与父母分开生活或与其他照护者建立新的依恋关系。这种变化可能对婴幼儿的情感稳定性和安全感产生影响。

（3）对家庭氛围和家庭支持产生影响

离异可能导致家庭氛围的不稳定性，如父母间的紧张、焦虑或沮丧，这种情绪可能会削弱婴幼儿的安全感和稳定感，对婴幼儿造成压力和焦虑，影响他们的情绪健康。同时离异可能导致父母间的沟通减少和支持减弱，这可能导致婴幼儿感到情感上的缺失，影响他们的安全感。

（4）父母关系的改变

离异可能导致父母关系的改变，进而会让婴幼儿感到困惑和不安全，导致对父母的信任问题，甚至影响其日后建立亲密关系的能力。婴幼儿可能因为父母关系的改变而体验到情绪上的不稳定，他们可能会哭闹、拒绝、暴躁或者表现出其他的不良情绪反应，这可能会影响他们的情绪调节能力和自我安抚能力。

照护者在处理离异时，应重视婴幼儿的情感健康，提供稳定和支持性的环境，保持积极的情感互动，坦诚地解释情况，并为婴幼儿提供适当的心理支持，这有助于他们逐渐适应变化。

2. 重组家庭

重组家庭是指离婚后，父母与新伴侣重新组建的家庭。重组家庭对婴幼儿可能产生以下影响。

（1）需要重新调适和适应

重组家庭可能引起婴幼儿的情感调适困难。婴幼儿可能需要适应与原生父母分开生活、与继父母或继兄弟姐妹建立新的关系，以及适应家庭结构的变化。在这些方面适应不良可能对婴幼儿的情绪稳定性和安全感产生影响。

（2）需要重新建立依恋关系

重组家庭可能需要婴幼儿重新建立与继父母或继兄弟姐妹之间的依恋关系，而这对于婴幼儿来说可能是一个艰难的过程。在这个过程中，照护者应提供稳定、温暖和支持性的环境，以满足婴幼儿的情感需求。

（3）重新适应家庭氛围和家庭关系

重组家庭打破了婴幼儿熟悉的家庭结构，导致他们感到不稳定和不安全。婴幼儿需要时间来适应新的家庭氛围，建立起新的安全感。在重组家庭中，婴幼儿需要重新定义家庭角色和身份。他们会在新的家庭结构中扮演不同的角色，这对他们的自我认知和身份发展产生影响。重组家庭中的婴幼儿获得的情感支持会受到影响。婴幼儿需要适应新的家庭动态和与新的家庭成员之间的关系，这会影响他们得到情感支持的能力。

（4）需要原/继父母加强合作和沟通

在重组家庭中，原/继父母之间的合作和沟通对婴幼儿情绪发展至关重要。积极的原/继父母关系和有效的沟通可以帮助婴幼儿建立情感稳定性和安全感，有助于他们适应重组家庭带来的变化。

积极的家庭氛围、情感支持、开放的沟通和情感教育等因素都可以促进重组家庭中婴幼儿情绪的健康发展。家庭成员的关心、理解是帮助婴幼儿建立稳定情感基础的关键。

拓展链接

什么样的家庭结构有利于促进婴幼儿情绪发展

第四节　各阶段婴幼儿情绪发展

　　婴幼儿的情绪在不同发展阶段变化很大，并且每个婴幼儿都有自己独特的发展节奏和风格。因此，照护者要给予婴幼儿充分的理解、支持，以促进他们情绪的健康发展。照护者的关怀和积极的互动对于促进婴幼儿的情绪发展非常重要。

一、0～1岁婴幼儿情绪发展

　　0～1岁婴幼儿的心理活动开始萌芽，婴幼儿开始有情绪、情感，并依靠自身的情绪反应与照护者进行交流。

1. 0～6个月婴幼儿情绪发展

　　（1）基本情感的扩展：随着成长，婴幼儿的情感范围逐渐扩展，从最初的对满足基本需求的反应，发展到逐渐表现出更多的情感，如兴奋、喜悦、不悦、伤心（见图6-2）等。

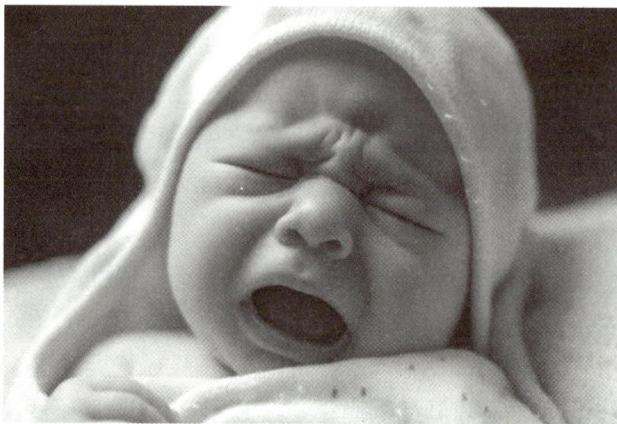

图6-2　婴幼儿紧张

　　（2）初步的社会笑容：2～3个月婴幼儿展示出真正的社会笑容，如图6-3所示，而不仅仅展现生理反射。他们会对照护者的面部表情、声音和互动做出积极回应。

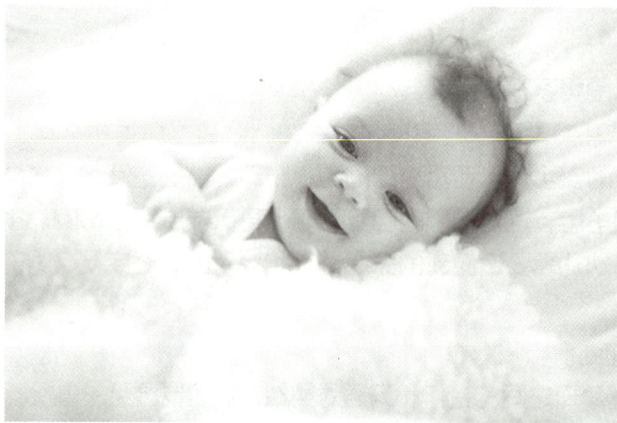

图6-3　婴幼儿社会笑容

　　（3）情感互动的增加：3～6个月婴幼儿会更积极地与周围的人进行情感互动。他们会通过模仿照护者的面部表情、发出咿呀声、摆动手臂等方式来回应照护者的情感表达。

　　（4）分离焦虑的出现：4～6个月婴幼儿表现出对与照护者分离的焦虑，这是因为他们已经建立了与照护者的情感联系。

（5）情感表达的多样性：婴幼儿的情感表达变得更加多样化和丰富，包括笑、哭、发出咿呀声、手臂挥动等。他们会在不同情境下展示出不同的情感。

（6）对外界刺激的敏感性：婴幼儿对外界刺激的敏感性增强。他们会对声音、颜色、光线等刺激做出明显的情感反应。

（7）对陌生人的反应：4～6个月婴幼儿会对陌生人产生警惕和回避的反应，这是因为他们正在建立安全感和信任感，如图6-4所示。

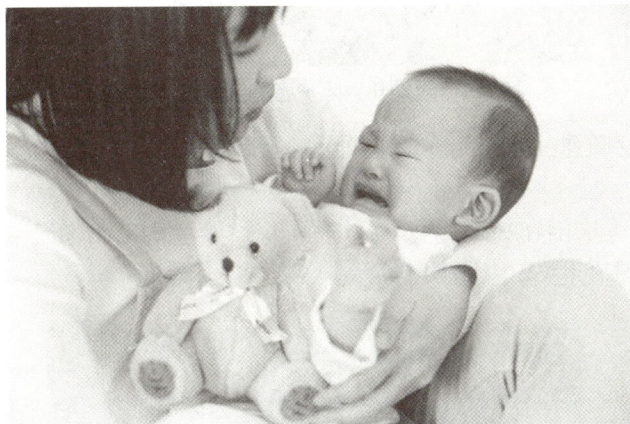

图6-4　婴幼儿对陌生人的回避反应

（8）情感调适的挑战：婴幼儿会经历情感调适的挑战，因为他们有了更多种类的情感。照护者的安抚和支持对于帮助他们学会情感调适至关重要。

在0～6个月，婴幼儿的情感发展是基于与照护者的情感互动和亲子关系的。照护者的情感支持、积极互动以及提供安全、温暖的环境对婴幼儿情感的健康发展至关重要。

2. 7～12个月婴幼儿情绪发展

（1）情感的丰富性：婴幼儿的情感范围继续扩展，他们表现出更多种类的情感，如愤怒、好奇（见图6-5）等。

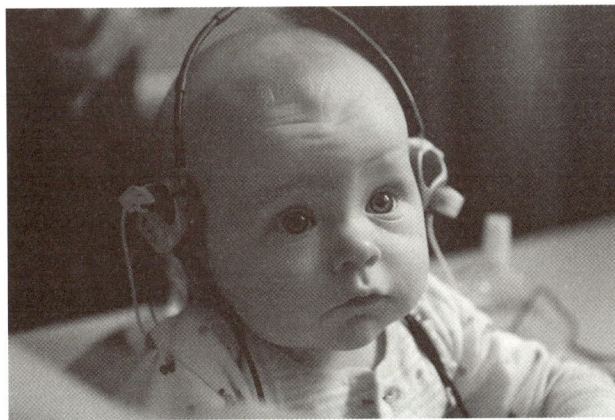

图6-5　婴幼儿好奇

（2）情感表达的多样性：婴幼儿通过面部表情、声音、姿势和动作等多种方式来表达情感。他们会通过笑、叫喊、挥手等方式来与周围的人进行情感互动。

（3）情感互动的增加：婴幼儿会更积极地参与情感互动。他们会对照护者的笑脸做出回应，如图6-6所示，或者通过咿呀声来模仿周围的声音。

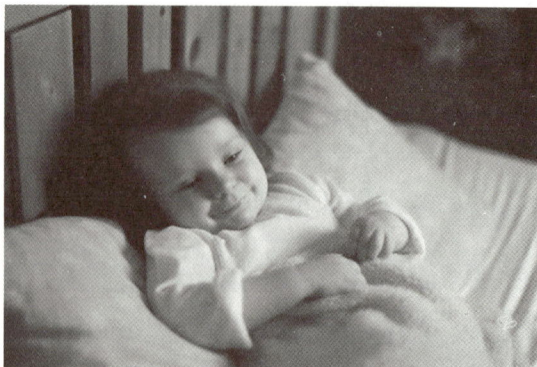

图6-6　婴幼儿对照护者的笑脸做出回应

（4）情感分辨能力的增强：婴幼儿逐渐能够分辨不同的情感，比如区分照护者的开心和不满意的表情。

（5）探索和好奇心：婴幼儿的好奇心变得更加强烈。他们会对新事物产生兴趣，然后通过触摸、抓取和品尝等方式来探索周围的世界，如图6-7所示。

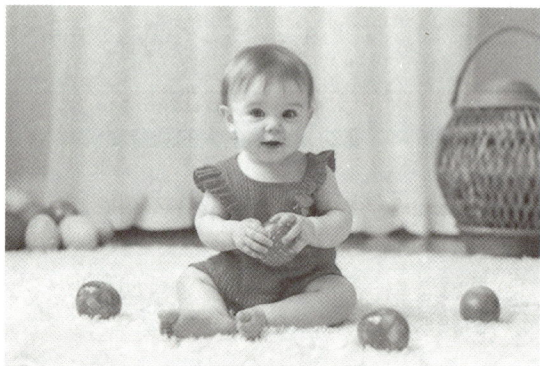

图6-7　婴幼儿玩球

（6）分离焦虑和对陌生人的反应：婴幼儿会对陌生人产生警惕和回避的反应，这是因为他们正在继续建立安全感和信任感。

（7）情感的记忆和联想：婴幼儿逐渐发展出对情感的记忆和联想能力。他们会记得之前的情感体验，并根据这些体验来对应类似情境。

（8）情感调适的学习：婴幼儿逐渐学会更有效地调适情感。他们将逐渐学会通过照护者的安抚和支持来缓解负面情感。

照护者在婴幼儿7～12个月时可以通过积极的情感互动、情感教育和提供安全的环境来促进婴幼儿的情感发展。建立稳定的亲子关系和进行积极的情感交流有助于婴幼儿建立情感健康发展的基础。

课程案例　　0～1岁婴幼儿情绪发展的托育课程

1. 0～6个月婴幼儿情绪发展的托育课程——感受情绪

（1）课程目的

① 建立亲密关系，促进婴幼儿的安全感。

② 通过互动，促进婴幼儿的情绪认知。

（2）课程准备

轻柔的音乐、发声玩具。

（3）课程实施方法

①身体皮肤接触游戏

教师和婴幼儿进行亲密的身体皮肤接触，如拥抱、轻拍、按摩等，以建立亲密关系。

②声音刺激游戏

教师播放轻柔的音乐或使用发声玩具，为婴幼儿提供舒缓的声音刺激，创造舒缓、放松的氛围。

③面部表情交流游戏

教师和婴幼儿进行面对面的表情交流，教师模仿婴幼儿的各种表情，增强婴幼儿对各种情绪的认知。

2. 7～12个月婴幼儿情绪发展的托育课程——探索情绪

（1）课程目的

①帮助婴幼儿认知和理解不同的情绪。

②通过互动，促进婴幼儿了解情绪的变化。

（2）课程准备

简单的面部表情图卡或玩具、图画书。

（3）课程实施方法

①认知情绪游戏

教师使用简单的面部表情图卡或玩具，指导婴幼儿认知基本的情绪表达，如快乐、悲伤、生气等。

②情绪识别游戏

教师通过讲图画书或讲婴幼儿可以理解的情绪故事，通过故事引导婴幼儿认知和理解情绪变化。

③情绪表达和模仿游戏

教师引导和鼓励婴幼儿通过面部表情、声音和动作来模仿和表达不同的情绪。

二、1～2岁婴幼儿情绪发展

1. 13～18个月婴幼儿情绪发展

（1）情感的复杂性：婴幼儿的情感变得更加复杂，他们会体验到更多种类的情感，如焦虑（见图6-8）。

图6-8 焦虑的婴幼儿

（2）情感表达的多样性：婴幼儿会通过更多的情感表达方式来与周围的人交流。除了面部表情和声音，他们还会使用动作和姿势来表达情感，如图6-9所示。

图6-9 婴幼儿通过共读图画书向照护者表达情感

（3）情感分享：婴幼儿会更积极地与他人分享情感体验。他们会指着有趣的事物，然后用兴奋的声音来表达自己的情感。

（4）情感理解能力的发展：婴幼儿逐渐理解他人的情感。他们会对照护者的情感表达做出回应，例如当照护者高兴时，他们会笑；当照护者不满时，他们会感到困惑。

（5）情感互动的增加：婴幼儿会更积极地与周围的人进行情感互动。他们会通过模仿、玩耍和亲近来表达情感。

（6）自我认知的初步形成：婴幼儿会开始形成初步的自我认知。他们会在镜子中看到自己，从而对自己的存在有一定的认知，如图6-10所示。

图6-10 婴幼儿与镜中的自己互动

（7）情感调适的学习：婴幼儿继续学习如何调适情感。照护者的情感教育和安抚可以帮助他们学会更有效地处理情感挑战。

（8）情感记忆的发展：婴幼儿发展出更长期的情感记忆。他们会记得之前的情感体验，并在未来的情境中应用这些记忆。

2. 19～24个月婴幼儿情绪发展

（1）情感的丰富性：婴幼儿的情感变得更加丰富多样。他们会拥有更多种类的情感，如惊讶（见图6-11）、不满等。

图6-11　婴幼儿露出惊讶的表情

（2）情感理解的深化：婴幼儿可以更深入地理解他人的情感。他们会注意到他人的情感表达，并尝试回应。

（3）自我认知的增强：婴幼儿的自我认知进一步增强。他们知道自己的名字，可以认出自己的一些身体部位，从而对自己的存在有更深刻的认知。

（4）情感共鸣和同理心：婴幼儿可以体验情感共鸣和同理心。他们会表现出对他人情感的关注，尝试安抚或安慰他人。

（5）情感调控的进步：婴幼儿继续学习如何调控情感。他们会使用一些自我安抚的策略，如拥抱自己的玩具（见图6-12）或亲近的人。

图6-12　婴幼儿拥抱毛绒玩具

（6）情感的复杂性：婴幼儿会表现出更复杂的情感，如既兴奋又不满的情感。

（7）情感与行为的联系：婴幼儿会更深刻地理解情感与行为之间的关系。他们会学会在情感引导下采取不同的行为。

19～24个月婴幼儿的情感发展进一步塑造他们的情感智力和情感社交能力。照护者可以通过提供支持、鼓励积极情感表达和引导情感调控来帮助婴幼儿建立健康的情感发展基础。

课程案例　1～2岁婴幼儿情绪发展的托育课程

1. 13～18个月婴幼儿情绪发展的托育课程——理解情绪

（1）课程目的

① 帮助婴幼儿理解不同的情绪。

②培养婴幼儿情绪调节和自我表达能力。

（2）课程准备

表情玩具或面部表情图卡、绘画的工具（蜡笔和画纸）。

（3）课程实施方法

①情绪认知游戏

教师使用表情玩具或面部表情图卡，引导婴幼儿识别和命名不同的情绪，鼓励他们模仿这些表情，并一起讨论这些情绪产生的原因。

②情绪表达的绘画游戏

教师提供绘画的工具（蜡笔和画纸），鼓励婴幼儿通过绘画来表达自己的情绪，并引导婴幼儿描述他们的画作所表达的情绪。

③情绪调节游戏

教师指导婴幼儿进行简单的情绪调节游戏，例如教师模拟婴幼儿哭泣后提供安抚，帮助婴幼儿了解和学习情绪调节。

2. 19～24个月婴幼儿情绪发展的托育课程——情绪表达

（1）课程目的

①帮助婴幼儿理解复杂情绪，如愤怒、失望和喜悦。

②培养婴幼儿情绪调节和自我表达能力。

（2）课程准备

简单生动的图画书或故事、欢快的音乐和悲伤的音乐。

（3）课程实施方法

①情绪故事游戏

教师讲述不同情绪的故事，鼓励婴幼儿参与和讨论不同情绪产生的原因。

②情绪表达游戏

教师提供模拟情绪表达的游戏，如模仿不同表情、表达特定情绪等，帮助婴幼儿更好地理解情绪及情绪的表达方式。

③音乐游戏

教师播放欢快的音乐和悲伤的音乐，鼓励婴幼儿通过不同情绪感受的音乐表达自己的情绪和想法，鼓励婴幼儿讲述在两种不同情绪感受的音乐中，他们的情绪感受各是什么。

三、2～3岁婴幼儿情绪发展

1. 25～30个月婴幼儿情绪发展

（1）情感表达的广度和深度：婴幼儿的情感表达变得更加广泛和深入。他们表现出更多种类的情感，并且会更准确地描述自己的情感体验。

（2）情感共鸣和同理心的发展：婴幼儿可以更深入地体验情感共鸣和同理心。他们会表现出对他人情感更强烈的关注，尝试帮助、安慰他人和分享情感。

（3）情感表达的适应性：婴幼儿会根据不同情境来选择合适的情感表达方式，如在社交场合中保持礼貌。

（4）情感交流的复杂性：婴幼儿的情感交流变得更加复杂。他们会使用更多的言语、肢体动作和面部表情来与他人分享情感体验。

（5）情感理解能力的提高：婴幼儿对他人情感的理解变得更加准确。他们会对他人的情感需要和愿望有更深入的认识。

（6）情感调控能力的增强：婴幼儿继续发展情感调控的能力。他们会使用更多的方法来自我安抚，如找到适当的玩具或寻求照护者和家中宠物的支持，如图6-13所示。

图6-13　婴幼儿与宠物狗互动

（7）自我认知和情感的联系：婴幼儿可以更深刻地理解自己的情感体验。他们能够描述自己的情感，会用语言表达自己的情感状态。

（8）社交情感规则的学习：婴幼儿逐渐学会社交情感规则，如在社交场合中适当地表达情感，尊重他人的情感等。

25～30个月已经成为婴幼儿情感智力和社交能力发展的关键时期。照护者通过鼓励积极的情感表达、教授社交情感规则和提供支持来促进婴幼儿的情感发展，帮助他们在情感社交领域取得更大的进步。

2. 31～36个月婴幼儿情绪发展

（1）情感的多样性和深度：婴幼儿的情感体验变得更加多样和深刻。他们会体验到更复杂的情感，如羞怯、自豪（见图6-14）、同情、幽默等。

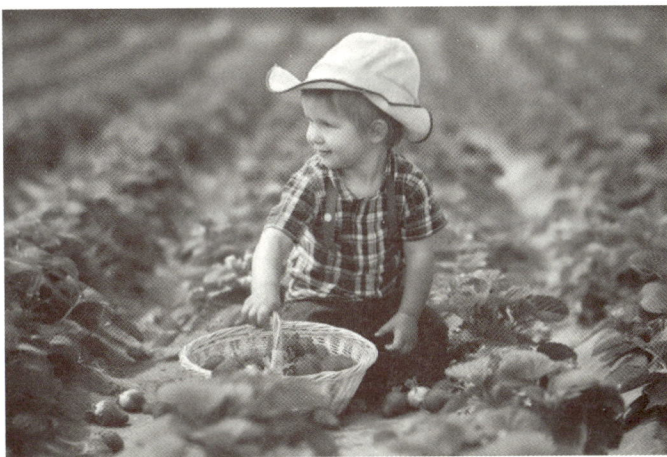

图6-14　婴幼儿露出自豪的表情

（2）社交情感规则的应用：婴幼儿逐渐学会适应社交情感规则。他们会更好地理解何时该表达情感，何时该控制情感，以及如何适当地回应他人情感。

（3）情感交流的复杂性：婴幼儿的情感交流变得更加复杂。他们会使用更丰富的词汇、肢体语言和面部表情来与他人分享情感体验。

（4）情感调控：婴幼儿继续发展情感调控的能力。他们学会更多的方法来处理负面情感，如通过适当的沟通或寻求帮助。

（5）同伴关系中的情感：婴幼儿会更积极地与同伴互动，并在同伴关系中体验情感。他们学会与同伴分享、合作和解决冲突，如图6-15所示。

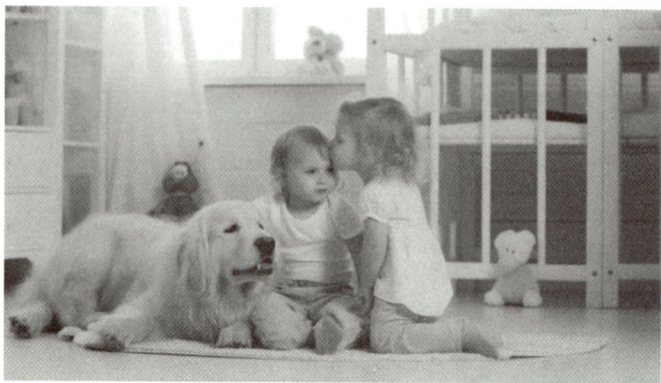

图6-15　婴幼儿与同伴互动

（6）自我认知和情感：婴幼儿可以更深刻地理解自己的情感和个性。他们能够描述自己的情感体验和喜好。

（7）情感的长期记忆和情感发展：婴幼儿建立时间更长的情感记忆，这些记忆会影响他们未来的情感发展和社交。

31～36个月婴幼儿的情感发展进一步塑造他们的情感管理技能。照护者通过积极的情感教育、教授社交情感规则和支持他们与同伴互动来促进婴幼儿的情感发展，帮助他们建立牢固的情感社交基础。

课程案例　　2～3岁婴幼儿情绪发展的托育课程

1. 25～30个月婴幼儿情绪发展的托育课程——情绪表达与冲突解决

（1）课程目的

① 帮助婴幼儿表达复杂情绪，如挫折、失望和愤怒。

② 培养婴幼儿的合作能力和冲突解决能力。

（2）课程准备

婴幼儿熟悉的有关复杂情绪（如挫折、失望和愤怒）的绘本故事。

（3）课程实施方法

① 情绪认知的角色扮演游戏

教师指导婴幼儿根据熟悉的绘本故事，以角色扮演的形式模拟绘本中的复杂情绪（如挫折、失望和愤怒），鼓励婴幼儿一边讲解绘本故事的情节，一边模拟每个角色的复杂情绪表达。

② 冲突解决的角色扮演游戏

教师引导婴幼儿进行简单的冲突解决游戏，比如两个婴幼儿同时想要一个玩具，引导婴幼儿一起讨论或示范解决问题的方法，例如引导婴幼儿通过语言或动作来表达自己的想法和情绪（如挫折、失望和愤怒），鼓励他们倾听和理解对方的立场，并通过轮流使用、分享或寻找其他玩具等方式，引导婴幼儿学习合作、沟通和解决问题的技能。

2. 31～36个月婴幼儿情绪发展的托育课程——情绪管理

（1）课程目的

培养婴幼儿理解和管理情绪的能力。

（2）课程准备

不同情绪的图片、不同颜色的橡皮泥。

（3）课程实施方法

① 情绪分享和表达游戏

教师通过角色扮演、以婴幼儿识别不同情绪的图片等方式，帮助婴幼儿识别和理解不同情绪，并鼓励婴幼儿分享自己的情绪经历。

教师提供不同颜色的橡皮泥，鼓励婴幼儿通过橡皮泥作品表达不同的情绪，并用语言描述他们作品所表达的情绪。

② 情绪管理游戏

教师鼓励婴幼儿之间分享他们的情绪，引导婴幼儿倾听其他同伴的情绪，帮助他们理解他人情绪。

教师指导婴幼儿通过深呼吸、数数字等简单的技巧来管理自己的情绪。

教师指导婴幼儿通过阅读有关情绪管理的故事书和表现不同的情绪，让他们学会认识和管理自己的情绪。

延伸思考

托育教师指导
婴幼儿情绪发展的
注意事项

课后练习题

1. 简述情绪的定义与分类。
2. 根据依恋理论，编写促进婴幼儿情绪发展的托育课程。
3. 根据本章内容，编写指导家长正确建立与婴幼儿的亲子关系的托育课程。

第七章
婴幼儿社会性发展

本章学习目标

1. 了解社会性发展的定义。
2. 掌握婴幼儿社会性发展的定义。
3. 掌握婴幼儿社会性发展的特点。
4. 掌握婴幼儿社会性发展的过程。
5. 了解婴幼儿社会性发展的意义。
6. 掌握家庭对婴幼儿社会性发展的影响。
7. 掌握婴幼儿社交技能培养的重要性。
8. 学会运用促进婴幼儿社交技能发展的方法。
9. 掌握各阶段婴幼儿社会性发展的表现。
10. 学会运用促进婴幼儿社会性发展的托育课程。

第一节　婴幼儿社会性发展概述

　　婴幼儿从出生开始就处于复杂的社会环境与社会关系中，为了能够与他人交往，为了能够被自己所处的社会所接受，他们必须学习并接受这个社会特有的价值规范、风俗习惯和行为标准等。

一、社会性发展的定义

　　社会学家认为，社会性是指生物作为集体活动的个体，或作为社会一员而活动时所表现出的有利于集体和社会发展的特性。人不是唯一具有社会性的动物，但是社会性却是使人不能脱离社会而孤立生存的属性。人的社会性表现为人的社会属性和整合人类整体运行发展要求的基本特性，如利他性、服从性、依赖性等，人的社会性并不是与生俱来的，是其在成长过程中及与环境的相互作用中慢慢习得的。

　　根据个体发展的不同时期对社会性进行划分，主要有早期社会性、预期社会性、发展社会性、反向社会性和再社会性。

1. 早期社会性

　　早期社会性是指个体在生命早期所经历的基本社会性，主要是指婴幼儿掌握语言、学习知识，将社会规范与价值标准内化，与周围人进行交往并建立情感联系。早期社会性发生在个体出生后的婴幼儿阶段。在这个阶段，婴幼儿通过与照护者的亲密互动，建立起基本的社会联系和依恋关系。他们开始学习社会规范和行为模式，以及掌握基本的沟通和互动技巧。

2. 预期社会性

预期社会性发生在儿童和青少年阶段。在这个阶段，个体开始接受正式的教育和培训，学习社会价值观、道德规范和扮演社会角色。他们开始逐渐融入社会群体，学会与他人合作、竞争和解决冲突。例如，学校里进行的教育、设置的课程、开展的活动等，都有利于他们为将来扮演对应的角色做准备。

3. 发展社会性

发展社会性发生在成年阶段，个体进一步发展自我认同和自我实现的能力。他们在职场、家庭和社会中逐渐发展成熟，并通过社会互动和经验来塑造自己的个人特征和增强自己的社会适应能力。作为社会人，个体将随着环境和自身状况的变化，接受新的期待、扮演新的角色、承担新的任务等。在社会化过程中，个体使用新学到的东西对原来已经学到的东西加以补充、改组，并使两者融为一体。

4. 反向社会性

反向社会性指的是个体在成年后可能经历的从社会化状态到非社会化状态的转变。这种转变可能出于各种原因，如退休、失业、离婚等，会导致个体重新评估自己的社会角色和身份，重新适应社会环境。

5. 再社会性

再社会性是指个体舍弃过去接受的社会道德规范和价值标准，重新学习新环境中所要求的社会道德规范和价值标准的过程。再社会性有两种基本形式，一是主动的再社会性，即个体主动地适应新环境，例如，国外的留学生在不同程度上抛弃过去已掌握的社会道德规范和价值标准，重新学习新环境中的社会道德规范和价值标准；二是强制的再社会性，如罪犯接受教育和改造。

这些不同类型的社会性反映了个体在不同生命阶段面临着不同的社会化需求和挑战。了解这些社会性类型有助于我们理解个体在不同阶段的发展和适应过程。

二、婴幼儿社会性发展的定义

婴幼儿社会性发展是指婴幼儿从出生到3岁期间，在社会互动和经验的影响下，逐步发展出与他人建立联系以及进行互动和合作的能力。婴幼儿社会性发展涉及婴幼儿的认知、情感表达、互动、合作与分享和社会规范与行为准则等方面。

1. 认知

婴幼儿开始逐渐认识和理解他人，能够区分熟人和陌生人，表现出对他人的注意和兴趣。他们能够分辨他人的面部表情和身体语言，以及理解他人的意图和感受。

2. 情感表达

婴幼儿通过面部表情、声音和身体语言等表达自己的情感和需求。他们能够表达喜悦、不安、兴奋、惊讶等情绪，并逐渐学会与他人分享情感和建立情感联系。

3. 互动

婴幼儿开始主动与他人互动，例如通过眼神接触、微笑、做手势和发出声音等方式进行交流。他们能够与他人建立起基本的关系，通过互动来探索和了解社交规则和行为模式。

4. 合作与分享

随着成长，婴幼儿开始体验和理解合作的重要性，逐渐能够参与合作活动，并学会分享和协作。

5. 社会规范与行为准则

通过与他人的互动，婴幼儿逐渐理解和接受社会规范，并开始遵守基本的行为准则。

婴幼儿社会性发展的关键任务是建立亲子关系、建立情感联系、探索社会和学习社交技能。这对于婴幼儿的整体发展和未来社交能力的发展具有重要影响，同时也为他们构建健康的人际关系奠定了基础。

知识链接

婴幼儿社会规范的含义

婴幼儿社会规范是指在社会交往中，婴幼儿所应遵守的行为规范和准则。掌握它们是婴幼儿参与社会生活的基础，能帮助婴幼儿理解和适应社会环境，建立良好的社会关系。

1. 社会行为规范

社会行为规范是指婴幼儿在社会互动中应该遵循的行为准则，例如分享、尊重他人、互助合作等，能帮助婴幼儿理解与他人共处的基本原则，促进婴幼儿与他人建立良好的社交关系。

2. 社会礼仪规范

婴幼儿需要学习社会生活中的礼仪规范，例如打招呼、道谢、道歉等，以建立良好的人际关系，培养讲礼貌、尊重和关心他人的意识。

3. 社会规则和约束

婴幼儿需要逐渐学会遵守社会规则和约束，例如遵守家庭规定、遵循托育机构的规章制度等，这能帮助他们了解行为的限制和做出不符合规则的行为的后果，培养责任感和自律意识。

4. 情绪表达规范

婴幼儿需要学会适当表达和调控情绪，例如学会用面部表情或身体语言表达自己的情绪，并遵守与他人交流时的相应规范。这有助于婴幼儿建立有效的与他人沟通和理解他人的能力。

婴幼儿社会规范的含义涉及婴幼儿在社会交往中的行为、礼仪、规则遵守以及情绪表达等方面。通过学习和遵守这些规范，婴幼儿能够更好地适应社会环境，与他人建立积极、健康的关系，并逐渐发展出社会责任感、合作精神和情绪调控能力。

三、婴幼儿社会性发展的特点

每个婴幼儿的社会性发展进程是独特的，有些婴幼儿可能在某些方面发展较快，而在另一些方面发展较慢。照护者应为婴幼儿提供充满关爱、支持和具有适当刺激的环境，以促进他们的社会性发展。

1. 基于依恋关系

依恋关系是婴幼儿社会性发展的基础。婴幼儿首先与父母或其他照护者建立亲密的依恋关系，通过与父母或其他照护者的互动来满足自身基本的情感和社交需求。

2. 敏感性和主动性

婴幼儿对外界的刺激和互动表现出敏感性和主动性。他们会对声音、面部表情、身体接触等外部刺激做出反应，并通过眼神接触、微笑、哭泣等方式与他人进行互动。

3. 观察和模仿

婴幼儿通过观察和模仿他人的行为来学习社交技能和行为准则。他们会模仿他人的面部表情、动作和语言，并逐渐学会与他人建立联系、互动和合作。

4. 情感表达和分享

婴幼儿逐渐学会表达自己的情感，并尝试与他人分享自己的情感。他们通过面部表情、声音、身体动作等来表达喜悦、不安、兴奋等情绪，并与父母或其他照护者建立情感联系。

5. 探索欲望和好奇心

婴幼儿具有强烈的探索欲望和好奇心。他们通过触摸、抓握、摸索等方式探索周围的环境，并通过互动来发展认知和社交技能。

6. 社会规范和行为准则的学习

婴幼儿在社会性发展中通过与父母或其他照护者的互动，逐渐理解和接受社会规范，并开始遵守基本的行为准则。

婴幼儿在与他人的互动中逐渐建立起社会联系和依恋关系，学会与他人合作，表达和分享情感。婴幼儿社会性发展为其整体发展奠定了重要基础，也为他们未来的社交能力的发展和人际关系的建立打下了基础。

四、婴幼儿社会性发展的过程

婴幼儿社会性发展是一个渐进的过程。

1. 0~3个月

在这个阶段，婴幼儿主要通过面部表情和声音来与他人互动。他们会对父母或其他照护者的声音和面部表情产生兴趣，并通过微笑、眨眼等方式回应。

2. 4~6个月

婴幼儿开始对周围环境更加敏感，对陌生人和熟人之间的差异有所了解。他们逐渐学会通过声音、手势和面部表情来引起他人的注意，并期待他人的回应。

3. 7~12个月

在这个阶段，婴幼儿开始展示出更强的主动性和互动意愿。他们会主动向他人伸出手，尝试与他人进行接触和互动。他们还会通过模仿他人的动作和表情来发展自身的社交技能，并逐渐发展出自己独特的社交方式。

4. 1~2岁

在这个阶段，婴幼儿的社交技能和语言能力逐渐提升。他们开始使用简单的词语或短语来表达自己的意愿和情感，能够理解简单的指令和要求。他们逐渐学会与他人分享玩具并参与简单的合作活动。

5. 2~3岁

在这个阶段，婴幼儿的社交能力得到进一步发展。他们能够使用更多的词语和句子来表达自己的想法，并开始发展基本的交流技能。他们逐渐理解社交规范和行为准则，并学会与他人进行友好的互动和合作。

这些阶段展示了婴幼儿社会性发展的过程，婴幼儿从最初的依赖和简单的互动方式到逐渐发展出自己独特的社交技能和交流能力。在这个过程中，婴幼儿通过与父母或其他照护者和其他婴幼儿的互动来建立情感联系、学习社交规范和行为准则，并逐渐适应社会环境。这对于他们的整体发展和未来人际关系的建立具有重要意义。

五、婴幼儿社会性发展的意义

婴幼儿社会性发展具有重要的意义，对他们的整体发展和未来人际关系的建立具有深远影响。

1. 建立依恋关系

婴幼儿社会性发展的早期阶段是建立依恋关系的关键时期。通过与父母或其他照护者的亲密互动，婴幼儿建立起安全的依恋关系，这对于他们的情感发展和心理健康至关重要。

2. 社交技能的发展

在社会性发展过程中，婴幼儿逐渐学会与他人互动、合作和分享。通过与父母或其他照护者和其他婴幼儿的互动，婴幼儿发展出基本的社交技能，如用面部表情、语言进行沟通等，这为他们未来人际关系的建立打下了基础。

3. 情绪认知和调控

在社会性发展的过程中，婴幼儿逐渐学会认知和理解自己及他人的情绪。他们开始感知和表达情绪，学会通过适当的方式调控情绪，这对于他们的情绪管理能力的发展至关重要。

4. 社会规范和行为准则的内化

在社会性发展过程中，婴幼儿通过与父母或其他照护者的互动，逐渐理解、接受社会规范和行为准则，并内化形成一定的价值观，这为他们未来的社会适应和道德发展奠定基础。

5. 自我认同和身份意识形成

通过与他人的互动和比较，婴幼儿开始认识到自己的独特性，并逐渐形成自我认同和身份意识，这对于他们的自我价值感和自信心的建立至关重要。

通过建立依恋关系、发展社交技能、学习认知和调控情绪、遵守社会规范和行为准则、构建自我认同和身份意识，婴幼儿能逐渐适应社会环境，并形成健康的人际关系模式，这为他们未来的发展打下坚实的基础。

延伸思考

托育教师在日常工作中如何创设有利于婴幼儿社会性发展的环境

第二节 家庭对婴幼儿社会性发展的影响

家庭是婴幼儿社会性发展的首要环境，家庭成员的情感支持、积极互动和社会化经验对婴幼儿社会性发展起着重要的促进作用。

一、家庭在婴幼儿社会性发展过程中的地位

家庭是由其全体成员及成员间的互动关系组成的一个动态系统。该系统又由许多子系统（如夫妻系统、亲子系统等）组成。家庭与其子系统之间以及家庭各子系统之间存在着双向的影响关系。婴幼儿是家庭系统的一个组成部分，家庭对婴幼儿社会性发展的影响主要通过亲子间的互动来完成。一方面，父母通过自己的教养观念、教养行为影响婴幼儿的社会性发展；另一方面，婴幼儿社会性发展的水平又反作用于父母的心理状态、教养观念、教养行为。婴幼儿正是在与父母的互动过程中，不断发展自己各方面的能力，完成社会性发展任务。

1. 社会情感的形成

家庭是婴幼儿最早接触和建立情感联系的环境。家庭成员的亲密关系和情感支持对婴幼儿的社会情感的形成具有重要影响。父母给予的关爱、温暖和安全感为婴幼儿提供了稳定的情感基础，帮助他们建立了安全的依恋关系。

2. 社交技能的学习

家庭是婴幼儿最早接触到的社交环境，通过与家庭成员的互动，婴幼儿能学习社交技能。

3. 价值观和道德观的塑造

家庭是婴幼儿最早接触价值观和道德观的途径。父母的价值观和道德观对婴幼儿的价值观和道德观的形成具有深远影响。父母可以通过言传身教和积极引导，帮助婴幼儿树立正确的价值观和道德观。

4. 社会规范和行为准则的学习

家庭是婴幼儿最早接触社会规范和行为准则的途径。通过家庭的引导和约束，婴幼儿逐渐学会和遵守社会规范和行为准则。

5. 文化价值观和身份认同感的建立

家庭在婴幼儿建立文化价值观和身份认同感方面起着重要作用。通过家庭对文化的传承和对身份认同感的塑造，婴幼儿逐渐了解自己所属的文化背景和自己的社会身份。

家庭在婴幼儿的社会性发展过程中具有不可替代的地位。家庭成员的爱、关怀有助于婴幼儿建立安全的情感基础、学习社交技能、形成正确的价值观和道德观、遵守社会规范和行为准则、建立文化价值观和身份认同感。

二、父母的教养方式

父母的教养方式对婴幼儿社会性发展有着深远的影响。

1. 提供情感支持

父母提供的情感支持可以增强婴幼儿的安全感和信任感，使他们更愿意与他人互动。这种支持性的环境有助于培养婴幼儿的社交技能、情绪调节能力和自信心。

2. 积极回应

父母应对婴幼儿的需求和情感表达进行积极回应，与婴幼儿进行亲密的互动。这可以帮助婴幼儿建立安全的情感联系，并培养他们的社交能力和信任感。

3. 创造富有互动性的环境

父母可以创造富有互动性的环境，鼓励婴幼儿与他人进行互动和合作。例如，父母可以提供符合婴幼儿年龄特点的玩具、课程和活动，鼓励婴幼儿与他人分享和交流。

4. 提供模仿的榜样

父母的行为和互动方式对婴幼儿具有引导作用。通过模仿父母的行为，婴幼儿可以学习社交规范、表达情感和与他人互动。父母可以成为促进婴幼儿社会性发展的重要人物，通过积极互动和适当的示范来促进婴幼儿社交技能的发展。

5. 培养自主性和合作精神

父母可以培养婴幼儿的自主性和合作精神。通过鼓励婴幼儿的自主决策和合作行为，父母可以促进他们的社交技能、沟通能力和问题解决能力的发展。

每个婴幼儿都是独特的，父母需要根据婴幼儿的特点和需求来选择合适的教养方式。

三、家庭结构与类型

家庭结构与类型对婴幼儿社会性发展可能产生一定的影响。不同的家庭结构与类型会塑造不同的环境和亲子关系，从而影响婴幼儿的社会性发展。

1. 核心家庭

核心家庭由父母和婴幼儿组成。这种家庭通常能给婴幼儿提供稳定的情感支持和使父母与婴幼儿建立亲密的亲子关系，从而为婴幼儿的社会性发展奠定良好的基础。

2. 单亲家庭

单亲家庭通常由父母中的一个和婴幼儿组成。在单亲家庭中，婴幼儿可能面临缺乏双亲的支持的问题，这可能对他们的社会性发展产生一定的影响。然而，单亲家庭中高质量的亲子关系和情感支持可以减小这种影响。

3. 再婚家庭

再婚家庭是指至少一位配偶之前有过并结束婚姻关系后，重新结婚形成的家庭。在再婚家庭中，婴幼儿可能面临家庭成员关系复杂的挑战。然而，如果家庭成员能够建立积极的亲子关系和提供情感支持，婴幼儿仍然可以实现良好的社会性发展。

尽管家庭结构与类型可能对婴幼儿社会性发展产生一定的影响，但每个家庭都是独特的，家庭成员之间的关系和亲子互动的质量更加关键。无论家庭结构与类型如何，家庭成员都应提供稳定、温暖和支持性的环境，与婴幼儿建立亲密的亲子关系，为他们的社会性发展奠定良好的基础。此外，外部的社会支持和托育环境也会对婴幼儿社会性发展产生重要的影响。

延伸思考

托育机构如何指导家长在家庭中正确促进婴幼儿社会性发展

第三节 社交技能的培养

社交技能是指婴幼儿在与他人互动和交往时所展示的能力和行为。社交技能是婴幼儿与他人建立良好关系和积极互动的基础。照护者可以通过提供适当的环境和机会，鼓励婴幼儿展示和发展社交技能，以促进他们的社会性和情绪发展。

一、社交技能培养的重要性

社交技能的培养对婴幼儿的整体发展和未来的社会交往具有重要的意义。

1. 建立健康的人际关系

社交技能的培养能帮助婴幼儿建立积极、健康的人际关系。通过与他人互动和合作，婴幼儿学会与他人分享、尊重和关心他人，与他人建立亲密关系。

通过社交技能的培养，婴幼儿能够学会表达自己的情感和需求，包括喜悦、不悦、关心和求助等，从而与他人建立积极的情感联系。社交技能的发展使婴幼儿能够主动与他人进行互动和交流，他们学会与他人分享玩具、参与集体游戏、与他人合作解决问题等，从而建立起互动和合作的基础。社交技能的培养有助于婴幼儿发展同理心和亲社会行为。他们能够理解他人的情感和需求，并且关心、帮助他人。通过社交技能的发展，婴幼儿能够与他人建立健康、稳定的人际关系。他们能够与同伴建立友谊，与家人建立亲密关系，与其他成人建立信任和合作的关系。社交技能的培养有助于婴幼儿学会适应不同情境和处理情绪，有效地解决冲突、妥善处理失望和挫折，从而维护良好的人际关系。

社交技能的培养为婴幼儿建立健康的人际关系奠定基础，影响其未来的情感表达和人际交往等能力的发展。通过照护者的关注和指导，婴幼儿能够获得良好的社交经验，并逐步发展出建立积极、健康的人际关系的能力。

2. 增强情绪管理能力

通过与其他婴幼儿互动，婴幼儿学会识别和表达自己的情绪，并理解他人的情绪。这有助于他们发展情绪管理能力，学会适当地应对不同的情绪和冲突。

社交技能的培养能帮助婴幼儿学会识别和理解自己与他人的情绪。他们能够辨别不同的情绪表达方式，并开始了解情绪与行为之间的关系。通过社交技能的培养，婴幼儿学会有效地调节自己的情绪。他们能够通过社交来缓解负面情绪，例如与他人分享快乐、寻求安慰或寻求帮助。社交技能的培养有助于婴幼儿发展同理心和共情能力。他们能够意识到他人的情绪，并产生对他人情绪的关心和理解。这种能力有助于他们在与他人的交往中更好地管理自己的情绪，并对他人的情绪做出适当的反应。社交技能的培养使婴幼儿能够学会处理冲突和情绪上的挫折。他们学会与他人合作、分享资源，并通过有效的沟通和妥善的解决方案来处理冲突。这有助于他们更好地管理自己的情绪，避免情绪爆发和积极应对挑战。通过社交技能的培养，婴幼儿开始建立自我认知和自我控制的能力。他们能够意识到自己的情绪状态，并学会运用适当的策略来管理情绪，如深呼吸、寻求支持或寻找安慰对象。

增强情绪管理能力对婴幼儿的整体发展至关重要。通过照护者的引导和支持，婴幼儿可以逐渐掌握有效的情绪管理策略，并建立良好的情绪表达和调节能力，为未来的社交和人际关系的建立奠定坚实的基础。

3. 发展有效沟通能力

社交技能的培养能促进婴幼儿发展有效沟通能力。他们学会使用口头语言、肢体语言和面部表情来表达自己的需求、想法和感受，同时也学会倾听和理解他人的表达。

社交技能的培养能促进婴幼儿的语言发展，包括增强婴幼儿的理解和表达能力。通过与他人交往和互动，婴幼儿学会使用语言来表达自己的需求、感受和想法，同时也能够理解他人的语言。除了使用语言，婴幼儿还通过非语言方式进行沟通，如面部表情、手势、身体姿势等。社交技能的培养有助于婴幼儿理解和运用这些非语言沟通方式，使他们能够更有效地与他人进行交流和互动。通过社交技能的培养，婴幼儿掌握了基本的交流技巧，如倾听他人、回应他人、等待合适的时机发言等。这些交流技巧能帮助他们在交流中建立良好的互动模式，提高沟通的效果。社交技能的培养使婴幼儿能够更好地理解他人的意图和感受。他们学会观察和解读他人的非语言信号和情绪表达，从而更准确地理解他人的意思，进行更有效的沟通。通过社交技能的培养，婴幼儿学会与他人合作解决问题，共同寻求解决方案。他们学会表达自己的观点、提出建议，并倾听和接受他人的观点，从而培养解决问题的能力和合作意识。

发展有效沟通能力对于婴幼儿的发展和日常生活至关重要。通过照护者的指导和支持，婴幼儿可以逐渐发展出良好的沟通技巧和理解能力，从而更好地与他人进行交流、表达自己的需求和建立良好的人际关系。

4. 掌握解决问题的能力

解决问题的能力是社交技能的重要组成部分，对婴幼儿的认知、情感和社交发展都有积极影响。

解决问题需要婴幼儿运用逻辑、推理和判断等认知能力。通过面对问题、寻找解决方案以及评估可能的结果，婴幼儿可以培养自己的思维灵活性和创造性思维能力。解决问题涉及面对挑战和困难。婴幼儿在学习处理问题的过程中，逐渐培养出耐心、毅力和积极的情绪调控能力。他们可以学会在面对困难时保持冷静，寻找解决方案而不是产生消极情绪。解决问题通常需要与他人合作，尤其是在社交活动中。婴幼儿通过与他人分享问题、合作寻找解决方案，可以培养与人沟通、合作和协调的能力，从而提高社交技能。解决问题时，婴幼儿需要权衡各种选项，做出决策。这有助于他们培养独立思考和决策的能力，为将来面临更复杂的情境做好准备。当婴幼儿能够有效解决问题并面对挑战时，他们会感到自信。自信心的培养有助于他们积极参与社交活动，表达自己的想法和需求。

掌握解决问题的能力在婴幼儿社交技能培养中扮演着重要角色。通过培养解决问题的能力，婴幼儿可以发展出更强的认知和社交能力，为未来的成长和学习奠定坚实的基础。照护者通过提供适当的挑战和支持，鼓励婴幼儿积极参与问题解决过程，帮助他们逐步培养出这一重要能力。

5. 建立自信心和自我认同感

婴幼儿社交技能的培养对于他们的整体发展和未来的生活具有重要意义。其中，建立自信心和自我认同感是社交技能培养中的关键方面，对婴幼儿的情感、认知和社交发展产生深远影响。

自信心和自我认同感是婴幼儿情感健康的基石。当婴幼儿拥有自信和自我认同感，他们更有可能获得积极的情感体验，缓解焦虑和抑郁等负面情绪。自信的婴幼儿更愿意积极参与社交活动，与他人建立联系。他们更自在地与同伴合作、分享和互动，从而促进社交技能的发展。建立自信心和自我认同感有助于婴幼儿认知发展。他们能够更准确地理解自己的兴趣、优点和需要，从而在认知层面逐渐建立起更清晰的自我概念。自信的婴幼儿更有动力去尝试新事物、面对挑战，因为他们相信自己有能力应对。这种行为有助于培养积极解决问题和适应变化的能力。建立自信心和自我认同感可以帮助婴幼儿培养自我控制和情感调节的能力。他们更有信心应对挫折，更能够从负面情绪中恢复。自信心有助于婴幼儿更积极地学习和探索，从而提升认知水平。他们更容易从失败中学习，坚持追求自己的目标。建立自信心和自我认同感可以影响婴幼儿的长期发展。他们更容易形成积极的自我形象，更有可能在成长过程中继续培养积极的情感和社交特质。

建立自信心和自我认同感在婴幼儿社交技能培养中扮演着至关重要的角色。照护者通过提供适当的赞扬、支持和挑战，帮助婴幼儿树立积极的自我形象，从而为他们未来的情感、认知和社交发展奠定坚实的基础。

二、促进婴幼儿社交技能发展的方法

1. 提供互动机会

提供互动机会是促进婴幼儿社交技能发展的重要方法之一，具体方式如下。

（1）提供家庭互动

家庭是婴幼儿最早接触的社交环境之一。家长可以与婴幼儿进行亲密互动，例如通过拥抱、亲吻等方式，使婴幼儿与自己建立安全的依恋关系。同时，家长可以与婴幼儿进行眼神交流、语言互动，回应其表情和声音，加强与婴幼儿间沟通和互动。

（2）参加社交集体活动

参加针对婴幼儿的社交集体活动，例如亲子游乐园、亲子游泳课、亲子音乐班等，可以为婴幼儿提供丰富的互动机会。

（3）与同龄婴幼儿进行互动

与同龄婴幼儿进行互动是婴幼儿社交技能发展的重要途径。照护者可以邀请其他婴幼儿来家里玩耍，或者参加社区组织的亲子活动。通过与其他婴幼儿一起玩耍、分享玩具、互相观察和模仿，婴幼儿可以学习合作、分享等社交技能。

有些社区或机构会提供婴幼儿社交技能培训课程，通过游戏、音乐、故事等方式，帮助婴幼儿学习社交技能。这些课程通常包括与其他婴幼儿的互动，可以为婴幼儿提供结构化的互动机会。

参与户外活动可以为婴幼儿提供更多的互动机会。照护者可以带婴幼儿去公园、游乐场等地方，让其与其他婴幼儿互动，并有机会观察、模仿和参与其他婴幼儿的活动。

无论采取哪种方式，重要的是给予婴幼儿充足的机会与其他人互动。照护者的支持和鼓励对婴幼儿的社交技能发展也非常重要。

2. 示范社交技能

示范社交技能是促进婴幼儿社交技能发展的重要方法之一，具体方式如下。

（1）鼓励观察和模仿

婴幼儿天生就具有模仿的能力，照护者可以成为他们最主要的模仿对象。照护者可以展示积极的社交行为，例如微笑、拥抱、握手、说话等，并鼓励婴幼儿观察和模仿这些行为。在日常生活中，照护者可以主动与婴幼儿进行互动，例如与他们进行眼神交流、使用简单的语言和表情来与他们沟通。

（2）进行角色扮演

通过角色扮演，照护者可以向婴幼儿示范不同的社交技能。例如，照护者可以扮演婴幼儿的朋友、教师等角色，与婴幼儿进行模拟对话和互动。这样的角色扮演可以帮助婴幼儿理解不同社交场景下什么样的行为是适当的。

（3）阅读社交故事书

阅读社交故事书也是一种有效的示范社交技能的方式。照护者可以选择一些与友谊、合作、分享等主题相关的故事书，与婴幼儿一起阅读。在阅读过程中，照护者可以与婴幼儿讨论书中角色的行为，提醒婴幼儿应在何时展示某些社交技能。

（4）观看视频

婴幼儿对视觉刺激很敏感，可以通过观看适当的视频来学习社交技能。照护者可以选择那些展示积极社交行为的视频，如儿童节目、动画片等。在观看视频后，照护者应与婴幼儿讨论片中角色的行为，并鼓励他们模仿其中的社交技能。

（5）进行开放性对话

与婴幼儿进行开放性对话是另一种示范社交技能的方式。通过提问、回应和与婴幼儿交流，照护者可以示范良好的社交技能，如倾听他人观点、回应问题等。这样的对话可以帮助婴幼儿学习如何与他人进行有效的交流。

通过以上方式，照护者可以成为婴幼儿的榜样，示范和教授他们正确的社交技能。同时，照护者要给予婴幼儿充分的时间和机会练习这些技能。

3. 提供合适的玩具和游戏

照护者可提供适合用于互动的玩具和游戏，例如合作玩具、角色扮演游戏等，鼓励婴幼儿与其他婴幼儿一起玩耍。这有助于培养他们的合作能力和分享意识。

（1）提供互动玩具

照护者可提供一些鼓励互动和合作的玩具。例如，积木、拼图等玩具可以鼓励婴幼儿与其他婴幼儿合作、分享和解决问题，可以帮助婴幼儿学习与他人互动的技巧。

（2）提供角色扮演玩具

照护者可提供角色扮演玩具，如玩偶等。这些玩具可以激发婴幼儿的想象力和创造力，鼓励他们扮演父母、朋友或职业人员等角色并与他人进行互动。通过角色扮演，婴幼儿可以学习社交、表达情感和合作的技巧。

（3）提供沙盒和水池玩具

沙盒和水池玩具可以给婴幼儿提供与其他婴幼儿一起玩耍的机会。有了沙盒和水池玩具，婴幼儿可以与他人一起挖沙、倒水、建造城堡等，这可以促进婴幼儿社交技能、合作和沟通能力的发展。

（4）提供社交游戏

照护者可提供一些社交游戏，如追逐游戏、藏猫猫、扔球等。这些游戏可以让婴幼儿与其他婴幼儿一起参与，为婴幼儿提供发展社交技能的机会。

（5）提供绘本和故事游戏

照护者可提供适合婴幼儿的绘本和故事游戏，以激发他们的兴趣，并促进他们的语言发展和社交能力的发展。在阅读过程中，照护者可以与婴幼儿一起讨论故事情节、角色行为，并鼓励他们分享自己的想法和感受。

通过合适的玩具和游戏，婴幼儿可以在玩耍和互动的过程中发展社交技能、增强情绪表达与他人合作的能力。同时，照护者的参与和引导也是十分重要的，照护者要与婴幼儿一起玩耍、互动，并提供支持和指导。

4. 建立亲密关系

与婴幼儿建立亲密关系是促进他们社交技能发展的重要方法。照护者可以提供充满关爱和支持的环境，满足婴幼儿的情感需求，帮助他们建立信任感和安全感。

（1）提供亲密互动

与婴幼儿进行亲密互动是建立亲密关系的重要方式，包括拥抱、亲吻、轻抚婴幼儿等。这些亲密互动可以帮助婴幼儿感受到爱和安全，增强他们与照护者的情感联系。

（2）进行眼神交流

与婴幼儿进行眼神交流是建立亲密关系的重要方式。照护者在与婴幼儿进行互动时，要主动与他们进行眼神交流，使他们感受到被理解和关注，与他们建立情感联系。

（3）正向情感表达

照护者表达出喜悦、爱和关怀的情感有助于与婴幼儿建立亲密关系。照护者在与婴幼儿互动时，应表达出正向情感，这有助于让婴幼儿感受到爱和温暖。

（4）回应婴幼儿的需求

及时地回应婴幼儿的需求是建立亲密关系的关键。当婴幼儿表现出饥饿、困倦、不安等状态或表达其他需求时，照护者应尽可能地提供适当的关注和照顾。当婴幼儿的基本需求被满足时，他们可以感受到被关心和照顾，从而建立与照护者的亲密关系。

（5）提供长时间陪伴

向婴幼儿提供长时间陪伴可以建立亲密关系。照护者应尽量减少与婴幼儿的分离时间，与他们一起进行各种活动，如做游戏、阅读等。这样的陪伴可以让婴幼儿感受到安全和稳定，从而建立与照护者的亲密关系。

通过以上方式，照护者可以与婴幼儿建立深厚的亲密关系。这种亲密关系不仅有助于婴幼儿的社交技能发展，还能够促进他们的情绪健康发展和自信心的建立。

5. 鼓励自我表达

照护者应给予婴幼儿表达自己情感和意愿的机会，倾听他们的需求并及时回应。这可以帮助婴幼儿学会有效地表达自己的情感和需求，从而促进自身与他人的有效沟通。

（1）给予关注和倾听

在与婴幼儿互动时，照护者应给予他们充分的关注和倾听，注意他们的表情、声音和动作，并表达出对他们所述内容的兴趣。当婴幼儿尝试通过表情、声音或动作来表达需求时，照护者应及时回应和赞赏，让他们感受到被接纳和理解。

（2）提供多样化的表达方式

照护者应给婴幼儿提供多种表达自己的方式，包括唱歌、画画、做动作等，鼓励婴幼儿用他们自己的方式表达情感、需求和兴趣，这不仅可以增强他们的自信心，还可以促进他们与他人的有效交流。

（3）细心观察并回应

照护者应仔细观察婴幼儿的兴趣和喜好，并积极回应。当婴幼儿展示对某个玩具、活动或主题的兴趣时，照护者应提供更多相关的资源和机会，让他们可以进一步表达自己的兴趣。例如，如果婴幼儿对动物感兴趣，照护者可以给他们提供与动物相关的书籍、玩具或参观动物园的机会。

（4）鼓励语言发展

语言是婴幼儿表达的重要工具。照护者应与婴幼儿进行大量的语言互动，包括与他们交谈和给他们唱歌、讲故事等，这可以促进他们的语言发展。照护者还应给予他们足够的时间和空间来回应和参与对话，鼓励他们用语言表达自己的想法和感受。

（5）提供尊重和支持

照护者应尊重婴幼儿的个体差异和独立性，给予他们自主选择的机会；支持他们的决策，并尊重他们的意愿和偏好。当婴幼儿能够自主表达意见和独立做出选择时，他们会感到被尊重和重视，进而参与更多的社交活动。

通过以上方法鼓励婴幼儿自我表达，可以帮助他们增强自信心、发展语言。

6. 提供积极反馈和赞赏

当婴幼儿展示出积极的社交行为时，照护者应给予他们鼓励和赞赏。积极的反馈可以增强他们的自信心和动力，促进他们积极参与社交活动。

（1）注意婴幼儿的努力和进步

照护者应留意并关注婴幼儿在社交活动中的努力和进步。当婴幼儿尝试与他人互动、分享玩具或使用适当的语言进行表达时，照护者要及时给予肯定和鼓励。这样的反馈可以增强他们的自信心和动力，促使他们继续发展社交技能。

（2）用鼓励性语言表达赞赏

照护者应使用积极、鼓励性的语言来表达对婴幼儿的赞赏。例如，"你做得很好！""你和朋友一起玩得很开心！""你分享玩具的行为真棒！"这可以让婴幼儿感受到被认可和赞赏，激励他们积极参与社交活动。

（3）注意细节并给予具体反馈

照护者应注意婴幼儿在社交活动中的细节，并给予具体的反馈。例如，当他们与其他婴幼儿共享玩具时，可以指出他们的慷慨和合作精神；当他们与他人交流时，可以称赞他们的语言表达流畅、有趣。这样的具体反馈可以帮助婴幼儿理解自己的行为对他人的影响，并激发婴幼儿继续做出积极的社交行为。

（4）建立积极的奖励机制

照护者可为婴幼儿建立一些积极的奖励机制，以鼓励他们发展社交技能，增强他们对做出积极社交行为的认同感和动力，例如，可以给予他们奖品、称赞或特殊的活动机会。

（5）注意反馈和赞赏的适度

照护者在提供反馈和赞赏时，要注意遵循适度原则。过度的赞赏可能使婴幼儿过分依赖外部认可，而缺乏内在的动机。因此，赞赏应该与婴幼儿实际的努力和进步相匹配，这样才既能鼓励他们，又能培养他们内在的自我价值感。

通过提供积极的反馈和赞赏，照护者可以激励婴幼儿积极参与社交活动，建立自信心。

7. 培养情绪认知能力

照护者应帮助婴幼儿认识和理解自己和他人的情绪，教导他们使用适当的词汇来描述情绪，并提供情绪调节的策略，例如深呼吸等。这有助于婴幼儿更好地理解他人的情绪，并更有效地应对社交情境。

（1）情绪表达和命名

照护者可与婴幼儿进行关于情绪表达和命名的互动。当婴幼儿展示出某种情绪时，例如快乐、悲伤或愤怒，照护者可通过语言和面部表情来帮助他们理解和表达自己的情绪。照护者逐渐教授他们情绪的名称，使他们逐渐能准确地识别和表达自己的情绪。

（2）情绪模仿游戏

照护者可通过情绪模仿游戏来培养婴幼儿的情绪认知能力。例如，照护者可以表达出不同的情绪，然后邀请婴幼儿模仿。

（3）阅读情绪故事和绘本

照护者可与婴幼儿一起阅读情绪故事和绘本，帮助婴幼儿了解不同情绪的特征。照护者还可在阅读过程中与他们分享体验和讨论，从而加深婴幼儿对情绪的理解和认知。

（4）教授情绪调节技巧

照护者可教授婴幼儿一些情绪调节技巧，帮助他们处理情绪的变化，如深呼吸、找人倾诉等。通过这些技巧，婴幼儿可以学会自我调节情绪，以更有效地应对社交活动中的情绪变化。

（5）情绪示范和引导

照护者应成为情绪示范者和引导者，通过展示积极的情绪和进行积极的情绪管理，可以帮助婴幼儿学习如何处理情绪并与他人进行积极的互动。通过照护者的示范和引导，婴幼儿可以学会适当的情绪表达方式。

（6）情绪的接纳和理解

照护者应接纳婴幼儿的情绪，并尽量理解他们；给予他们情感上的支持和安抚，帮助他们获得积极的情绪体验。当婴幼儿感受到自己的情绪被接纳和理解时，他们更有可能积极参与社交活动，并建立健康的社交关系。

照护者通过以上方法培养婴幼儿的情绪认知能力，可以帮助他们更好地理解和表达自己的情绪，并与他人建立积极的社交关系。

综上所述，照护者可以采取多种方法促进婴幼儿社交技能的发展，帮助他们建立良好的社交关系，并为他们未来的社交发展打下坚实的基础。

延伸思考

如何在托育环境中培养婴幼儿的社交技能

第四节　各阶段婴幼儿社会性发展

一、0～1岁婴幼儿社会性发展

0～1岁婴幼儿社会性发展包括与他人建立联系、发展互动能力、表达与调节情绪，以及通过观察和学习来获取新知识和技能。

1. 0～6个月婴幼儿社会性发展

0～6个月是婴幼儿社会性发展的初期阶段，尽管他们在这个时期还无法进行复杂的社交活动，但已经开始表现出一些社会性特征和反应。

（1）面部表情：婴幼儿能够通过面部表情来与他人产生连接。他们能识别出照护者的面孔，并产生积极的反应，如微笑等，例如拍摄满月照时微笑，如图7-1所示。

（2）眼神交流：婴幼儿会通过眼神交流来与他人互动。他们会注视照护者的眼睛，对于照护者的注视会产生积极的回应，如图7-2所示。

图7-1　拍摄满月照时微笑

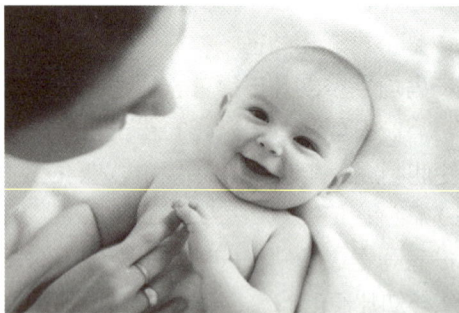

图7-2　注视照护者的眼神，并产生积极回应

（3）声音辨识：婴幼儿能够辨识出照护者的声音，对于熟悉的声音可能会有回应，如停止哭泣或安静下来。

（4）情感共鸣：婴幼儿表现出情感共鸣，即对他人的情感表达有感受。他们会对照护者的情感变化做出回应，如对于笑脸产生积极的反应。

（5）社会性微笑：从大约6周开始，婴幼儿会展示出社会性微笑，即特意对着他人微笑。这是一种早期的社交信号，显示他们对社交的兴趣。

（6）触觉互动：婴幼儿通过触觉互动来与他人建立联系。他们会对抚摸、拥抱产生积极的反应，如

图7-3所示。

（7）情感表达的变化：婴幼儿的情感表达会随着其自身的发展不断变化。他们会表现出兴奋、不安、满足和困惑等情感。

（8）对社会刺激的注意力：婴幼儿会逐渐注意到社会刺激，并对社会刺激产生兴趣。他们会对移动的人影、颜色鲜艳的物品等产生注意，如图7-4所示。

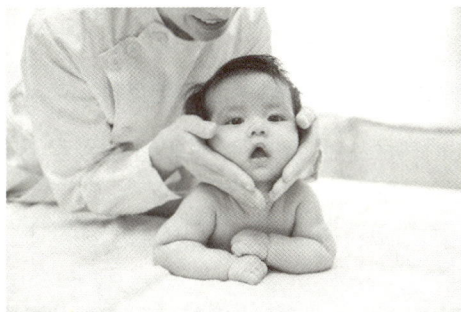

图7-3　婴幼儿被抚触时的表情

图7-4　婴幼儿注意周围事物

0～6个月婴幼儿的社会性发展主要表现为对于照护者的敏感和对于社会刺激的初步注意。照护者通过温暖的互动、眼神接触、安抚以及回应婴幼儿的情感表达，促进婴幼儿的社会性发展，并使他们为未来更复杂的社交活动奠定基础。

2. 7～12个月婴幼儿社会性发展

7～12个月婴幼儿的社会性发展迈入了更积极的互动和情感表达阶段。他们更加主动地与他人互动，并展现出更多的社交技能。

（1）情感互动的增加：婴幼儿能够更积极地与照护者进行情感互动。他们会通过笑、发出咯咯声、叫喊等方式表达喜悦和兴奋，如图7-5所示。

（2）对于陌生人的反应：婴幼儿展现出分离焦虑，如图7-6所示。他们会更依赖照护者，并在陌生人面前表现出紧张状态、退缩甚至哭闹。

图7-5　婴幼儿与照护者的互动

图7-6　婴幼儿分离焦虑

（3）眼神交流和指示：婴幼儿能够更有目的地使用眼神交流来引起他人的注意。他们通过注视和指示手势来与照护者分享兴奋的情绪，例如向照护者伸手求抱抱，如图7-7所示。

（4）互动性的游戏：婴幼儿会参与更多的互动性游戏，如"藏猫猫""咿呀学语"等。这些游戏有助于培养他们的社交技能和注意力。

（5）情感共鸣的进一步发展：婴幼儿继续发展情感共鸣。他们对他人的情感表达产生回应，如同情、安慰或模仿。

（6）开始理解社会规则：婴幼儿对一些简单的社会规则和互动模式产生理解。他们通过肢体语言，如模仿来参与这些互动，如图7-8所示。

图7-7　向照护者伸手求抱抱

图7-8　婴幼儿与照护者的模仿互动

（7）自我认知的初步发展：婴幼儿对自己的存在和行为产生初步认知。他们注意到自己的身体动作和声音，以及自己的反应如何影响周围环境。

（8）表达意愿和需求：婴幼儿通过肢体语言、声音和面部表情来表达自己的意愿和需求。他们会指向或伸手要求特定的物品。

7～12个月婴幼儿的社会性迅速发展，他们积极参与情感互动、表达兴趣和理解简单的社会规则。照护者可以通过提供互动性的游戏、回应情感表达和提供安全的社交环境，促进婴幼儿的社会性发展，培养他们的社交技能和情感智力。

课程案例　　0～1岁婴幼儿社会性发展的托育课程

1. 0～6个月婴幼儿社会性发展的托育课程——我的情绪

（1）课程目的

① 发展婴幼儿认知各种表情的能力。

② 发展婴幼儿表达各种情绪的能力。

③ 使婴幼儿掌握更多有关情绪的词汇。

（2）课程准备

各种表情图片，如表示高兴、悲伤、生气等的图片。

（3）课程实施方法

教师首先做表情，然后给婴幼儿看对应的表情图片，最后说出名称。

2. 7～12个月婴幼儿社会性发展的托育课程——学礼仪

（1）课程目的

① 发展婴幼儿的理解和模仿能力。

② 培养婴幼儿的社交礼仪。

（2）课程准备

婴幼儿喜欢的一个玩具。

（3）课程实施方法

① 第一位教师递给婴幼儿一个他喜欢的玩具，当婴幼儿伸手拿时，第二位教师在一旁说"谢谢"，并点头或鞠躬。

② 第一位教师引导婴幼儿模仿第二位教师的动作，如果婴幼儿按照要求做了动作，第一位教师就亲一下婴幼儿表示鼓励。

③ 第二位教师做"离开"的动作，第一位教师一边说"再见"，一边挥动婴幼儿的小手，教他做"再见"的动作。

二、1～2岁婴幼儿社会性发展

1～2岁婴幼儿的社会性发展迅速，他们开始积极参与社交活动并建立与他人的关系。

1. 13～18个月婴幼儿社会性发展

13～18个月婴幼儿的社会性进一步发展，他们更加主动地参与社交活动，并表现出更复杂的情感和社交技能。

（1）与同伴互动：婴幼儿展现出对同伴的兴趣。他们注意到其他婴幼儿，尝试与他们互动，如分享物品（见图7-9）、一起玩耍等。

图7-9　婴幼儿分享物品

（2）角色扮演：婴幼儿会进行简单的角色扮演，如模仿照护者或（见图7-10）其他婴幼儿的动作和行为。这有助于他们理解社交规则和模式。

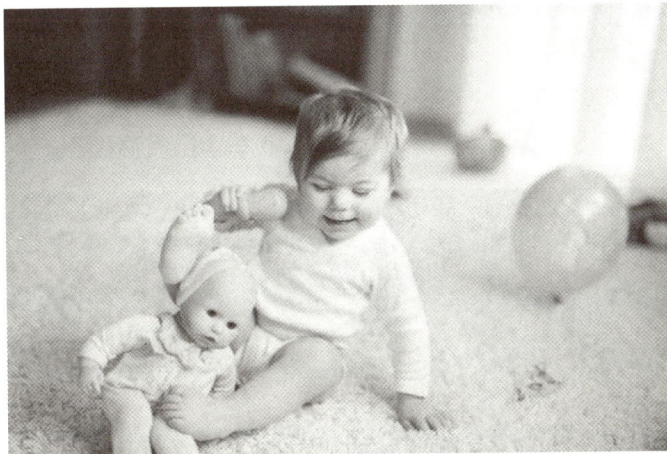

图7-10　婴幼儿模仿成人照护娃娃

（3）情感表达方式的丰富性：婴幼儿的情感表达方式变得更加丰富多样。他们会通过面部表情、声音、姿势等方式来表达兴奋、愤怒、欢乐等情感。

（4）一起游戏：婴幼儿会一起做游戏，如婴幼儿坐在一堆积木前，可以一边自己搭积木，一边看同伴搭积木等。这种互动有助于培养他们的合作和沟通能力。

（5）情感共鸣和同理心：婴幼儿的情感共鸣和同理心进一步发展。他们会对其他人的情感表达产生更深入的理解，并尝试安慰或模仿他人。

（6）指示和互动的多样性：婴幼儿通过指示手势、点头、挥手等方式来引起他人的注意，如图7-11所示。他们开始积极地参与不同类型的社交活动。

图7-11　婴幼儿引起他人的注意

（7）语言和非语言的结合：婴幼儿会说出简单的语言，如模仿成人说一些词汇。同时，他们会继续通过非语言方式来与他人交流和进行自我表达。

（8）自我认知的进一步发展：婴幼儿会更深刻地认识自己的身体和行为。他们会注意自己的反应和行为如何影响他人和环境。

照护者可通过鼓励合作、提供互动的机会、培养同理心等方式，帮助婴幼儿进一步发展社会性，为未来参与更复杂的社交活动做好准备。

2. 19～24个月婴幼儿社会性发展

19～24个月婴幼儿的社会性取得了更大的进步，他们开始展现更多的社交技能和更强的情感表达能力。

（1）与同伴的互动增加：婴幼儿会更积极地与同伴进行互动。他们会寻找同伴，与同伴一起玩耍、分享玩具，尝试建立更紧密的关系。

（2）语言发展：婴幼儿的语言迅速发展。他们会开始说出更多的词，以及组合简单的短语来与他人交流。

（3）分享和合作：婴幼儿能更好地理解分享和合作的概念。他们会愿意与他人分享玩具、食物，如图7-12所示，以及参与合作活动，如与他人一起搭积木、玩角色扮演游戏等。

图7-12　婴幼儿分享食物

（4）角色扮演游戏的扩展：婴幼儿会更多地涉足角色扮演游戏，开始模仿成人的行为，如模仿成人喂娃娃、做饭（见图7-13）等。

图7-13　婴幼儿模仿成人做饭

（5）共同关注的增强：婴幼儿会更频繁地与他人一起关注同一个物品或事件。他们能够理解他人的兴趣，并尝试通过指示手势或表情来引起他人的注意。

（6）对规则和限制的理解：婴幼儿可以更好地理解一些规则和限制。他们会对成人的指示做出积极的反应，同时也开始学习遵守一些基本的规则。

19～24个月婴幼儿的社会性发展呈现出更加丰富和复杂的特点。照护者通过鼓励合作、提供互动机会、培养同理心和分享意识，帮助婴幼儿进一步发展社交技能，为他们未来更广泛地参与社交活动打下坚实的基础。

课程案例　1～2岁婴幼儿社会性发展的托育课程

1. 13～18个月婴幼儿社会性发展的托育课程——贴贴画

（1）课程目的

① 发展婴幼儿对身体部位的认知。

② 发展婴幼儿的社交能力。

③ 发展婴幼儿对物体恒常性的认知。

④ 发展婴幼儿的记忆力。

（2）课程准备

5张贴画。

（3）课程实施方法

① 教师与婴幼儿面对面站立，相隔一条手臂的距离。

② 教师给婴幼儿身上贴5张贴画，有的贴得比较隐蔽，如背上；有的比较明显，如手上。

③ 教师念第一张贴画的名称，引导婴幼儿在身上找到相应的贴画，把贴画取下，并贴到教师对应的身体部位上，如从手上取下苹果贴画，再将其贴到教师的手上。

④ 教师与婴幼儿继续开展互动活动，直到5张贴画都从婴幼儿身上转移到教师对应的身体部位上。

（4）课程拓展

教师把贴画贴在婴幼儿头部，告诉婴幼儿"苹果贴在额头上了，小马贴在耳朵上了，小花贴在脸蛋上了"，与婴幼儿继续开展互动活动。

2. 19～24个月婴幼儿社会性发展的托育课程——红灯停、绿灯行

（1）课程目的

① 发展婴幼儿有关因果关系的推理能力。

② 促进婴幼儿了解社会规则。

③ 发展婴幼儿的平衡能力与协调性。

（2）课程准备

胶带，红灯、绿灯指示牌。

（3）课程实施方法

① 教师在一侧地板上贴一条胶带，在另一侧地板上贴另一条胶带，两条胶带平行，间隔不小于2m。

② 教师引导婴幼儿站到第一条胶带的后面，教师站在另一条胶带的后面。

③ 教师告诉婴幼儿课程规则："宝宝，我们来玩一个'红灯停、绿灯行'的游戏。我现在是交通警察，当我说'绿灯'时，你往我这边走，当我说'红灯'时，你要立刻停下来不准动。"

④ 教师引导婴幼儿重复一遍课程规则，确定婴幼儿掌握"红灯""绿灯"与对应动作的因果关系后，开始开展课程。

（4）课程拓展

① 教师请婴幼儿来当交通警察。

② 教师用红灯、绿灯指示牌代替语言口令。

三、2～3岁婴幼儿社会性发展

2～3岁婴幼儿社会性进一步发展，他们逐渐展示出更复杂的社交技能。

1. 25～30个月婴幼儿社会性发展

25～30个月婴幼儿的社会性继续发展，他们开始展现更复杂的社交技能和更强的情感表达能力。在这个阶段，他们更加能够理解和适应社交规则，积极与同伴互动，以及表达自己的需求和情感。

（1）复杂的角色扮演：婴幼儿会更多地涉足复杂的角色扮演，模仿不同角色。他们会在玩耍中表现出更强的创造力和想象力。

（2）合作与分享：婴幼儿能够更好地理解合作与分享的重要性，并开始积极参与团体活动。他们会为了一个主题一起分工合作搭积木等。

（3）情感表达和情感理解：婴幼儿的情感表达方式更加丰富，他们能够更准确地用语言和非语言方式表达自己的情感。同时，他们也能更好地理解他人的情感和需求。

（4）友谊的形成：婴幼儿会对特定的同伴产生特殊的亲近感，更频繁地与这些同伴互动，从而与他们建立友谊。

（5）语言的进一步发展：婴幼儿的语言会继续发展，他们会更流利地表达自己的意思和需求，以及更好地参与对话和互动。

（6）社交规则和礼仪：婴幼儿可以更好地理解一些社交规则和礼仪，如等待轮次、说"请"和"谢谢"等。他们会逐渐学会在社交活动中遵守这些规则。

（7）独立性的增强：婴幼儿表现出更强的独立性和主动性。他们会更主动地选择互动对象、参与活动，并表达自己的意愿。

（8）情感共鸣和同理心的发展：婴幼儿的情感共鸣和同理心会继续发展，他们能够更多地关心他人

的情感和需求，并对他人表现出更多的关爱和理解。

25～30个月婴幼儿的社会性发展呈现出更复杂和深入的特点。照护者通过提供丰富的互动机会、培养合作精神和分享意识，以及鼓励情感表达，帮助婴幼儿在社会性发展中取得更大的进步。

2. 31～36个月婴幼儿社会性发展

31～36个月婴幼儿的社会性发展进一步深化，他们开始更加独立地参与各种社交活动，展现出更强的社交技能和情感表达能力。

（1）复杂的角色扮演：婴幼儿会更加投入和创造性地参与角色扮演。他们会扮演多种角色，融入不同的情境和故事情节。

（2）团体活动的增加：婴幼儿会更积极地参与团体活动，他们会学会在团体中合作、分享和协调。

（3）友谊的加深：婴幼儿会与特定的同伴建立更稳定的友谊。他们会更多地选择与这些同伴一起玩耍和互动，如图7-14所示。

图7-14　婴幼儿与好朋友在一起

（4）分享、合作和交流：婴幼儿更深入地理解分享、合作和交流的重要性。他们会愿意分享玩具、食物等，同时也更有意愿与他人合作完成任务和活动。

（5）情感表达和情感理解：婴幼儿的情感表达更加精准。他们能够准确地描述自己的情感，同时也能更好地理解他人的情感。

（6）同理心和关心他人的能力：婴幼儿的同理心和关心他人的能力进一步增强，他们能够更多地关心他人的情感和需求，尝试安慰和帮助他人。

（7）社交规则和礼仪的掌握：婴幼儿逐渐掌握更复杂的社交规则和礼仪，能够更好地遵循社会准则，与他人更加和谐地相处。

（8）自我认知和自我表达的进一步发展：婴幼儿的自我认知和自我表达能力会进一步强化，他们能够更好地描述自己的兴趣、喜好和意愿。

31～36个月婴幼儿的社会性发展呈现出更成熟和高级的特点。照护者通过提供丰富的社交体验、鼓励合作和分享，以及培养同理心和情感智力，促进婴幼儿在社交和情感表达方面取得更大的进步。

课程案例　　　　**2～3岁婴幼儿社会性发展的托育课程**

1. 25～30个月婴幼儿社会性发展的托育课程——故事卡片排序

（1）课程目的

① 发展婴幼儿的因果推理能力。

② 发展婴幼儿的归纳能力。

③ 发展婴幼儿的排序能力。

（2）课程准备

若干张故事卡片，如图7-15所示。

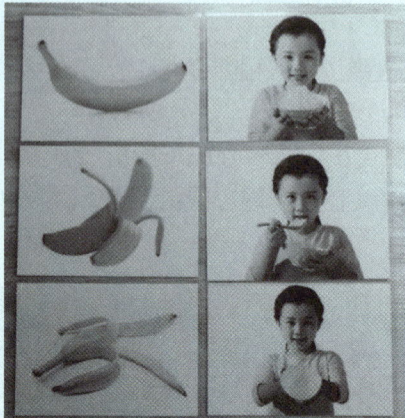

图7-15 故事卡片

（3）课程实施方法

① 教师随机出示故事卡片。

② 教师告诉婴幼儿发生了什么故事，问婴幼儿"最先发生了什么，是哪张卡片？"，引导婴幼儿挑出第一张故事卡片，接着找下一张故事卡片，直到全部故事卡片都被按顺序找出。

③ 如果婴幼儿找卡片有困难，教师先出示较少的卡片，并提供更多的线索。

（4）课程拓展

教师找一本婴幼儿喜爱的绘本，复印第一页的内容、中间两页的内容和结尾的内容，引导婴幼儿按顺序把它们排好，并用语言把绘本故事讲清楚。

2. 31～36个月婴幼儿社会性发展的托育课程——"猜猜我想的是什么"

（1）课程目的

① 发展婴幼儿的思维能力。

② 发展婴幼儿的问题解决能力。

③ 发展婴幼儿的语言能力。

（2）课程准备

6个物品，如扇子、毛巾、水杯、鞋、球、日历。

（3）课程实施方法

① 教师向婴幼儿出示6个物品，如扇子、毛巾、水杯、鞋、球、日历，引导婴幼儿认知这6种物品的名称和用途。

② 教师告诉婴幼儿课程规则："宝宝，刚才我们知道了这6个物品的名称和用途。现在我在想它们中的一个物品，这个物品能告诉我们日期。请你帮我指出它，并大声地说出它的名称。"如果婴幼儿猜错了，再提示得具体一点，让婴幼儿接着猜。

（4）课程拓展

① 教师给出的提示更抽象。

② 请婴幼儿选择一个物品，给大家提供线索，让大家猜猜他想的是什么。

课后练习题

1. 简述婴幼儿社会性发展的定义。
2. 简述婴幼儿社会性发展的特点。
3. 简述婴幼儿社会性发展的过程。
4. 根据婴幼儿社会性发展的相关知识，编写促进0～1岁婴幼儿社会性发展的托育课程。
5. 根据婴幼儿社会性发展的相关知识，编写促进1～2岁婴幼儿社会性发展的托育课程。
6. 根据婴幼儿社会性发展的相关知识，编写促进2～3岁婴幼儿社会性发展的托育课程。

参考文献

[1] 国家卫生健康委人口家庭司. 婴幼儿照护服务文件汇编：2021版[M]. 北京：中国人口出版社，2021.

[2] 李营. 0～3岁婴幼儿认知与语言发展及教育[M]. 北京：北京师范大学出版社，2020.

[3] 李营，张丹. 0～3岁婴幼儿家庭教育与亲子活动游戏指导：慕课版[M]. 北京：人民邮电出版社，2021.

[4] 李营. 0～3岁婴幼儿潜能开发与游戏指导[M]. 北京：人民邮电出版社，2018.

[5] 福利奥，菲威尔. Peabody运动发育量表[M]. 李明，黄真，译. 2版. 北京：北京大学医学出版社，2015.

[6] 文姬，王萍. 0～3岁婴幼儿保育与教育[M]. 北京：科学出版社，2015.

[7] 孔宝刚，盘海鹰. 0～3岁婴幼儿的保育与教育[M]. 上海：复旦大学出版社，2016.

[8] 张兰香. 0～3岁婴儿保育与教育[M]. 北京：北京师范大学出版社，2017.

[9] 汤蕾，岳爱，关宏宇. 0～3岁婴幼儿早期发展专业人才培养[M]. 上海：华东师范大学出版社，2022.

[10] 鲍秀兰. 婴幼儿养育和早期干预实用手册：高危儿卷[M]. 北京：中国妇女出版社，2016.

[11] 伯根，等. 如何促进婴幼儿大脑发育[M]. 谢俊朋，安明霞，译. 上海：华东师范大学出版社，2022.

[12] 宋欣. 婴幼儿生长与发育家庭教育指导[M]. 上海：上海教育出版社，2022.

[13] 王萍. 婴幼儿的教养[M]. 重庆：西南师范大学出版社，2021.

[14] 罗小华. 0～6岁婴幼儿生态发展的社区支持体系构建研究[M]. 成都：西南财经大学出版社，2021.

[15] 雅格. 0～3岁儿童学习与发育指南[M]. 李艳，译. 青岛：青岛出版社，2021.

[16] 徐小妮. 0～3岁儿童早期教育概论[M]. 上海：复旦大学出版社，2021.